KB267261

대오염의 시대

대오염의 시대

28년 차 환경정책 전문가가
진단한 오염의 과학

정선화 지음

푸른숲

일러두기

- 따로 출처 표기가 없는 사진은 저자가 직접 촬영한 사진이다.
- 화학 용어나 국제 기구의 이름은 처음 등장했을 때 한글과 영어를 병기하고,
  그 이후에는 영어로 표기했다.
- 인명 및 물질명 등은 국립국어원 외래어표기법을 따랐다.

보이지 않는, 그러나 가까운

북극 생태계의 최상위 포식자인 북극곰은
이미 독성 오염물질에 중독되었다.
지구 생태계 먹이사슬의 가장 꼭대기에 있는
호모 사피엔스, 우리는 안전한가?

투명 망토를 쓴 오염

과거의 오염은 '눈에 보이는 적'이었다. 하천이 시궁창이 되고 공기가 매연으로 자욱해져도 눈에 보이거나 냄새로 알아차릴 수 있어 운이 좋다면 피할 수 있었다. 가장 악명 높은 오염 사건은 1952년 12월 초 닷새 동안 발생한 '런던 스모그'다. 바람 한 점 없는 대기에 석탄 매연이 쌓여 만들어진 짙은 황갈색 안개가 도시를 뒤덮었다. 자기 발조차 보이지 않는 심한 스모그로 교통은 마비되었고, 실내에서도 무대가 보이지 않아 공연이 취소되었다. 이때 만 명 이상이 목숨을 잃었다.[1]

시간이 흘러 인도에서 치명적인 오염 사고가 발생했다. 1984년 12월 2일 밤, 보팔Bhopal의 한 공장에서 메틸 이소시아네이트methyl isocyanate 가스가 누출되었다. 이 무색의 자극성 가스로 수천 명이 잠든 채 죽음에 이르렀다. 짧은 시간에 발생한 안타까운 희생이었다. 공장의 빈 탱크를 확인해 원인 물질을 찾아냈지만, 수십만 명에 달하는 주민들의 건강 피해는 그 후에도 계속되었다.[2]

1962년 출간된 레이첼 카슨Rachel Carson의 《침묵의 봄》은 오염 문제를 사업장에서 자연과 생태계로 확장했다. 시적이면서도 치밀한 이 책에서, 카슨은 당시 살충제로 널리 쓰이던 DDT를 비롯한 화학물질의 남용이 새와 물고기, 토양 속 미생물 등 생태계 전체를 파괴하며, 결국 인간에게도 해를 끼친다고 강력히 경고했다.[3]

20세기 중반 이후 화학 혁신을 거치며 쏟아진 새로운 소재와 제품은 화학물질을 일상 속으로 끌고 왔다. 플라스틱과 같은 합성 소재들이 빠르게 나무와 석재 같은 천연 소재를 대체했다. 주변을 둘러보면 문구와 전자 제품, 그리고 각종 용기와 포장재까지 화학물질이 아닌 것이 없다. 우리의 일상생활은 끊임없는 소비와 폐기의 연속이고, 그 과정에서 지속적으로 화학물질에 노출된다.

눌어붙지 않는 코팅 프라이팬이나 감열지인 종이 영수증, 플라스틱 포장 용기와 일회용품은 각각 과불화화합물, 비스페놀 A, 미세 플라스틱microplastics 등을 방출할 수 있다. 물론 기업은 제품을 안전하게 생산하며 정부는 이를 감시하는 체계를 갖추고 있다. 안전 기준에 맞게 생산된 제품이라면 사용 과정에서 노출되는 양도 많지 않다. 그럼에도 현대인이 지금처럼 일상을 영위하는 한, 수많은 미량의 화학물질에 노출되는 상황을 피하기는 어렵다.

더 심각한 문제는 생산·소비·폐기 단계에서 배출된 화학물질이 사람과 환경에 지속적인 악영향을 끼친다는 점이다. 안정성이 뛰어나고 유용한 화학물질은 환경에서 끈질기게 살아남는다. 의약품이나 수의약품, 합성 농약과 비료 등 환경으로 배출되는 오염물질의 종류가 늘면서 보이지 않는 오염의 양태도 다양하고 복잡해졌다. 배출된 오염물질은 생태계 먹이사슬과 대기, 물, 토양 등을 순환하고 독성이 강한 대사체metabolite로 바뀌거나 오래 잔류해 다시 사람에게 돌아오기도 한다.

현대의 오염은 감지하기 어렵고, 추적하기도 어렵다. 게다가 이미 일상생활과 생태계, 심지어 우리 몸속에까지 스며들어 있다.

이미 '화학 찌개'가 된 사람과 북극곰

21세기에 들어 세계 여러 과학자는 사람 몸속에서 수십에서 수백 종에 이르는, 어지러울 정도로 다양한 화학물질을 검출하기 시작했다.[4] 인체 모니터링을 주기적으로 실시하는 미국과 유럽, 그리고 한국도 모두 비슷한 상황이다.

한국은 환경보건정책의 일환으로 국민 체내의 환경유해물질 농도를 조사한다. 2021년부터 2023년까지 진행된 조사에 따르면, 6천여 명의 혈액이나 소변에서 조사 대상인 64종의 유해물질 중 58종이 검출되었다. 정부는 이 화학물질들이 각종 생활 제품에 광범위하게 사용되는 등 노출 가능성이 높고 인체 유해성이 우려되지만, "이전과 비교할 때, 전반적으로 감소하거나 유사한 수준"이라고 밝혔다.[5]

사람은 지방, 뼈, 혈액, 장기 등 모든 조직에 '화학 찌개'라 불릴 정도로 여러 합성화학물질과 중금속을 축적한다. 태어나서 죽을 때까지 생활 환경에서 접하는 각종 화학물질에 지속적으로 노출된 결과다. 한 과학자는 일상에서 접하는 거의 모든 것이 체내에 고유한 '화학물질의 축적'을 만들어낸다고 지적했는데, 여기에는 몇 년 동안 몸에 남는 잔류성 물질과 몇 시간 내에 체외로 빠져나가는 비잔류성 물질이 모두 포함된다.[6]

오염물질 배출원에서 멀리 떨어져 있어도 오염에서 자유롭지 않다. 1970~1980년대 과학자들은 원시 자연의 모습을 간직한 북극 선주민indigenous people과 야생동물의 몸속에서 높은 농도의 산업용 오염물질이 검출되자 충격을 받았다. 북극에서는 이러한 물질이 배출되지 않기 때문에 당시로서는 전혀 예상치 못한 결과였다.[7]

이후 독성물질이 장거리를 이동해 북극곰을 조용히 중독시키고 있다는 사실이 밝혀졌다. 먼 나라의 오염물질 중 잔류성이 큰 물질은 대기 흐름을 따라 메뚜기처럼 빠르게, 또는 대양 흐름을 따라 서서히 북극까지 이동한다. 이들이 먹이사슬을 통해 동물 체내에 높은 농도로 축적되었고, 북극 선주민이 자연에서 채취하는 전통 식재료와 음식을 오염시켰다. 북극 생태계의 최상위 포식자인 북극곰도 비슷한 위협에 처해 있다. 전문가들은 북극곰의 건강과 먹이의 안전을 위협하는 '오염'을 기후 변화 다음으로 심각한 생존 위협 요인 중 하나로 지목한다.[8] 한 연구에서는 다 자란 북극곰의 경우, 몸에 쌓인 독성오염물질의 위험 수준이 인간에게 허용되는 기준치의 백 배 이상이고, 오염된 젖을 먹는 새끼 곰의 경우는 천 배가 넘는다고 분석했다.[9]

보이지 않는 오염은 산업화와 도시화를 거친 많은 북반구 국가뿐만 아니라 지구촌 청정 지역까지 깊숙하게 파고들었다.

우리가 아는 오염은 빙산의 일각이다

19세기에서 20세기 초반, 화학 산업과 그 생산품에 대한 규제나 감독은 거의 없었다. 기업들은 혁신과 효율에 초점을 두고 우수한 제품 개발에 주력했지만, 사람의 건강이나 환경에 미치는 영향을 무시하곤 했다. 1960~1970년대, 수은과 카드뮴 중독으로 인한 일본의 미나마타병과 이따이이따이병, 화학 공장 폭발로 독성 다이옥신이 누출된 이탈리아의 세베소^{Seveso} 사고 등이 발생하면서 세계 여러 나라에서 화학물질로 인한 오염과 사고에 대한 사회적 우려가 커졌다. 미국과 유럽, 일본 등은 화학물질 자체의 위험을 사전에 파악해 관리하는 제도를 속속 마련했다.

화학물질 관리 제도의 도입으로 기업은 시장에 새로운 물질을 판매하기 전에 물질 정보를 제출하고 안전성 평가를 의무적으로 이행해야 했다. 하지만 제도 시행 전부터 시장에 유통되던 수만 종에 이르는 '기존 화학물질'은 특별한 제약 없이 생산과 사용이 가능했다. 그 배경에는 '그간 특별한 문제없이 쓰고 있는 물질이니 괜찮을 것'이라는 직관적인 인식이 깔려 있었을 것이다.

그러나 기존 화학물질은 '안전'한 물질이 아니라 '미지'의 물질에 가까웠다. 기존 화학물질 중 위험한 물질을 찾아내 관리하는 책임은 정부가 맡았는데, 그 과정은 매우 더디게 진행되었다. 유럽 연합과 미국도 한 해에 평균 열 개 내외의 물질을 평가하는 수준에 그쳤다. 선진국 클럽인 경제협력개발기구^{OECD}가 나서서 국가별로 물질을 분담해 독성 자료 등을 생산하는 품앗이 사업을 추진했지만, 수천에서 수만 종에 이르는 물질을 선별하기에는 역부족이었다.[10]

2007년, 유럽 연합은 산업계가 신규와 기존 구분 없이 모든 화학물질의 안전성 자료를 생산하고 초기 위험을 평가하도록 하는 새로운 법령을 시행했다. 화학물질 위험 평가에 속도를 내는 한편, 그 물질을 생산하고 사용해 수익을 얻는 기업이 더 많은 책임을 지도록 한 것이다. 이 법은 전 세계 화학물질 관리 체계에 큰 반향을 불러왔다. 한국과 일본은 유럽의 새로운 규정을 관찰하며 기업의 책임을 강화하는 방향으로 자국의 제도를 개선해나갔다.[11] 미국도 2016년에 기업의 화학물질 안전성 자료 제출을 의무화하는 등 산업계의 책임을 강화했다.[12]

이러한 제도적 변화에도 불구하고 화학물질에 대한 위험 평가는 속도가 붙지 않았다. 2020년, 유럽은 시장에 유통되는 10만여 종의 화학물질 중 위험 평가가 완벽하게 종료된 것은 겨우 500여 종에 불과하다고 밝혔다. 제한된 범위라도 자료가 확보된 물질은 넓게 잡아도 30퍼센트 정도밖에 되지 않고, 70퍼센트는 정보가 거의 없다.[13] 미국과 한국 등 다른 국가도 비슷한 상태다.[14]

최근 한 연구는 실제 생산과 사용을 위해 등록된 물질 수를 재산정한 결과, 그 수가 기존 추정치의 세 배에 이르는 35만 개 이상이라고 밝혔다. 그리고 그중 12만 개 이상이 기업 비밀로 분류되거나 불명확하게 기술되어 있어 그 정체성이 공개되지 않은 경우가 많다고 지적했다.[15] 소비재와 산업 제품에 사용되는 수십만 종의 화학물질 가운데 주기적인 인체 모니터링이 이루어지는 물질은 고작 몇백 개에 불과하며, 최첨단 분석 기술을 동원하더라도 신뢰성 있게 분석해낼 수 있는 물질은 수천 개 수준이다. 앞으로 미지의 영역에 있던 화학물질의 실체가 드러나면 새로운 화학 위협이 등장할 수 있다.

2024년 7월, 유엔환경계획UNEP은 기후·생태 위기 시대에 새롭게 떠오르는 위협을 경고하는 보고서를 발표했다. 전 세계 전문가들이 머리를 맞대어 도출한 18가지의 새로운 위험 신호 중 '보이지 않는 유해물질 위험unseen risks of harmful chemicals'이 피해 영향과 발생 가능성 측면에서 압도적으로 상위권을 차지했다. 시간적으로도 4~6년 이내에 가시화될 수 있는 시급한 위협 요인으로 지목되었다.[16] 지속가능한 지구 행성 경계 연구 결과도 마찬가지다. 2009년부터 시작된 이 연구는 지구의 9가지 시스템*을 각각 정량적으로 평가해 돌이킬 수 없는 피해가 발생할 수 있는 안전 경계를 넘었는지를 분석한다.[17] 2022년 최초로 9가지 시스템을 모두 정량 평가한 결과가 발표되었는데, 처음으로 정량 평가에 포함된 화학오염은 이미 안전 경계를 훌쩍 넘어 붉은 경고음을 울리고 있다.[18] 하지만 기후 변화나 생물다양성 소실 등 다른 환경 위기에 비해 오염에 대한 위험 인식은 현저히 낮다.[19]

보이지 않는 위험에 대한 대응은 지나치거나 부족하기 쉽다. 케모포비아chemophobia 같은 극단적인 공포나 먹고 죽지 않으면 안전하다는 식의 부주의함 모두 '오염' 문제의 해결을 어렵게 한다. 보이지 않는 오염을 보이게 만들고 이해하려는 노력이 문제 해결의 첫걸음이다. 과학자를 포함한 모든 이해관계자의 협력이 시급하다.

---

* 기후 변화, 생물다양성 손실, 질소·인 등 영양염류 순환, 토지 이용, 담수, 해양 산성화, 오존층, 대기 에어로졸, 화학오염(신종물질) 등이다.

대오염의 시대

《대오염의 시대》는 산업 혁신과 생활의 편리함이 파생시킨 '현대의 오염'의 과거와 현재 그리고 미래에 관한 이야기다. 먼저 우리 생활에 깊숙이 들어온 현대의 오염을 불완전하지만 끈기 있게 규명하는 '과학' 이야기로 시작한다. 역사적 교훈이 된 과거의 오염 사례를 바탕으로, 변화하는 과학적 사실에 기초해 오염 문제 해결의 핵심 변수를 살펴본다. 특히 산업과 환경 사이에서 줄다리기하는 정책과 산업 그리고 시민과 언론 등 사회적 대응에 주목한다. 그다음 플라스틱과 각종 합성화학물질이 일상을 바꾸기 시작한 지 100년이 된 지금, 기후 및 생태 위기와 맞물려 증폭되는 오염 상황을 진단한다. 마지막으로 지구의 삼중 위기 중 한 축인 오염 문제를 해결하기 위한 과학·산업·정책·개인 차원의 실마리를 제시한다.

과학자이고 싶었지만 어쩌다 행정가가 되었다. 행정가로서 바라본 과학은 모든 문제를 해결할 수단으로 추앙받기도 하고, 비난받기도 한다. 과학은 오염 문제를 극복할 결정적 수단이지만, 사회적 소통을 통해 제대로 소화되지 못하면 힘을 잃는다. 이 책은 현대적 오염에 대한 과학적 소통을 도모하기 위해 기획되었다. 수십 년간 모아둔 자료와 저서들을 다시 일람하고 최근의 과학적 사실을 갱신하는 과정은 큰 학습과 자극이 되었다. 유럽 현지에서 생생히 보고 느낀 국제사회의 현장은 사고의 폭을 넓혀주었다. 푸른숲 정현 편집자와 조한나 대표가 보여준 '독자의 시각'은 이 책이 일반인을 위한 교양서라고 불릴 수 있게 해주었다. 공직을 시작한 이후 야근을 밥

먹듯 하면서 그래도 '아이들에게 부끄럽지 않게 행동하자'고 다짐
해 온 내게, 아이들은 언제나 공직 생활의 흔들리지 않는 방향타였
다. 이 책이 엄마의 빈 자리를 느끼며 자라온 아이들과 공직 생활의
든든한 버팀목이 되어준 남편, 그리고 부모님에게 작은 기쁨이 되기
를 바라본다.

차례

3장 새로운 위험과 딜레마 속 각자도생

기후 위기로 재부상한 오염

좀비 화학물질, 과불화화합물

환경호르몬 비스페놀 A, 끝나지 않는 논쟁과 규제

버려진 플라스틱, 미세한 조각들이 일으킨 파장

1장

보이지 않는 오염,
그 이면의 과학

보이지 않는 위험을 파헤치는 과학의 힘

> 과학은 수많은 오류를 범했지만, 그 오류들은
> 불행이라기보다 행운이자 유익한 것이었고,
> 진실로 향하는 발판이 되었다.
>
> **쥘 베른, 《지구 속 여행》(2023)**

사람이나 환경에 끼치는 영향을 연구하는 독성학과 역학

역사 속 왕들은 자신의 음식을 다른 사람이 먼저 먹어보게 했다. 로마 황제의 전담 시식자인 프라에구스타토르praegustator나 조선 왕실의 기미상궁이 그들이다. 화학물질의 위험을 정확히 알려면 충분한 개체 수의 생물체를 확보해 실험해야 하지만, 실험을 위해 사람에게 일부러 유해물질을 먹이거나 환경에 살포할 수는 없는 일이다.

독성학toxicology은 이런 한계 속에서 화학물질이 사람이나 생물체에 해로운지, 그리고 어떤 과정을 거쳐 독성이 나타나는지를 연구한다. 독성학자들은 오래전부터 동물을 화학물질에 노출시켜 생물학적 반응과 잠재적 유해성을 관찰하는 방식을 사용해왔다. '먹고 죽는지'를 보는 반수 치사량(LD$_{50}$) 시험과 '눈에 자극적인지'를 보는 드레이즈 시험draize test은 전통적인 독성 시험인데, 각각 쥐와 토끼를 대상으로 실험한다. 이 시험에는 사람과 동물이 화학물질에 유사한 반응을 보일 것이라는 전제가 깔려 있다.[1]

독성학의 고민은 동물 실험의 전제가 늘 유효한 것은 아니라는 점이다. 사람은 동물과 생리적 특성이 다를 뿐만 아니라 유전적으로 균일한 실험동물에 비해 개체별 민감도와 반응도 다양하다. 더군다나 독성 시험에서는 짧은 시간에 반응을 관찰하기 위해 보통 사람에게 노출되는 양보다 고용량으로 시험하는 경우가 많다. 즉, 종의 차이, 용량의 차이, 개체별 편차 등이 원인이 되어 사람과 동물의 반응이 달라진다. 이러한 한계는 터무니없는 오류를 낳기도 했다. 쥐에게 발암성을 보인 동물 실험 결과에 근거해 금지되었다가 이후 사람에게는 괜찮다고 밝혀진 사카린이 대표적인 사례다.

사카린 외에도 사람과 동물에게 동일하지 않은 독성 영향을 미치는 화학물질이 적지 않다. 흔히 복용하는 타이레놀 같은 진통제는 이를 분해하는 효소가 없는 고양이에게는 약이 아니라 독이다.[2] 마찬가지로, 개나 고양이는 초콜릿 속의 테오브로민theobromine이라는 성분을 훨씬 천천히 분해하기 때문에 자칫 중독에 이를 수 있다.[3] 이처럼 특정 화학물질이 동물에게 독성을 보였다고 해서 사람에게도 그럴 것이라고 단정하기는 어렵다. 동물 실험이나 실험실 내 연구 결과에만 근거해 결정된 화학물질 규제 조치는 종종 의구심을 품게 한다. 한 환경 저널리스트는 이러한 독성 시험에 기반한 위험 평가를 '사람을 큰 쥐로 본다'며 비판하기도 했다.[4]

1970~1980년대를 강타한 사카린 발암성 논쟁

사카린은 1879년에 개발된 인류 최초의 인공감미료다. 설탕보다 300배 이상 강한 단맛으로 비용 대비 효과 측면에서 설탕을 압도한다. 미국 중앙정보국CIA이 설탕 가격에 대한 정보 보고서를 작성할 정도로 설탕 부족이 심각했던 1970년대, 사카린은 설탕을 대신해 단맛에 끌리는 인간의 욕구를 충족시켰다.[5]

1977년, 사카린이 쥐에게 방광암을 유발한다는 연구 결과가 발표되자 세계가 공포에 휩싸였다.[6] 이 연구를 주도한 캐나다가 즉각적으로 식품첨가물로 판매를 금지한 데 이어 유럽의 여러 국가도 비슷한 조치를 취했다. 미국 식품의약품국FDA도 동물에서 발암성이 확인된 사카린을 금지하는 규정을 예고했으나, 산업계는 동물에 독성을 일으킨 기전이 인간에게는 적용되지 않는다고 반발했다. 결국, 미국 의회는 시장 판매를 허용하는 대신 '발암 가능성이 있다'는 경고 문구를 넣는 절충 규정을 통과시켰다.

그사이 권위 있는 과학 기관들이 사카린의 유해성을 집중 연구했다. 후속 연구 결과는 반전이었다. 사카린이 유발한 방광암은 쥐에게서만 나타났고, 사람은 일반적인 섭취량에서 발암 위험이 확인되지 않았다. 쥐에게 고용량을 투여한 과거 연구 시험이 문제였다.[7]

규제 당국은 이 결과만으로 당장 기존 규제를 번복하지 않았다. 사람에게 안전하다는 직접 증거가 필요했다. 1990년대 인체 자료를 활용한 방대한 역학 연구로 사카린 섭취량과 발암 위험 간에 유의미한 상관관계가 없다는 사실이 밝혀진 후, 비로소 사카린은 누명을 벗었다.[8]

이러한 과학적 근거를 바탕으로 1990년대 중반부터 사카린의 규제가 해제되기 시작했다. 한국도 2010년대에 들어 사카린 사용 범위를 점차 확대했는데, 한 번 찍힌 낙인 탓인지 규제를 완화할 때마다 국민적 관심과 우려의 대상이 되었다.[9]

현재 시판 중인 사카린 제품
지금은 규제가 풀렸다.

대오염의 시대

　　이 지점에서 인간의 건강 자료를 활용하는 학문인 역학epidemiol-ogy이 등장한다. 역학은 "벤젠에 노출된 인구 집단이 그렇지 않은 집단에 비해 백혈병 발생 상대 위험도가 몇 배 높게 나타났다"는 방식으로 연구 결과를 낸다. 역학 연구는 화학 사고나 대기오염 등에 노출된 사람의 건강 자료와 그 사람들이 노출된 오염물질의 양 사이에 상관관계가 있는지를 통계적으로 분석해 오염물질이 건강 피해의 원인인지를 판단한다.

　　역학 연구는 독성학 연구와 달리 사람에 대한 정보를 제공하고, 실제 생활에서의 노출과 개인별 민감도를 반영할 수 있다는 큰 장점이 있다. 하지만 환경 역학은 대부분 관찰 연구에 기반하므로 인과관계를 명확히 증명하기 어렵고, 오염물질 외에 사람의 건강에 영향을 주는 교란 변수나 노출을 잘못 분류하는 등의 오류가 발생할 가능성이 있다. 사람의 건강은 흡연·음주·운동·나이·유전적 특성·의료 여건·경제적 여유·가족과의 유대감 등 다양한 개인적·경제적·사회적 요소와 관련되고, 연구 대상인 오염물질 노출은 건강에 영향을 미치는 원인 중 하나일 뿐이라는 점이 역학 연구의 어려움이다. 개개인이 실제 노출되는 오염물질의 농도를 정확히 파악하기 어렵다는 점도 연구의 불확실성을 높이는 요인이다.[10]

　　미세먼지와 대기오염의 건강 영향 규명에 기여한 저명한 환경 역학자 조엘 슈바르츠Joel Schwarz는 '관찰적 환경 역학 연구의 한계'를 냉철하게 지적했다.

관찰적 역학 연구는 연구자가 알려진 모든 교란 요인을 통제한 후 두 변수(예: 대기오염과 건강) 간의 '잔여' 상관관계를 구하면 그것이 진정한 인과관계를 나타낸다고 암묵적으로 전제한다. 그러나 현실에서 이러한 가정이 사실이 아니라는 점이 드러나곤 한다. (……) 여러 역학 연구자는 관찰 연구가 매우 낮은 수준의 위험을 신뢰성 있게 평가하는 데 본질적인 한계가 있다고 보고해왔다.[11]

이러한 한계에도 불구하고 환경 역학 연구는 저농도의 노출이나 오염이 사람의 건강에 끼치는 영향을 이해하는 데 결정적인 역할을 한다. 다만, 과학자들은 역학 조사에만 의존하지 않는다. 실제 노출된 농도가 정확한지, 역학 조사가 도출한 인과관계가 독성학적으로 잘 설명되는지 등을 함께 살핀다. 발암성 등급 판정 시 사람과 동물 자료를 모두 활용하는 것이 대표적인 사례다.

독성학은 생물학적 기전과 실험적 근거를 제공하고, 역학은 현실에서 건강에 미치는 영향과 노출 상황을 보여준다. 이 두 분야를 통합함으로써 하나의 오염물질이 사람이나 환경에 얼마나 유해한지를 과학적으로 더 정확하게 파악할 수 있다.

미세먼지로 인한 건강 피해 연구의 교란 변수를 찾아라

미세먼지로 인한 조기사망률을 도출하는 역학 연구에서 통제해야 하는 교란 변수를 찾아보자. 오염 지역인 대도시 A와 청정 지역인 농촌도시 B에서 일일 미세먼지 오염도와 다음 날 사망자 수의 상관관계를 통계적으로 분석해 미세먼지 $10\mu g/\text{m}^3$이 증가할 때마다 늘어나는 조기사망자 비율을 계산했다.

교란 변수를 통제하지 않고 계산한 지역별 조기사망 증가율은 대도시 0.3퍼센트, 농촌도시 1퍼센트였다. 농촌도시의 조기사망 증가율이 대도시보다 세 배 더 높았다. 농촌도시 B에 무슨 일이 있는 것일까? 농촌 미세먼지가 더 독한 것일까?

항목	대도시 A	농촌도시 B
미세먼지 $10\mu g/\text{m}^3$ 증가 시 조기사망 증가율	0.3%	1%
연평균 대기 중 미세먼지 농도	$30\mu g/\text{m}^3$	$15\mu g/\text{m}^3$
평균 연령	40세	75세
응급실까지 평균 거리	10km	100km
미세먼지 경보제	운영	미운영

미세먼지로 인한 건강 피해에 대한 가상의 역학 연구 결과

먼저, 인구 집단의 민감도가 다를 수 있다. 고연령층은 미세먼지로 인해 조기사망에 이를 수 있는 심혈관계질환 등 기저질환을 보유하고 있을 확률이 높다. 그 외에도 흡연율이나 성별 등 다른 요인도 변수가 된다. 대기 중 미세먼지 농도값이 실제 사람이 노출되는 양을 반영하지 못했을 가능성도 있다. 대기오염이 심한 대도시에서는 마스크 착용율이 높고 고농도로 발생하면 경보가 발령되어 실내에 머물지만, 시골의 어르신들은 개의치 않고 나들이를 했을 수 있다.

두 지역 간 의료 서비스 접근성 등 인프라도 교란 변수다. 대도시 A에서는 갑자기 높아진 미세먼지 농도로 급작스러운 심장질환 증상이 나타나더라도 가까운 곳에서 응급 치료를 받아 사망에 이르지 않을 가능성이 높다. 이외에도 지역 간 대기오염의 성분과 환경적 여건, 연구방법론의 차이 등 많은 변수가 등장한다. 조기사망에 이를 수 있는 모든 예측 가능한 교란 변수를 통제하고 진정한 오염물질의 영향만을 발라내 계산하기란 정말 어려운 일이다. 실제 환경 역학 분야의 연구자들은 적절한 교란 변수를 찾아내 통제하느라 머리를 싸맨다.

게임 〈역전재판〉 같은 발암물질 등급제

발암물질이 모두 같은 발암물질은 아니다. '발암 증거의 확실도'에 따라 등급이 나뉜다. 보통 2B급까지를 발암물질로 보지만, 인체 발암물질인 1급과 발암가능물질인 2B급의 규제 강도는 크게 차이가 난다.

〈역전재판〉이라는 법정 배틀 게임이 있다. 증거를 수집하고 법정에서 모순을 밝혀내며 무죄를 입증하는 추리 기반의 게임인데, 수집된 증거에 기반해 유무죄가 바뀌고, 캐릭터와 서사가 주는 묘

IARC 등급	요약설명	증거 수준
1	인체 발암물질	인간 대상 충분한 증거
2A	인체 발암우려물질	인간 대상 제한된 증거, 실험동물 대상 충분한 증거
2B	인체 발암가능물질	인간 대상 제한된 증거, 실험동물 대상 불충분한 증거
3	인체 발암성 분류 불가	인간 및 동물 실험에서 증거가 불충분함
4	인체 비발암 가능성 높음	인간 및 동물 실험에서 발암성 증거 없음

세계보건기구WHO 산하 국제암연구센터IARC의 발암성 등급[12]

한 긴장감도 있다.

　발암물질의 등급을 매기는 과정은 마치 〈역전재판〉 속 재판과 비슷하다. 사람 대상 연구, 동물 실험, 기전 연구 등 다양한 증거를 종합해 등급을 결정하고, 새로운 연구 결과가 나오면 등급이 오르내린다. 게다가 특정 물질이 1급에 진입하면 큰 사회적 파장을 불러온다. 위험과 안전이라는 이분법적 접근이 아니라 과학적 증거의 확실성에 따라 달라지는 판단 과정이 매우 정교하다.

한계를 모르는 세밀한 분석화학

　우리가 보이지 않는 오염을 걱정하게 된 것은 첨단 분석 기술의 발달로 환경과 생명체에 오염물질이 존재한다는 사실과 그 오염의 정도를 알게 되면서부터다. 오염물질 분석은 오염 현상을 이해하고 오염도와 노출량을 추정하는 출발점이다.

　환경 중 오염물질을 다루는 환경분석화학은 다른 분석화학보다 난이도가 있다. 일반적인 분석화학에서는 주로 백분율이나 몰(M) 같은 단위를 다루지만, 환경 중 오염물질들은 훨씬 미량으로 존재한다. 오염물질을 검출해야 하는 매체도 복잡하다. 대기, 지표수, 먹는 물, 지하수, 토양, 폐기물, 그리고 혈액과 요, 머리카락, 동식물 조직 등 각종 시료에는 오염물질 말고도 다른 물질이 많이 섞여 있다. 복잡한 기질 속에서 미량의 오염물질을 검출하려면 배경물을 제거하고, 측정하려는 오염물질을 농축하는 정교한 시료 준비 과정이 필요하다. 샘플링 단계에서도 불확실성과 변동성이 크기 때문에, 특히 대규모 환경 프로젝트는 오염물질의 시공간적 분포를 파악하기 위해 많은 샘플을 분석해야 한다.[13]

이런 어려움을 뚫고 지난 수십 년간 미량의 환경오염물질을 분석하는 기술이 크게 발전했다. 공장의 굴뚝과 폐수 처리장에서 ppm(100만분의 1) 단위의 오염물질을 실시간으로 측정한다. 거리나 지하철에서 보이는 대기오염 전광판도 분석 기술의 발전 덕분에 가능해졌다. 환경 시료를 실험실로 가져오면 ppb(10억분의 1)를 지나 ppt(조분의 1)나 ppq(천조분의 1) 단위의 극미량 오염물질까지 측정할 수 있다.[14]

분석 기술이 정교해지고 측정 체계가 구축되면서 과거에는 '0'으로 표시되던 오염물질값이 각종 환경 데이터를 보여주는 시스템에 숫자로 보여지기 시작했다.

오염물질을 끝까지 추적하는 집요한 환경과학과 노출과학

오염물질이 사람이나 환경에 미치는 영향을 파악하려면 그 물질이 환경에서 어떻게 움직이고 얼마나 노출되는지를 알아야 한다. 그리고 이는 환경과학과 노출과학의 몫이다. 환경과학은 오염물질의 발생 원인과 공기, 물, 토양 또는 식품을 통해 방출되고 이동하는 과정을 다룬다. 대기와 물 등의 지구적 순환 체계와 연계된 오염물질의 이동도 분석 대상이다. 환경과학자들은 지구촌 곳곳에서 오염물질의 배출원과 존재를 확인하고 북극처럼 외딴 지역에 오염물질이 어떻게 축적되는지를 연구한다. 환경과학적 연구, 특히 북극 같은 청정 지역의 오염물질 조사는 1980년대 이후 지금까지 끈기 있게 진행되고 있으며, 오염물질의 전 지구적 확산을 규명하는 데 결정적인 역할을 해왔다.

최근 한 연구는 과학자들의 긴 호흡과 집요함을 여실히 보여준다. 독성 중금속인 수은은 수십 년간의 규제 덕분에 북극 대기 중 농도가 감소했지만, 북극 동물의 체내에서는 오히려 수은 농도가 증가했다. 연구진은 이 역설적인 현상의 원인을 밝히기 위해 1970년대부터 2020년대까지 40여 년간 수집·보관해 온 북극곰, 물개, 물고기 등 동물 조직과 토양 코어*처럼 다양한 환경 시료를 최신 분석법으로 정밀하게 분석했다. 그 결과, 100여 년 전 화석연료 연소

---

* 코어 시료란 긴 원통 모양의 채취기를 토양, 퇴적물, 빙하 등에 일정 깊이까지 삽입해 채취한 기둥 형태의 시료를 말한다. 단단하거나 깊은 층을 채취할 때에는 망치, 유압 장치, 전기 모터 등을 이용해 원통 채취기를 깊이 박아 넣는다. 코어 시료는 층위와 부피를 원래 상태대로 유지해 현장 조건을 충실히 반영하며, 시간에 따른 오염물질 변화, 퇴적물의 축적 과정, 기후 변화 기록 연구 등에 핵심적인 역할을 한다.

와 금 제련 과정에서 대규모로 배출된 과거의 수은이 여전히 해류를 통해 북극으로 이동하고 있으며, 과거의 오염이 북극 생태계의 상위 포식자인 북극곰의 체내 수은 농도를 높이고 있다는 사실이 밝혀졌다.[15]

과학자들은 미세먼지가 자동차나 공장에서 직접 배출될 뿐만 아니라 대기 중 다른 오염물질과 반응해 2차 미세먼지Secondary PM가 생성되는 복잡한 과정을 밝혀내고, 대기오염물질이 햇빛과 반응해 오존 등 다른 오염물질로 바뀌는 기전을 연구한다. 이를 통해 오염 원인을 규명하고 해결할 과학적 단서를 제시한다. 자동화된 오염 측정 장치뿐만 아니라 위성과 항공, 선박 등을 활용한 입체적인 모니터링 체계는 오염 현상을 지역적, 그리고 지구적 관점에서 관찰하고 평가할 수 있는 토대를 제공한다.

환경과학은 환경이나 작업장에서 유해물질이 방출된 이후, 사람에게의 노출 여부와 방식을 직접 연구하지는 않는다. 이 영역은 노출과학의 몫이다. "환경과학과 인체 건강 연구를 연결하는 다리" 역할을 하는 노출과학은 유해물질에 대한 인식 형성에 큰 영향을 미쳤다. 같은 물질이라도 강이나 토양에서 검출되는 것과 사람의 몸속으로 들어가 혈액이나 장기에서 검출된 것을 비교하면 느껴지는 위험의 강도가 다르다.[16] 특히 생체 모니터링biomonitoring이 사람들의 위험 인식에 미치는 영향은 상당하다. 인체 내 검출은 직접적인 건강 위험으로 인식되며, 이는 정책 결정과 규제 강화에 더 큰 영향을 미친다.

강제적인 수은 규제에 찬반 의견이 분분하던 2010년, 미나마타 협약의 첫 협상 회의에서 민간단체 대표들은 40개국 참가자들의 모발에서 수은 검사를 진행했다. 모든 샘플에서 수은이 검출되었으며, 그중 30퍼센트 이상이 안전 기준치를 초과했다. 이 결과는 단순한 오염물질 규제에 대한 외교적 논의로 여겨졌던 협상 프레임을 사람의 건강 피해를 해결하기 위한 실질적 논의로 바꾸었고, 그 후 협상은 급물살을 탔다.[17]

노출과학 분야의 주요한 진전은 노출 예측 기법의 개발이다. 연구자들은 총노출평가법TEAM 등으로 연구 참여자들이 자연스럽게 생활하는 환경에서 일어나는 오염물질 노출을 파악했다. 이렇게 사람이 움직이는 미세 환경 내의 농도를 추정하고 개인의 활동 패턴 정보를 결합해 모델로 만들면 더 큰 인구 집단의 오염물질 노출 수준을 보다 정확하게 평가할 수 있다.[18] 어린이의 실제 호흡 위치에서 집 안 곳곳을 돌아다니며 공기질을 자동으로 측정하는 로봇PIPER도 개발되었다. 덕분에 어린이에게 직접 샘플링 장비를 착용시키지 않고 윤리적인 문제없이 어린이에 대한 노출 수준도 예측이 가능해졌다.[19] 이렇듯 사람이 생활하는 공간에 집중된 노출 예측 연구는 역학 연구의 정확성을 높이는 데 도움을 줄 뿐만 아니라 실생활에서 오염물질 노출을 효과적으로 줄이는 방법을 찾는 데도 기여한다.

안전하다는 결론 뒤의 과학적 허점들

위험 관리는 안전보다 더 현실적인 용어다.
이는 위험이 항상 존재하며, 이를 식별하고
분석하고 평가하며 통제하거나 합리적으로
수용해야 한다는 것을 의미한다.

제롬 F. 레더러 Jerome F. Lederer

미량의 오염물질은 안전한가?

현대인의 생활이 다양한 종류와 강도의 위험에 둘러싸여 있는 만큼, 유해물질이 주변에 존재한다는 사실은 더욱 큰 불안 요소가 될 수밖에 없다. 유해물질이 실제로 위험한지를 알려주는 해결사로 등장한 방법론이 바로 위해성 평가risk assessment다. 화학물질의 실제 위험을 위해성risk이라고 하는데, 이는 화학물질 자체의 독성인 유해성hazard과 실제 노출되는 정도exposure의 함수다. 맹독성 물질이어도 사람이나 환경에 전혀 노출되지 않는다면 그 위해성은 '0'이다. 독성이 약하더라도 노출되는 기간과 양이 많아지면 장기적으로 건강에 위협이 될 수 있다.

위해성 평가는 보통 네 단계로 진행된다. 각 단계별로 독성학과 역학, 노출과학 등 여러 학문을 협응해야 하는 과정인 만큼, 세부 방법론과 관련 용어들은 무척 복잡하고 난해하다. 다행히도 위해성 평가의 각 단계들을 실시하는 이유와 흐름은 직관적이다. 첫 번째는 유해성 확인 단계인데, 각종 연구 자료를 통해 물질 자체가 얼마나 유해한지를 확인한다. 화학물질 자체에 대한 물리화학적 특성과 함께 독성학과 역학 연구 결과를 포함해 사람과 생태계에 미치는 영향을 연구한 자료를 종합한다. 두 번째는 용량-반응 평가로, 첫 단계에서 도출한 자료 중 핵심이 되는 독성학이나 역학 연구 자료를 기반으로 건강에 문제되지 않을 노출 기준인 안전참고값을 결정한다. 이때 발암성 등 독성이 발생하는 기전 연구가 중요한 참고 자료가 된다. 세 번째 단계인 노출 평가에서는 사람이나 생물체가 실제로 먹거나 마시고 접촉하는 정도를 분석해 실제 노출값을 산정한다. 마지막 위해도 결정 단계에서는 두 번째 단계에서 도출한 안전참고값과 세 번째 단계에서 분석한 노출값을 비교해 현재 노출 수준이 위험한지 아닌지를 판단한다.

정부나 전문가들이 화학물질이나 오염물질 검출 결과를 발표할 때 흔히 등장하는 '현재의 오염 또는 노출 수준이 안전하다'라는 결론의 배경에는 늘 위해성 평가가 있다. 위해성 평가는 화학물질 노출로 인한 위험의 정도를 각 용도별로 평가해 위험의 크기에 맞는 조치를 가능하게 한다. 유해물질로부터 안전을 확보하면서도 경제 활동에 활용하도록 하는 제도라 볼 수 있다.

위해성 평가는 국제 기구나 각국 정부 기관이 환경 기준이나 섭취 허용량 같은 안전 기준을 설정하는 데에도 활용되므로, 과학과 정책 영역 모두에서 중요한 주제다. 또한, 오염물질의 홍수 속에서 살고 있는 사람들에게 미량으로 검출된 물질이 안전한지 아닌지를 간명하게 알려주어 오염 문제를 합리적이고 냉정하게 바라보도록 도와준다. 위험 관리 정책에서도 큰 역할을 하는데, 수많은 오염물질 중 관심을 가져야 하는 것들을 식별하고 선택과 집중을 통해 위험도가 더 큰 물질을 관리할 수 있게 해준다. 나아가 어떤 오염 관리 대책을 사용하는 것이 더 효과적인지를 판단하는 데 도움을 주기도 한다. 복잡한 위해성 평가가 전 세계에서 오염물질 위험 평가 방법의 표준으로 자리 잡게 된 데에는, 간명한 결론과 메시지가 큰 힘을 발휘했을 것이다.

모르면 열 배, 또 모르면 또 열 배

정부나 전문 기관이 안전 여부에 대한 결론과 함께 간략한 위해성 평가 결과를 제시하지만, 세부적인 방법론은 블랙박스 속에 있다. 그 안을 면밀히 들여다보면, 위해성 평가는 단계별로 많은 과학적 불확실성을 내포하고 있다. 엄밀하게 따지면 곳곳이 허점투성이다.

　가장 논쟁적인 불확실성은 위해성 평가의 두 번째 단계에서 안전참고값을 결정할 때 사용하는 안전계수다. 불확실성이 있는 요소마다 최대 열 배씩 덧붙이는 이 안전계수는 종종 터무니없이 낮은 안전참고값을 도출해 위해성 평가를 불신하는 단초가 되기도 한다. 과학자들은 안전참고값을 도출할 때 독성 연구 자료에서 독성이 나타나지 않는 무독성영향값을 먼저 찾는다. 그러나 동물 실험에서 얻은 값이 사람에게도 동일하게 적용되리라는 보장은 없다. 불확실성을 해소하기 위해 과학자들은 충분한 안전계수를 적용해 더욱 엄격한 기준을 설정하는 방법을 택했다.

　독성 시험에서 무독성영향값이나 저독성영향값이 불확실한 정도만큼 안전계수로 나누어 보수적인 안전참고값을 도출한다. 동물 시험 자료로 사람에 대한 안전참고값을 도출하려면 최대 열 배, 사람 개개인의 민감도가 다를 수 있으니 최대 열 배, 장기간 노출 시험 자료가 아니면 최대 열 배, 무독성영향값 대신 저독성영향값을 활용할 때 최대 열 배와 같은 방식으로 안전계수를 적용한다. 이렇게 계산하면 안전참고값은 시험값보다 만 배까지도 낮아질 수 있다.[1]

　현실에서 안전계수를 천 배나 만 배까지 적용해 극단적인 안전 기준이나 허용 권고값을 제시한 사례는 없다. 다만, 기존 연구의 불확실성을 없애기 위한 추가 연구 없이, 단순히 안전계수를 적용해

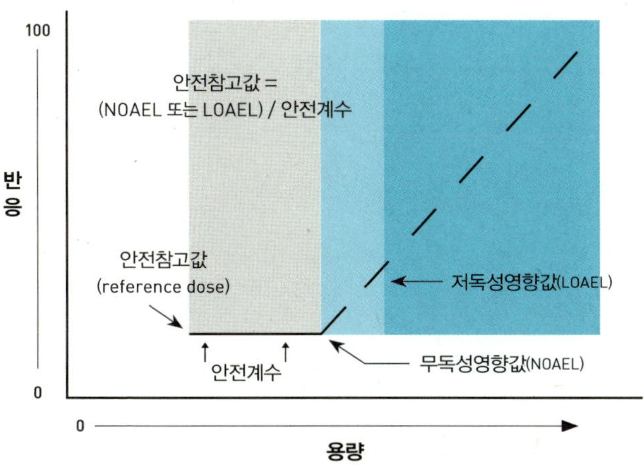

전통적인 화학물질의 용량-반응 곡선

화학물질이나 오염물질에 노출되어도 건강 피해와 같은 반응이 나타나지 않는, 이른바 '역치'가 있다고 가정한다. 동물 시험에서 그 용량 이하로 노출되면 건강 피해가 나타나지 않기 때문에 그 값을 안전계수로 나누어 보수적인 안전참고값을 정한다.

과도하게 보수적인 안전참고값을 설정하는 경우는 종종 발생한다.

2009년, WHO는 돼지독감 팬데믹 경고를 발령했다. 높은 사망률을 보일 것으로 예측되었던 이 독감은 실제로는 계절성 독감보다 치사력이 낮았다. 게다가 부정확한 검사 결과로 불필요한 격리 조치가 이루어졌다. 각국 정부가 백신과 항바이러스제를 대량으로 비축했으나, 유행이 빠르게 감소하면서 많은 양의 백신이 버려졌다.[2]

위해성 평가의 과잉 보수성도 이러한 거짓 경보와 비슷한 결과를 낳는다. 과학적 입증을 소홀히 한 채 과도하게 보수적인 안전계수를 써서 기준을 정해두면 위험은 실제보다 과장된다. 이는 특정 물질을 과잉 규제해 많은 예산과 자원이 그 분야로 쏠리게 하고, 정작 관리가 필요한 다른 유해물질을 뒤로 밀어낸다. 따라서 지나치게 과도한 보수성은 국민 건강과 환경 보호 측면에서도 해롭다. 위해성 평가가 '나쁜 과학'이라고 비판받기도 하는 이유다.[3]

하지만, 위험한 물질을 안전하다고 평가하는 '거짓 음성'은 안전한 물질을 위험하다고 평가하는 '거짓 양성'보다 사람과 환경을 보호한다는 측면에서 훨씬 심각한 결과를 초래한다. 보수적이라는 이유로 '나쁜 과학'이라는 비판을 받는 위해성 평가가 여전히 활용되는 배경에는 건강 피해가 발생한 후 후회하기보다는 '과잉 대응'이 낫다는 관념이 강하게 자리 잡고 있기 때문이다.

필수 금속인 셀레늄, 먹으라고 말라고

필수 금속은 인체가 정상적인 기능을 유지하는 데 필요한 금속이다. 필수 금속의 섭취량이 부족하면 결핍증이, 과다하면 과잉증이 발생한다. 그래서 건강 유지를 위한 권장 섭취량과 과다 섭취 피해를 막기 위한 상한 섭취량을 함께 안내한다. 셀레늄selenium은 체내 일부 효소에 존재하는 미량 영양소로, 하루 55마이크로그램 섭취가 권장된다.[4] 하지만, 1980년대 이전까지는 셀레늄 과다 섭취로 발생하는 인체 피해에 대한 직접적인 연구 자료가 없어 상한 섭취량을 결정하지 못했다. 쥐를 대상으로 한 동물 시험 결과에서 도출된 무독성영향값(0.4~0.9mg/kg/일)[5]을 안전계수(1,000)로 나누고 체중(60kg)을 곱해 상한 섭취량을 도출하면 권장 섭취량과 비슷하거나 더 낮은 하루 24~54마이크로그램 정도가 나온다. 만약 이 값을 권고했다면 권장 섭취량과 비슷하거나 낮은 범위에서 과다 섭취로 인한 독성이 나타나는 모순적인 결과가 나올 수밖에 없었다.

세계 주요 국가들은 1980년대 말 셀레늄 과다 섭취로 인한 인체 연구 결과가 확보되자 셀레늄의 상한 섭취량을 공식화했다. 미국은 1991년 상한 섭취량을 하루 400마이크로그램으로 발표했고, 다른 국가도 비슷했다. 한국도 미국처럼 하루 400마이크로그램으로 정했다. 모든 전문 기관이 동일한 연구자의 자료를 상한 섭취량 결정의 핵심 자료로 활용했는데, 그 연구는 많은 수의 사람을 대상으로 한 역학 조사 결과였다. 이 자료를 확보하게 되자, 종전 동물 시험 자료에서 고려할 수밖에 없었던 사람과 동물의 차이, 개체별 차이 등 과학적 불확실성이 대폭 줄어들어 '2~3'의 안전계수만 사용해 상한 섭취량을 결정할 수 있었다. 그 결과, 셀레늄은 권장 섭취량과 상한 섭취량이 다섯 배 이상 차이가 나는 합리적인 영양 기준을 갖게 되었다.

2023년, 유럽 연합은 셀레늄 과다 섭취 시 나타나는 명확한 초기 증상인 '탈모'를 기준으로 상한 섭취량을 하루 255마이크로그램으로 낮췄다. 이때 적용한 안전계수는 '1.3'이었다.[6] 과학이 불확실성을 해결할수록 위해성 평가를 '나쁜 과학'이라고 비난받게 한 안전계수는 점점 낮아진다.

너무 과도하거나, 너무 느슨하거나

위해성 평가가 지나치게 안전한 방향으로 보수적이라고 비판받는 것과 달리, 기초 정보를 제공하는 독성학 등 과학계는 상반된 경향을 보인다. 과학적 입증 규칙은 안전한 물질을 유해하다고 잘못 평가하는 '거짓 양성'의 오류를 최소화하는 데 초점을 두며, 때때로 발생하는 '거짓 음성'에는 주의를 덜 기울인다.[7] 과학자 입장에서도 학술지 등재 과정에서 깐깐한 동료 검토를 거쳐야 하는 과학 연구의 특성상 엄격한 입증 과정을 피할 수 없다. 특히, 사카린의 사례처럼 잘못된 경보를 발령하면 후속 연구로 반박당하고 학자로서의 평판도 훼손되기 때문에 '거짓 양성'을 극도로 꺼린다.

우연히 어떤 화학물질의 돌연변이 독성 시험을 했는데 양성이 나왔다고 하자. 연구자는 반복 시험을 통해 재현성을 확인한다. 돌연변이성이 재확인되면 발암성과 연계한 후속 연구를 진행한다. 돌연변이성은 발암성을 탐지하는 성격이 강해 위험성을 명확히 밝혀야 하기 때문이다. 과학자들은 일단 유해하거나 그럴 가능성이 있는 물질에 대해서는 독성뿐만 아니라 그 배출원과 배출된 이후 사람과 생명체에 들어오는 과정 등을 포함하는 심도 있는 후속 연구가 진행되기를 기대한다. 반대로, 이 물질이 돌연변이성임에도 돌연변이 독성 시험에서 거짓 음성을 보였다면 어떨까? 후속 연구가 진행되지 않을 가능성이 크다. 대부분의 과학자는 과학적 발견으로 인정받기 어려운 '음성'인 결과에 큰 흥미를 보이지 않는다.

소위 '과학 편향'에 관한 논의는 '보일-샤를의 법칙'을 발견한 17세기의 화학자 로버트 보일Robert Boyle로 거슬러 올라간다. 그는 양성인 실험 결과가 선택적으로 보고되어 과잉 대표된다는 점을 인식하고 이를 비판했다. 추후 출판 편향publication bias이라 명명된 이 경향성은 20세기 후반 이후 학계 전반의 문제로 인식되기 시작했다. 언론이 일상과 다른 특이한 사건에 초점을 두고 보도하는 것처럼 과학 연구도 새로운 발견을 더 선호한다는 것이다.[8]

과학적 연구 단계에서 일단 유해하다고 판명된 물질은 점점 심도 있고 엄격한 연구가 진행되는 반면, 초기 연구들이 놓친 유해물질들은 관리의 사각지대에 놓이기 쉽다. 과학적 엄격성의 비대칭적 적용 때문에 위해성 평가는 부적절한 과학이라고 비판받는다. 과학적 엄격성은 일단 유해하거나 그럴 가능성이 있는 물질에는 너무 과도하게, 그렇지 않은 물질에는 너무 느슨하게 적용되고 있는지도 모른다. 일례로 미국은 일부 발암성 유기용제의 평가를 완료하는 데 10년 이상의 시간이 걸렸고, 어떤 물질은 20여 년이 지나서도 최종 평가를 마무리하지 못했다. 그 기간 동안 다른 수천 수만 종의 화학물질에 대한 과학적 검토는 시작하지도 못했다.[9]

우리가 몇몇 유해물질과 씨름하는 사이, 우리가 놓친 다른 위험이 '거짓 안전'의 탈을 쓰고 생활 속에 숨어 있을지도 모른다. 과학과 정책 사이의 조화로운 해법이 필요하다.

사라지지 않는
불안감의 정체

사람을 죽이는 위험과
사람을 두렵게 하는 위험은 다르다.

과학자와 일반인의
위험 인식 차이

과학자와 일반인의 위험 인식 차이는 자연스러운 현상이다. 전문가들은 확률, 노출 수준, 피해 정도 등을 수치와 모델로 분석하지만, 일반인들은 직감에 의존한다. 감정, 직관, 사회적 가치, 개인 경험이 이들의 위험 인식에 큰 영향을 미친다. 그렇다면 일반인이 위험을 잘 몰라서 인식 격차가 생기는 걸까? 홍보와 교육으로 전문가 수준의 인식을 갖게 되면 격차가 사라질까? 답은 그리 단순하지 않다. 대중은 개인적인 인식과 지식의 편차 외에도 특정한 인식 편향을 갖고 있기 때문이다.

대표적인 편향은 '천연은 안전하다'는 믿음이다. 실제로 천연 추출물도 건강에 해를 줄 수 있으며, 정부 기관이 무허가 천연 건강기능식품에 대해 경고하기도 한다. 그럼에도 많은 사람은 '자연'이라는 단어에서 안전함을 느낀다. 위험 빈도와 규모 역시 인식에 영향을 준다. 발생 빈도는 자동차 사고가 훨씬 높지만, 비행기 사고를 더 위험하다고 느끼는 것이 그 예다. 위험에 노출되는 방식도 인식에 큰 영향을 준다. 위험을 자발적으로 선택했거나 통제 가능하다고 느끼는 경우, 그 위험을 낮게 평가한다.[1] 흡연자들이 흡연의 위험을 인정하면서도 심각성을 낮게 보는 이유도 스스로 선택했고 언제든 금연할 수 있다고 느끼기 때문이다.[2] 또한, 일반인은 위험을 양자택일로 이해하려는 경향이 있다. 현실에서 위험 발생 확률이 '0'인 경우는 존재하지 않는다. 과학은 불확실성을 수반한 연속적인 예측값으로 위험의 정도를 제시하지만, 대중은 '안전하다', '위험하다'처럼 명확한 답을 원한다.[3]

과학자들도 인식 편향에서 자유롭지 않다. 자신의 주장을 지지하는 증거를 선호하는 확증 편향이나 동일 분야 연구자들의 집단적 확증 편향은 연구 방향을 고정시키고, 기존 연구를 다른 각도에서 해석해 오류를 발견하는 과정을 지연시킨다. 한 연구진은 22개 분야의 3천 개 이상의 연구를 메타분석해 과학 연구에서 각종 연구 편향이 실재함을 확인했다.[4]

전문가와 일반인의 인식 차이는 단순한 지식의 격차를 넘어 문화적 가치나 세계관 등이 복합적으로 작용한 결과다. 권위주의적·개인주의적 성향의 사람들은 원자력이나 유전자 조작 같은 기술을 유익하고 관리 가능한 것으로 보는 반면, 평등주의적 성향의 사람들은 기술 자체가 사람이나 환경에 끼칠 수 있는 위험과 그것이 초래할 수 있는 사회적 문제를 더 민감하게 인식했다.[5] 이러한 성향은 직업 선택에도 영향을 미친다. 애초부터 위험을 덜 느끼고 기술을 긍정적으로 보는 사람이 해당 분야에 유입될 가능성이 크기 때문이다. 실제로 스웨덴에서 실시한 연구에서, 관련 지식이 적은 고등학생들도 전공에 따라 원자력에 대한 위험 인식이 달랐으며, 경제·기술 전공 학생들이 가장 긍정적이었다.[6]

아무리 정확한 위험 분석이라도 대중이 이해하고 신뢰하지 않으면 효과적인 대응이 어렵고 갈등이 발생할 수 있다. 대중이 받는 위험을 해소하기 위해 과학적 위험 관리를 수행해야 하는 정책 당국에게 전문가와 일반인의 위험 인식 차이는 반드시 극복해야 할 과제다.

사회적으로 부풀려지는 두려움

위험 인식은 개인의 인식과 경험 외에도 언론의 보도 방향, 정부와 정치권의 대응, 그리고 이해관계자들의 반응에 따라 사회적으로 증폭되거나 축소된다. 이 과정에서 언론은 단순한 정보 전달자를 넘어 가공자로서 핵심적인 역할을 수행한다. 이는 각종 위험을 다루는 정책 현장에서 체감할 수 있다. 언론은 종종 사실에 기반하지만 왜곡된 이미지나 수치로 대중의 감성을 자극해 위험 인식을 증폭시킨다. 예를 들어, 암 사망자의 대부분이 70대 이상임에도 암으로 고통받는 22개월 여자 아이의 사진을 전면에 배치하거나, 경향성이 아닌 편차로 볼 수 있는 특정 시점의 두 값을 발췌해 위험이 증가한 것처럼 보이게 만들기도 한다.[7] '피가 흐르면 헤드라인이 된다'는 표현처럼, 부정적이고 특이한 사건에 집중하고 확률을 무시하는 위험 보도는 일반인의 위험 인식 편향과 맞물려 사회적으로 위험 인식을 증폭시킨다.[8] 특히 정부나 기업이 위험에 부적절하게 대응할 경우, 분노하는 대중의 반응까지 더해져 공포는 배가 된다.[9]

한국의 광우병 보도와 대중의 반응은 이러한 사회적 증폭 과정을 잘 보여준다. 광우병은 뇌가 스펀지처럼 바뀌는 증세, 매우 낮은 확률이지만 인체에 감염될 가능성, 그리고 소에게 육식 사료를 먹이는 반자연적 사육 방식이 기저 원인이라는 점 등 위험 인식과 보도의 편향을 유발하는 요소가 다분하다. 하지만 2008년 광우병 위험을 둘러싼 미국산 쇠고기 수입 논란에는 언론의 선정주의나 광우병 위험 자체에 대한 공포만이 아니라 미국의 무역 압력에 대한 반감, 정부와 정책에 대한 항의 등이 복합적으로 작용했다.[10]

언론과 환경단체, 전문가가 대중의 위험 인식 구조에 편승해 문제를 왜곡시키기도 한다. 알라[Alar] 사건이 대표적인 예다. 1989년,

미국에서 사과에 쓰이는 식물 성장조절제 알라의 발암성을 주장하는 한 민간단체의 보고서를 전국 단위 언론이 보도하자, 하루아침에 미국 전역이 엄청난 공포에 휩싸였다. 그 결과, 실제 영향이 불확실했음에도 알라는 결국 시장에서 퇴출되었다. 알라 사과 파동의 가장 큰 피해자는 사과 재배 농가와 알라 제조사였다. 미국 사과 산업은 약 1억 달러의 손실을 입었고 일부 농가는 파산했다. 제조사는 알라의 식품용 사용을 자발적으로 철회하고 비식품용으로만 판매하기로 했다. 반대로, 환경단체는 전국적인 논란을 촉발하며 영향력이 커졌고 해당 언론은 높은 시청률을 보이며 주목을 받았다.[11]

미디어 전문가들은 언론이 공포를 자극하는 보도를 하는 이유가 조회 수와 이익 추구에 있다고 본다.[12] 정치인, 시민단체, 과학자들까지도 각자의 이익을 위해 위험을 과장하는 보도에 편승하기도 하는데, 이를 '리스크를 부풀리는 철의 삼각형'이라 부른다.[13] 언론이 항상 위험을 과장하는 것은 아니다. 공식적인 위험 평가를 반영하거나 중립적인 내용을 담는 경우도 많다. 위험 보도의 헤드라인이 선정적이라는 주장에도 불구하고, 전체 기사 내용은 감정 표현을 완화시키는 효과를 보였다고 분석한 연구도 있다. 이는 언론이 단순히 공포를 유발하는 존재가 아니라, 위험을 조율하는 사회적 매개체로 기능할 수 있음을 시사한다.[14]

언론이 위험 인식에 미치는 영향력을 설명하는 이론은 여럿 있다. 한 연구는 최근 SNS와 디지털 미디어의 확산으로 소비자의 선택

권이 강화되면서 자신의 기존 신념과 일치하는 정보를 선호하는 경향이 생겼고, 이러한 경향이 기존 미디어의 영향력을 축소시킨다고 진단했다.[15] 다른 연구는 언론이 정책과 대중의 선호를 반영하는 수동적인 입장을 보인다고 평가했다.[16]

언론과 사회적 담론은 위험 인식을 과장하거나 축소시키며, 실제 위험과 대중의 인식 사이에 왜곡을 초래할 수 있다. 이는 사회 전체의 대응 수준을 변화시키고, 정책 결정에 직접적인 영향을 미친다. 결국 언론의 보도 방향과 대중의 반응은 정부 정책을 움직이기도 하고, 때로는 근본적인 문제 해결을 방해하기도 한다. 따라서 효과적인 위험 관리는 과학적 평가뿐만 아니라 사회적·문화적·정치적 요인을 고려한 정교한 위험 소통 전략을 필요로 한다. 언론·행정·과학자 간의 협력은 문제를 풀어갈 핵심 요소다.

대중의 위험 인식을 따라가는 정책

1987년, 미국 환경보호청EPA은 환경 위험 관리의 우선순위를 설정하기 위해 75명의 전문가를 동원해 주요 환경 문제 31개의 위험도를 평가한 보고서를 발표했다. 그 결과, 실내 라돈이나 독성 화학 물질처럼 눈에 띄지 않는 오염이 더 높은 위험을 지닌 문제로 지목되었다. 반면, 유해 폐기물이나 오염 심화 지역의 위험도는 상대적으로 낮았다. 놀랍게도 당시 미국 정부가 주력하던 유해 폐기물 처리나 오염 지역 정화와 같은 정책은 전문가들의 우선순위와 상당한 괴리가 있었고, 일반인들이 위험하다고 여기는 순위와 더 일치했다. 이 연구는 대중의 인식과 사고가 공공 정책에 미치는 영향력을 보여주며, 대중의 위험 인식에 대한 연구를 촉발시켰다.[17]

정책 당국은 때때로 전문가들의 평가와 다르더라도 대중의 위험 인식이나 그 변화에 대응해야 하는 상황에 놓인다. 설령 근거 없는 공포라고 해도, 대중의 우려는 정책에 부정적인 영향을 미치며, 전문가들이 권장하는 대응 조치에 대한 저항을 유발할 수 있기 때문이다. 행정의 우선순위가 과학자들보다 일반인과 언론의 인식에 더 가까운 것은 어찌 보면 자연스럽다. 국민이 걱정하고 언론이 비판하는 문제에 정치와 행정이 집중하는 것은 '국민'에게 봉사한다는 공공의 기본 책무와도 상통한다.

하지만 객관적으로 시급하고 중요한 위험과 그렇지 않은 위험의 우선순위가 바뀔 경우, 여러 문제가 발생한다. 우선순위가 낮은 유해물질에 과도한 자원이 할당되고, 그로 인해 더 시급한 환경 위험에 대한 대응은 부족해질 수 있다. 반대로 과소평가된 위험은 방치되어 건강 피해를 막을 적기를 놓치게 된다.

위험을 과학적으로 관리하려면 대중의 인식 또한 과학과 발을 맞춰야 한다. 그런 차원에서 위험 소통은 위험의 과학적 관리를 위한 핵심 요소다. 특히 언론·행정·과학자 간의 협력은 대중의 위험

　　　　대오염의 시대

인식을 조율하고 정책 수용성과 효과를 높이는 데 중요한 역할을 한다. 소통의 실패는 곧 과학의 실패이자 정책의 실패로 이어지기 때문이다.

인식을 조율하고 정책 수용성과 효과를 높이는 데 중요한 역할을 한다. 소통의 실패는 곧 과학의 실패이자 정책의 실패로 이어지기 때

셜록 홈즈와 에르퀼 푸아로: 같은 문제, 다른 접근

데이터 없이 이론을 세우는 것은
치명적인 실수라네.

셜록 홈즈

내가 찾는 것은 심리라네.
지문이나 담뱃재가 아니야.

에르퀼 푸아로

기술 발전이 의도치 않게 해결한 오염

심각한 오염 문제가 경제적인 이유로 도입된 새로운 기술 덕에 해결된 경우가 적지 않다. 소다회(탄산나트륨) 제조 공정이 그렇다. 1700년대 후반, 유럽에 비누, 유리, 염료 제조 등에 두루 사용되는 소다회를 제조하는 공장이 처음 등장했다. 이 공장에서는 르블랑^{LeBlanc} 공정*을 사용했는데, 이 공정은 소다회 외의 부산물이 거의 모두 폐

---

* 소금과 황산을 반응시켜 황산나트륨을 만든 후, 여기에 석탄과 석회석을 넣고 가열해 탄산나트륨을 만든다. 첫 번째 단계에서 염산 가스 부산물이 발생하고, 두 번째 단계에서 주로 황화칼슘과 타다 남은 석탄으로 이루어진 검은 재가 폐기물로 남는다.

기물로 버려져 비효율적이었으며, 생산 비용도 높았다. 게다가 공장 주변의 환경오염도 심각했다. 부산물로 발생한 맹독성 염산 가스로 주변 공기가 오염되었고 식생과 가축이 거의 전멸했다. 생산 과정에서 발생한 검은 재는 바다나 버려진 채석장에 투기되거나 공장 주변 빈 땅에 흉물스럽게 쌓였다. 당시 소다회 공장이 많았던 영국은, 1863년 공장에서의 화학오염을 규제하는 최초의 환경법인 '알칼리법Alkali Act'을 제정해 공장 굴뚝에서 배출되는 독성 가스의 양을 제한했다. 소다회 공장들은 규제 기준을 맞추려고 숯과 물을 이용해 굴뚝에서 나온 가스를 액체 폐기물로 만든 뒤 강이나 바다에 버렸다. 이로 인해 수중 생태계도 큰 피해를 입었다.[1]

1860년대에는 르블랑 공정의 저효율·고비용 문제를 극복하기 위해 솔베이Solvay 공정*이 개발되었다. 소금과 암모니아와 같은 흔한 재료를 사용하고 부산물까지 재활용해 원료로 투입하면서 생산 비용과 효율이 개선되었고, 부산물에 의한 환경오염도 줄었다. 솔베이 공정은 널리 확산되었고, 20세기 초에 르블랑 공정은 완전히 사라졌다. 하지만 솔베이 공정 역시 에너지를 많이 사용하고 일부 부산물도 발생했기에 각종 오염으로부터 완전히 자유롭지는 못했다.[2]

＊　소금물에 암모니아를 넣어 암모니아성 소금물을 만든 후, 석회석을 가열해 발생하는 이산화탄소를 넣어 중탄산나트륨을 만든다. 이를 가열해 탄산나트륨을 얻는다. 부산물로 남은 염화암모늄 용액에 석회석을 가열해 얻은 석회를 넣어 암모니아를 회수해 다시 공정에 투입한다. 부산물로 염화칼슘이 생긴다.

소다회를 더 친환경적으로 만드는 방법은 의외의 곳에서 발견 되었다. 1938년, 미국 와이오밍주에서 발견된 대규모 트로나 광상 trona deposite에서 소다회를 솔베이 공정보다 저렴하게 추출할 수 있었 다. 트로나 공정은 특히 에너지 소비가 적어 경제적으로 유리할 뿐 만 아니라 폐기물 발생이 거의 없어 환경적 측면에서도 솔베이 공정 을 압도했다. 미국에서는 솔베이 공정을 폐쇄하고 트로나 공정으로 전환했다.[3] 소다회라는 범용물질을 대량 생산하기 위해 개발된 화학 공정이 경제적으로 진화한 결과, 환경성도 함께 개선된 것이다. 다만 트로나가 없는 지역에서는 여전히 솔베이 공정을 사용하고 있다.

산업 혁신과 시장이 불러오는 긍정적인 변화는 강제적인 규제 가 끌어가는 변화보다 훨씬 효율적이다. 과학 기술이 사회적·경제 적 요구와 환경 문제에 동시에 대응할 수 있을 때, 기술에 대한 사회 적 수용성도 커진다. 그러나 현실에서는 혁신과 시장, 환경 문제의 해법, 그리고 기술의 사회적 수용성이 같은 곳을 바라보지 않는 경 우가 허다하다.

확실한 위험에는 예방이 답

'확실한' 위험risk이라고 하면 그 위험이 반드시 발생한다는 의 미로 오해받기 쉽다. 위험은 '확률'이다. 위험이 확실하다는 말은 발생 가능성과 피해 정도가 과학적으로 이견 없이 명확하게 규명되었음을 뜻한다.[4] 흡연은 전 세계 보건 전문가가 인정하는 확실한 위험이다. 보건 당국들은 흡연으로 인한 위험의 수치를 제시하고 있다. 흡연자는 비흡연자에 비해 평생 폐암에 걸릴 위험이 최대 22배 더 높다.[5] 흡연은 폐암을 유발하는 확실한 위험 인자지만, 모든 흡연자가 확실하게 폐암에 걸리지는 않는다.

화학물질 중에서도 과학적으로 확실한 위험으로 확인된 것들이 많다. 대표적인 인체 발암물질인 석면은 폐암과 중피종을 유발한다. 직업으로 인한 석면 노출로 폐암에 걸려 사망할 확률은 10만 명당 4.1명, 다시 말해 100만 명당 41명이다.[6] 대부분의 국가에서 유해물질 노출로 발생하는 암에 대해 일반적으로 100만 명당 한 명, 기준이 느슨한 경우에도 10만 명당 한 명의 발암 확률을 안전 기준으로 삼는다는 점을 고려하면, 석면의 발암 위험값은 매우 높은 '확률'을 의미한다.

과학적으로 확실하게 규명된 위험을 시장이 자체적으로 해결하지 못한다면, 정책이 개입한다. 확실한 위험을 방지한다는 것은 발생 확률이 명확한 위험에 대한 대책을 마련해 그 발생을 미리 막는다는 뜻이다. 이러한 '예방prevention' 개념은 환경법과 환경 위해성 관리 정책의 핵심 원칙 중 하나다.[7] 확실한 위험에 대응하는 예방 정책 수단은 위험의 종류, 심각성, 노출 대상, 사회적 수용성, 문화적 맥락 등에 따라 매우 다양하다. 구체적으로는 일부 물질을 금지하거나 특정 용도로의 사용을 제한하기도 하고, 경고 문구나 표시를 부착하거나 안전 캠페인을 진행하기도 한다. 무엇보다도 위험이 명확하므로 규제의 타당성을 확보하기가 쉬우며, 이해관계자 설득 및 소통도 용이하다.

그렇다면 과학적으로 합의되지 않은 불확실한 위험은 어떻게 다뤄야 할까?

염색 샴푸가 남긴 질문들

2021년, 한 벤처기업이 '머리만 감아도 염색이 되는' 샴푸를 개발해 선풍적인 인기를 끌었다. 그런데 유럽 연합이 염색 샴푸에 들어 있는 성분 중 하나인 1,2,4-트리하이드록시벤젠[THB]을 유전독성이 있다는 이유로 화장품 원료의 사용을 금지하자, 식품의약품안전처도 이 성분을 금지하는 규정안을 행정 예고했다. 기업은 해당 규제가 혁신 기술을 인정하지 않고 발전을 저해하며, 염색 샴푸라는 제품의 특성을 고려한 규제가 필요하다고 반발했다. 다른 한편에서는 국민 건강이 우선이며, 유전독성물질은 당연히 금지해야 한다고 주장했다.[8] 규제개혁위원회는 기업의 요청을 받아들여 추가 위해 검증을 통해 사용 금지 여부를 최종 결정하도록 권고했다. 2024년, 이어진 검증 끝에 '독성이 있다는 걸 배제할 수 없다'는 결론을 이유

로 해당 물질의 사용이 금지되었다. 기업은 유전독성물질을 포함하지 않는 새로운 제품을 개발했다.[9]

염색 샴푸의 위해성은 전형적인 '불확실한 위험'이다. 유전독성물질 자체가 인체에 미치는 장단기적 영향의 불확실성은 차치하더라도, 머리에 바른 후 곧 씻어내는 방식으로 사용했을 때 실제 노출되는 양도 추가 연구 없이는 가늠하기 어렵다. 이러한 불확실한 위험에 대한 의사 결정은 두 갈래로 나뉜다. 유럽 연합처럼 미리 조심하는 '사전주의 원칙precautionary principle'을 적용하거나, 미국처럼 '증거 기반 원칙evidence-based approach'을 고수해 추가 증거를 확보한 후 결론을 짓는 방식이다. 두 규제 철학의 차이는 때때로 상당히 다른 결과를 낳는데, 범용성 유기용제인 디클로로메탄DCM의 위험 관리 과정이 그 차이를 뚜렷하게 보여준다.

염화메틸렌으로도 불리는 DCM은 한국의 화학물질 배출량 조사에서 발암물질 배출량 1위 자리에 단골로 등장하는 2B급 발암가능물질이다. 페인트 제거제, 접착제, 탈지제 등에 쓰이며, 소비자용(개인·가정 등), 전문가용(건설 현장 등), 그리고 산업용(화학공장 등)에 이르기까지 광범위하게 사용되어왔다. 유럽 연합은 약 열 개의 노출 시나리오로 DCM의 위해성을 평가한 후, 2009년부터 단계적으로 소비자용과 전문가용 DCM 함유 페인트 제거제 사용을 모두 금지했다. 적절한 환기 시설과 보호 장비가 갖추어진 산업 현장과 달리, 일반 환경에서는 조심하더라도 노출을 피할 수 없다고 판단했기 때문이다.[10] 미국은 2016년 이후 DCM에 대한 위해성 평가에 착수해 총 53개의 사용 조건을 세부적으로 분석했고, 그중 47개에서 불합리한 위험을 확인했다. 평가 결과를 바탕으로, 2019년 DCM에 대한 첫 규제를 도입해 위험 발생 가능성에 비례한 차별적인 대책을 마련했다. 노출을 피하기 어려운 소비자용 페인트 제거제에서는 DCM의 사용을 금지했지만, 전문가용과 산업용에서는 안전 사용 지침을 따르는 조건으로 사용을 허용했다.[11]

불확실한 위험을 다루는 두 지역의 방식은 마치 '직관적 정황 수사'를 하는 에르퀼 푸아로와 '철저한 증거 수사'를 하는 셜록 홈즈처럼 느껴질 때가 있다. 유럽 연합은 과학적으로 불확실하더라도 심각한 위험을 의심할 합리적인 정황이 있으면 규제하는 반면, 미국은 사법 영역의 '무죄 추정의 원칙'처럼 명확한 증거 없이 섣부른 규제를 하지 않겠다는 신중한 태도를 취한다. 서로 다른 방식의 수사로 세계를 매료시킨 홈즈와 푸아로처럼, 미국과 유럽 연합의 위험 관리 방식 모두 나름의 타당성이 있다. 증거 기반 원칙을 활용하면 위험을 보다 정확히 이해하고, 위험에 비례한 대응으로 규제에 따른 혼선을 최소화할 수 있다. 하지만 과학적 검증이 지연되면 위험을 방치할 가능성이 있다. 반대로 사전주의 원칙을 적용하면 추가 연구 없이 유해물질을 관리할 수 있다. 그러나 물질의 유해성과 대체물질의 안전성을 둘러싼 불확실성에 대해 충분한 소통 없이는 규제를 납득시키고 추진하기 어렵다.

쏟아지는 화학물질과 폐기물, 그로 인한 오염의 홍수 속에서 중립적이고 객관적이라 믿었던 과학조차 불확실한 수치를 내놓거나, 연구 결과끼리 서로 충돌하기도 한다. 선진국들조차 하나의 해답을 내놓지 못한 이 오염 문제 앞에서 스스로와 이웃, 그리고 환경을 지키려면 어떻게 해야 할까?

2장

공포가 된
기적의 발견들

세계인의 IQ를 증발시킨
기적의 물질

모든 과학적 연구는 불완전하다.
그렇다고 해서 우리가 이미 알고 있는 지식을
무시하거나 그 지식이 요구하는 행동을 미룰
자유가 주어지는 것은 아니다.

오스틴 브래드포드 힐 Austin Bradford Hill (1965)[1]

납이 해결해준
자동차 노킹 문제

20세기 초, 초창기 자동차 엔진에서는 망치로 두드리는 듯한 소리가 나곤 했다. 엔진 내에서 휘발유 증기와 공기의 혼합물이 압축된 후 점화되는데, 압축 과정에서 일부 성분이 먼저 불이 붙어 폭발하고, 그 충격파가 금속성 소리를 내는 '노킹knocking' 현상을 유발했다. 노킹은 자동차의 출력을 손실시키고, 기계적 손상이나 과열을 일으키며, 심한 경우 피스톤이나 엔진을 파손시킨다. 당시 자동차 회사들에게는 이 노킹 문제 해결이 큰 과제였다. 에탄올이나 다른 물질을 연료에 첨가하면 도움이 되었지만, 가격이 비쌌다. 이때 제너럴 모터스^{GM}에서 근무하던 토머스 미즐리^{Thomas Midgley Jr.}는 사에틸납^{TEL}을 휘발유에 첨가하면 저렴한 가격으로 노킹을 방지하는 효과가 있음을 처음 확인했다.[2]

이 첨가제가 포함된 유연^{有鉛} 휘발유는 1923년 미국 시장에 처음 출시되었다. TEL은 GM과 스탠다드 오일이 공동 설립한 에틸^{Ethyl}에서 특허를 출원해 판매되었으며, 이후 에틸은 연료 첨가제 시장에서 수익성 높은 독점 구조를 형성했다. TEL은 매우 효과적으로 노킹을 방지해 더 높은 압축비로 엔진이 작동할 수 있게 했다. 이는 엔진의 연료 효율과 출력 향상을 가져왔고, 차량 설계와 성능 혁신을 이끌었다. 또한 품질이 낮은 휘발유도 엔진 성능을 안정적으로 유지하면서 사용할 수 있게 되었다.[3]

TEL은 전 세계로 퍼져 나갔다. 제2차 세계대전 기간에는 항공유에 사용되어 연합군 항공기의 성능을 크게 향상시켰다. 1970~1980년대에 TEL의 사용량은 최고조에 이르렀고, 석유화학 산업의 확장과 자동차 제조 및 정유 산업 중심의 경제 성장을 뒷받침했다.[4] 1923년부터 1990년대 중반까지 TEL은 세계에서 가장 널리 사용된 연료 첨가제였으며, 미국 시장에서 휘발유의 약 90퍼센트에 첨가될 정도로 지배적인 지위를 차지했다. 에틸은 TEL의 생산 및 유통에 대한 특허 독점권을 수십 년간 유지했다.[5]

당시 전 세계적으로 사용하던 다른 용도의 납에 비하면 휘발유에 첨가된 양은 매우 적었다. 에틸은 적은 양의 희석된 납 첨가제는 해롭지 않다고 주장했다. 하지만 설립 초기부터 회사 이름이나 판매 문서에 '납'이라는 단어를 일절 사용하지 않을 것을 명확히 했다. 대중에게 잘 알려지지 않았던 '에틸'이라는 단어를 사용함으로써 납에 대한 공포를 피하려는 목적이었다.[6] 한국에서도 유연휘발유가 '에틸가솔린'이라는 이름으로 판매되기도 했다.

납이 인체에 해를 끼친다는 사실은 고대 로마 때부터 경험적으로 알려져 있었다. 19세기에 들어 의사들은 특히 납을 다루는 공장 작업자들의 신경질환이나 빈혈 같은 건강 문제를 납 노출과 연결시키기 시작했다. 유연휘발유가 시장에 출시되기 전부터 그것이 건강에 미칠 피해에 대한 우려가 존재했다. 1920년대 초, 농축 TEL을 제조하고 혼합하는 과정에서 작업자들이 치명적인 중독 사고, 환각 증세 등을 포함한 심각한 건강 피해를 겪었다. 당시 회사와 병원의 은폐에도 불구하고, 한 언론은 TEL 제조 공장 한 곳에서 무려 300건 이상의 납 중독이 발생했다고 폭로했다. 사람들은 납 중독 증세가 나타난 공장 근로자들이 곤충에 대한 환각을 자주 경험하자, TEL 공장을 '나비의 집'이라 불렀다.[7]

이후 TEL 생산에 대한 일시적 중단 조치moratorium가 내려졌고,

미국 공중보건국[PHS]은 안전성을 조사하기 위해 과학자, 공중보건 전문가, 산업계 대표 들이 참여하는 회의를 소집했다. 당시 콜롬비아대학교 공중보건연구소 초대 소장 헤이븐 에머슨[Haven Emerson], 납 공장에서 근로자들의 건강 상태를 직접 확인한 하버드대학교 교수 앨리스 해밀턴[Alice Hamilton] 등 쟁쟁한 보건 및 의학 분야 전문가들이 납의 독성을 강력하게 경고하며, 유연휘발유의 생산과 유통을 즉시 금지해야 한다고 주장했다.[8]

당시 에틸의 컨설턴트였던 산업의학 전문가 로버트 키호[Robert Kehoe]와 산업계는 위험을 산업 공정 개선과 안전 수칙 준수로 예방할 수 있는 '직업적 납 위험'과 유연휘발유로 발생할 수 있는 '환경적 납 위험'을 구분하려 했다. 작업자들이 노출되는 고농도 납으로 인한 건강 피해는 사실이지만 안전 조치를 통해 예방이 가능하고, 소량으로 노출되는 환경적 납 위험은 문제가 되지 않는다고 주장했다. 산업계의 지원을 받은 키호는 산업보건 전문가들의 주장에 맞서 '자료를 보여줘[show me the data]' 패러다임을 제시했다.[9]

자동차 배기가스로 공중보건에 실질적인 위협이 발생한다는 사실이 증명된다면, 납이 포함된 가솔린의 유통은 즉시 중단될 것입니다. 어떠한 의문도 있을 수 없습니다. (……) 연료 절약과 자동차의 효율성을 높이는 데 중요한 역할을 하는 물질이 단순한 의견에 의해 폐기될 수는 없습니다. 오직 '사실'을 바탕으로 결정해야 합니다.[10]

산업계로부터 독성을 입증하라는 요구를 받은 당시 공중보건 전문가들은 휘발유 속 납이 대중에 끼치는 위험성을 입증할 충분한 과학적 증거가 없었다. 제시된 자료는 대부분 산업계가 직간접적으로 관여한 연구에서 나온 것들이었다. 결국 공중보건 전문가들은 논쟁에서 밀렸다. 논의의 결론은 '입증된 직업적 위험은 산업 위생 조치를 통해 통제가 가능하며, 유연휘발유의 유통과 사용에 따른 환경적 위험은 그 사용을 금지할 만한 충분한 근거가 없다'는 쪽으로 기울었다. PHS의 보고서가 TEL이 안전하다고 평가하면서, 유연휘발유는 1926년부터 본격적으로 판매되었다. 산업계의 지원을 받은 많은 연구자는 '납 오염은 정상적이고 자연스러운 현상이며, 직업적 노출과 달리 환경 중의 소량은 무해하다'며 유연휘발유에서 배출되는 적은 양의 납은 안전하다고 말했다.[11] 게다가 당시 PHS는 재무부 소속 기관이었는데, 이 시기 재무부 장관의 가족이 자신의 회사를 통해 TEL 유통 계약을 막 체결한 상태였다는 정황도 있었다.[12]

실질적인 위험을 입증하라는 모순

일부 보건 전문가는 TEL이 안전하다는 산업계의 주장에 동의하지 않았다. 자동차 수가 증가하면 TEL 농도가 높아지므로, 미량이라도 건강에 피해를 끼칠 수 있다고 경고했다. TEL은 극도로 독성이 강할 뿐만 아니라 엔진 내부에서 반응한 납 대부분이 배기가스를 통해 그대로 배출된다는 점도 지적했다. 다시 말해, 폭발적으로 늘어난 자동차들이 공기 중에 유해한 납을 뿌리고 다니는 셈이었다. TEL이 본격적으로 판매된 이후에도 보건학자들은 단지 자료가 없다는 이유로 납과 같은 맹독성 물질을 허용해서는 안 된다고 주장했다. 확실한 증거가 없더라도 피해가 생기기 전에 주의하자는 입장이었다. 그러나 이들의 주장은 '분명한 증거도 없이 규제를 요구하는 비과학적인 주장'으로 치부되었다.

과학자들은 '미량'의 납 배기가스로 인한 오염 농도를 조사해 산업계의 주장을 반박할 자료를 확보할 수도 있었다. 하지만 산업계의 조직적인 대응으로 인해 독립적인 환경보건학자들은 제대로 된 연구를 수행하기 어려웠다. 산업계의 '자료를 보여줘' 전략은 강력했다. 당시 정부는 납 독성 연구에 굳이 연구비를 지원하지 않았다. 결과적으로 산업계는 납 중독에 대한 의학 연구와 과학적 지식을 거의 독점하게 되었다. 이에 더해, '미량의 납 독성을 철저히 검증해야 한다'는 명분으로 정부의 규제 논의 자체를 지연시키는 구조적인 대응을 펼쳤다.

그 중심에는 산업의학 전문가 로버트 키호가 있었다. 그는 연구소를 설립하고 산업계로부터 막대한 자금을 지원받았다. 키호는 멕시코시티 외곽의 농촌 마을에서 납에 노출되지 않은 '비노출' 집단을 찾아냈고, 그들의 음식, 식기, 배설물에서 상당한 양의 납을 확인했다. 그는 이를 근거로 납 오염은 정상적이고 자연스러운 현상이며, 환경에 존재하는 소량의 납은 무해하다고 주장했다. 이러한 '자연스러운' 납 수치에 대한 해석은 산업계가 독립적인 전문가들의 우려를 반박하는 핵심 논거로 활용되었다. 이후 키호는 '실질적인 위험'이 입증되지 않는 이상 합성화학물질은 금지될 수 없다는 논리를 주도했다. 역설적이게도 그가 이러한 입증을 수행할 수 있는 위치에 있는 유일한 사람이었다.[13]

이 '실질적 위험 입증 요구'는 이후 미국에서 오염 규제의 기준이 되었다. 정보와 자원의 비대칭 속에서 독립적인 보건학자들의 '미리 조심하자'는 주장은 산업계의 '증거에 기초해 규제하라'는 패러다임에 밀려났다. 그사이 유연휘발유의 판매량은 가파르게 증가했고, 1950년대에는 연간 10만 톤 이상의 납이 사용되었다. 1970년대에는 납 사용량이 미국에서 27만 톤을 초과했고, 전 세계적으로는 35만 톤 이상으로 확대되었다.[14]

만약 당시 정부가 독립적인 연구비를 지원해 공평한 연구 기회를 제공했다면, 정보의 비대칭과 왜곡 없이 전문가들 사이의 '사전주의 원칙'과 '증거 기반 원칙'의 논쟁이 가능했을지도 모른다. 그랬다면, 납 휘발유의 위험에 대한 결론이 달라졌을까?

지구화학자가
매듭지은 위험성 논쟁

'자연에 존재하는 미량의 물질은 안전하다'는 키호의 패러다임을 무너뜨린 사람은 뜻밖에도 유연휘발유 판매 시작 30년 뒤에 등장한 지구화학자 클레어 패터슨Clair Patterson이었다. 그는 납의 동위 원소 비율을 측정해 지구의 나이가 종전에 알려진 것보다 15억 년이나 더 긴 45억 년이라는 것을 입증해 과학 교과서 내용을 바꾼 지구화학geochemistry 전문가다.[15] 그는 태평양 심해의 참치, 철기 시대 이전의 미라와 그 주변 토양, 그린란드 빙하의 코어를 채취해 대기 중 납 농도 변화를 연대별로 분석했다. 이를 통해 사람의 몸속에 쌓인 납이 산업화 이후 무려 수백 배나 증가했다는 사실을 밝혀냈다. 1965년, 패터슨은 한 학술지 편집자의 초청으로 〈인간의 오염 및 자연적 납 환경〉이라는 논문을 제출했다.[16] 흥미롭게도 키호가 이 논문의 심사를 맡았는데, 그는 패터슨의 연구를 반박하려면 출판을 허용하는 것이 더 유리하다고 판단했다.[17]

패터슨의 논문은 납의 건강 영향에 대한 논쟁의 틀 자체를 바꾸었다. 자연에 존재하는 일정한 수준의 납이 해롭지 않다는 논리를 무너뜨린 것이다. 패터슨은 키호가 '비노출군'으로 간주했던 농부들도 납에 오염되어 있었으며, 연구 집단 전체가 오염되어 있다면 위험이 희석되거나 감춰질 수밖에 없다고 주장했다. 특히, '자연적'이라는 표현은 인간 활동으로 오염되기 이전의 농도를 가리킬 때에만 사용해야 한다고 강조했다.[18] 논문이 발표된 후 전통적인 독성학자들은 강하게 반발했다. 키호의 입장을 지지하는 사람들은 납 중독은 고농도에서 심각한 질병의 명백한 증상이 나타날 때에만 발생한다고 주장했다. 키호도 패터슨을 '과학자라기보다는 신념에 사로잡힌 선동가zealot'라고 비난했다. 그러나 패터슨은 쉽게 물러서지 않았다. 그는 모든 인간에게서 발견되는 높은 납 수치가 체내 생화학적 균형을 조용히 방해할 수 있으며, 모든 사람이 이미 어느 정도 납에 중독된 상태일 수도 있다고 주장했다.[19]

패터슨의 주장은 1970년대에 들어서서 환경에 대한 경각심이 높아지며 힘을 얻었다. 자동차 회사들은 배기가스 중 오염물질 저감을 위해 새로 부착하는 촉매 기능을 방해하는 납을 휘발유에서 단계적으로 제거하기로 결정했다. 미국 환경 당국은 향후 납이 다시 연료 첨가제로 사용될 가능성을 우려해 휘발유 내 납 함량을 단계적으로 줄이는 규제를 개시하였다. 공개적으로 비난받던 패터슨은 그간의 연구 기여를 인정받았고, 그의 업적을 기리기 위해 남극의 산 봉우리 하나와 대형 소행성에 그의 이름을 붙였다.[20]

과학계의 학제 간 칸막이는 지금도 여전하다. 본인이 잘 알지 못하는 분야에 대해서는 말을 아끼고, 잘 이해되지 않는 부분은 해당 분야의 전문성이 부족한 탓으로 돌리는 문화는 세계 어느 곳에서나 마찬가지다. 쏟아지는 방대한 양의 연구 결과를 소화하느라 자신이 속한 학문 공동체 내에서 생산된 지식에 치우친 학습을 한다. 도

서관에서 최신 학술지를 직접 찾아보거나 CD로 제공된 학술 논문 검색 자료로 연구 결과를 공유하던 시절을 거쳐 최근에는 정보 검색과 문자 마이닝 기술이 발전했지만, 이러한 문제는 여전하다.[21]

특정 연구 분야 내의 편향된 연구는 객관적인 검증을 어렵게 한다. 무엇보다도 오염물질의 위험을 평가하는 과정은 여러 학문과 현장의 전문가들이 협력하는 다학제적 과정이다. 다른 분야보다 더 민주적이고 열린 과학적 소통이 중요하다. 50여 년 전, 한 지구화학자가 과감하게 환경보건의 영역으로 뛰어들어 보여준 과학적 성과가 그 필요성을 증명한다.

납 휘발유가 남긴 숙제

낮은 수준의 납이 체내 생화학적 균형을 조용히 방해할 수 있다는 패터슨의 주장은 점차 사실로 입증되었다. 유연휘발유에 사용된 납의 총량은 적었으나, 미세한 입자 형태로 공기 중에 퍼져 호흡기를 통해 인체에 흡입되는 노출 방식이 전 세계인의 건강에 피해를 입혔다. 1970년대까지 납 노출이 어린이의 발달, 특히 인지 기능, 학습 능력, 행동 발달 등 신경 발달 전반에 악영향을 미친다는 과학적 증거가 축적되었다. 납 휘발유 사용으로 공기 중 납 오염이 심해졌고, 토양과 물에도 납 먼지가 쌓였다. 역학 연구가 납 노출이 지능 지

수IQ 저하와 행동장애를 유발한다는 사실을 밝혀내며, 납 오염은 심각한 환경보건 문제로 떠올랐다.[22]

미국은 1970년대에 유연휘발유의 단계적 퇴출을 시작했고, 1978년 세계 최초로 납에 대한 대기 환경 기준을 설정했다. 그리고 TEL이 사용된 지 약 70년이 지난 1995년, 마침내 유연휘발유는 미국 내에서 완전히 퇴출되었다. 유럽과 대부분의 선진국들도 1990년대까지 유연휘발유의 사용을 금지했다.[23] 한국 역시 1987년부터 납을 뺀 무연휘발유를 판매하기 시작했으며, 이후 6년간의 공존 기간을 거쳐 1993년에 유연휘발유의 판매가 완전히 금지되었다.[24]

1990년대 전문가들은 TEL이 "환경적으로 안전하지 않은 제품 중 시장에서 퇴출된 드문 사례"라며, 납 오염 문제는 TEL의 쇠퇴 이후에도 여전히 세계적 환경보건 과제로 남아 있다고 지적했다.[25] 그 후에도 납의 독성이 계속 드러났다. 당시의 환경 기준보다 훨씬 낮은 농도에서도 어린이에게 신경 피해와 IQ 저하를 유발하며, 심혈관질환 및 신장질환과도 관련된다고 밝혀졌다. 수십 년간 도심의 토양, 물, 공기에 납이 축적되었고, 자동차 외에 공장 등 다른 배출원에서 발생하는 납을 관리하는 것도 중요해졌다.[26] 미국은 2008년 납 대기환경기준을 열 배 강화했고,[27] WHO는 어린이의 신경 독성을 고려해 가능한 낮은 수준으로 납 노출을 줄일 것을 권고하고 있다.[28] UNEP는 2011년부터 유연휘발유 퇴출 캠페인을 벌였고, 2021년 알제리를 마지막으로 전 세계에서 유연휘발유가 사라졌다.[29]

흥미로운 연구들도 이어졌다. 2022년, 한 연구는 미국 내 살인 감소의 7~28퍼센트가 납 오염 감소에서 기인한다고 분석했다.[30] 다른 연구는 미국 인구의 과반이 어린 시절에 높은 수준의 납에 노출되었고, 그 결과 1인당 IQ 2.6점, 총 IQ 8억여 점을 잃었다고 분석했다. 특히 1951~1980년 사이에 태어난 세대가 그 피해를 집중적으로 겪었다.[31] 고대 로마 시민들도 만성적인 납 노출로 평균 IQ가 2~3점 낮아지고 귀족 가문에서 불임이 증가했을 가능성도 있다고 한다.[32] 범죄율 변화, 특정 세대의 지적 능력, 문명의 흥망성쇠가 전적으로 납 오염에 의한 것은 아닐지라도, 사람의 신경에 영향을 미치는 오염물질의 파급 효과가 단순한 개인의 건강 문제를 넘어선다는 점은 분명하다.

전통적인 위해성 평가는 일정량 이하의 화학물질은 안전하다고 가정하지만, 납은 극미량만으로도 해롭다는 사실이 과학계의 정설로 굳어지고 있다.[33] 납 노출로 인한 연간 건강 피해가 성인 조기 사망자 550만 명, 그리고 어린이 인지 발달 저하로 인한 세계 경제 손실이 1조 4천억 달러에 달한다고 분석한 연구에서는, 인류 건강을 위해 납을 세계 경제에서 제거해야 한다고 주장한다.[34]

노킹 현상을 해결했던 납 첨가제의 자리는 MTBE(메틸 제3-부틸 에터)라는 대체제가 차지했지만, 이 물질 역시 지하수 오염과 건강 피해의 우려를 말끔히 지워내지는 못했다. 오염의 정도를 밝혀내고 해법을 제시하는 과학의 역할이 다시 필요하다.

오존층 파괴의 주범이 된 기적의 냉매

> 오염 저감을 목표로 한 법률들이 있지만,
> 그것만으로는 깨끗한 공기와 물을 가져올 수 없다.
> 우리가 가장 신뢰할 수 있는 진전의 수단은
> 법률이나 규제가 아니라 발명과 개발이다.
>
> **헨리 듀폰**Henry du Pont (1952)

사람 잡는 냉장고를 잡은 화합물

냉장고는 현대 일상생활에 필수 가전 제품이다. 냉장고가 없는 삶은 상상하기 어렵다. 일반냉장고에 더해 김치냉장고나 와인 셀러와 같이 식품과 음료의 맛을 최상으로 유지하는 기능성 냉장고도 일상화되었다. 화장품냉장고나 음료 보관을 위한 소형 냉장고들이 거실이나 침실 한 편에 자리 잡기도 한다. 1920년대 초, 미국에서 처음 등장한 전기냉장고는 가정생활의 혁신을 불러온 제품이었다. 종전의 아이스박스와 달리 '얼음 배달원이 필요 없는' 냉장고의 등장으로 가정에서 식품을 일정한 온도로 더 오래, 신선하게 보관할 수 있

게 되었다.[1]

전기냉장고가 내부를 주변보다 차갑게 유지할 수 있는 이유는 화학물질인 냉매 덕분이다. 냉장고는 단순히 찬 공기를 만들어내는 기계가 아니라 압력을 조절해 냉매의 상태를 액체와 기체로 변화시켜 내부의 열을 외부로 빼내는 열 이동 장치다. 그리고 냉매는 냉장 기능을 가능하게 하는 핵심 화학물질이다. 초기 냉장고는 이산화황, 암모니아, 염화메틸과 같이 독성이 강하고 인화성이 큰 냉매를 사용했다. 이산화황과 암모니아 같은 냉매는 특유의 고약한 냄새가 나는데, 이 냄새가 경고 기능을 한다고 여겨졌다. 즉, 유해한 수준보다 훨씬 낮은 농도도 냄새로 감지가 가능하다는 점에서 위험 관리가 수월하다고 보았다. 냄새가 없는 독성 가스인 염화메틸에 미량의 경고용 냄새물질을 첨가하는 방안이 검토되기도 했다.[2]

하지만 1920년대에 들어 냉장고에서 독성 냉매가 새어 나와 사람이 중독되거나 폭발하는 사고가 빈번하게 발생했다. 미국 오하이오주의 한 병원에서는 냉장고 냉매 유출로 인한 폭발 사고로 100명 이상이 사망했다. 불안을 느낀 사람들은 당시 고가의 사치품으로 여겨졌던 전기냉장고를 집 안에 두지 못하고 뒤뜰로 내보내야 했다.[3] 유럽에서도 비슷한 사망 사고가 발생했다. 1926년, 베를린의 한 가족이 냉장고에서 누출된 독성 가스에 중독되어 사망했다. 알베르트 아인슈타인Albert Einstein은 이 사망 기사를 접하고 동료 물리학자 레오 실라르드Leo Szilard와 함께 무독성 알코올 가스를 사용하는 냉장고를

개발해 특허까지 출원했다. 그러나 새로운 기술의 등장으로 상용화되지는 못했다.[4]

　사람 잡는 독성 냉매를 해결할 새로운 물질은 미국의 화학 기업과 과학자들의 공동 연구로 탄생했다. 무독성·무인화성 냉매인 프레온Freon-12이 그 주인공이다. 개발팀을 이끈 토머스 미즐리Thomas Midgley Jr.는 1930년 미국 화학회 연례 학술대회에서 알코올램프로 끓인 프레온 증기를 직접 들이마신 후 입김을 불어 촛불을 끄는 시연을 펼쳤다. 새로운 냉매가 사람에게 안전하고 인화성이 없다는 사실을 자신의 몸으로 직접 증명한 셈이다.[5] 프레온 가스는 '기적의 화합물'로 칭송받으며 빠른 속도로 기존 냉매를 대체했다. 가정용 냉장고를 넘어 대형 산업 설비와 에어컨 냉매로도 사용되었다. 1950~1960년대에는 높은 휘발성이 필요한 세정 제품, 에어로졸 캔 분사제, 스티로폼 제조 발포제 등으로 용도가 확장되었다. 여러 화학 회사가 프레온 가스, 즉 염화불화탄소CFCs 시장에 진출했다. 일찌감치 특허를 확보한 듀폰은 1970년대 중반까지 CFCs 시장을 주도했는데, 당시 미국 시장의 절반 이상, 세계 시장의 약 4분의 1을 점유했다.[6]

　많은 원자재와 산업 원료를 수입에 의존하던 1960년대 한국에게 '과학입국 기술자립'은 매우 중요한 과제였다. 당시 불소화학의 세계적인 권위자였던 재미在美 과학자 박달조 박사는 해외 한국인 과학기술자 유치 사업을 통해 한국을 방문했고, 현재 한국과학기술원

KIST의 전신인 한국과학원의 국산 프레온 개발 연구를 지원했다. 한국과학원은 박달조 박사로부터 기술 자문을 받았고 1972년 국산 프레온인 코프론-12 생산에 성공했다.[7] 당시 과학자들은 프레온 가스를 국산화하는 연구를 하면서 1960년대 말 막 생산을 시작한 국산 에어컨을 국산 냉매로 돌리며, 수입 원료를 대체할 수 있다는 긍지와 기대가 컸을 것이다. 프레온 가스처럼 범용성 있는 물질을 자체 생산하는 기술을 보유한다는 것은 기술자립을 실증적으로 보여주는 큰 진전이었다.[8]

안전한 프레온 가스의 놀라운 파괴력

1970년, '가이아 이론'의 창시자인 영국의 과학자 제임스 러브록James Lovelock은 미량의 물질을 분석할 수 있는 전자 포획 검출기ECD라는 계측기를 개발해 최초로 공기 중 CFCs를 검출했다. 그간 의심은 되지만 분석 기술이 없어 확인하지 못했던 '프레온 가스가 대기에 존재한다는 사실'을 처음 확인한 것이다. 영국 전역의 모든 대기 샘플에서 CFCs가 나왔는데, 놀랍게도 프레온 가스를 전혀 쓰지 않는 청정 지역의 대기에서도 검출되었다. 러브록은 선박을 이용해 세계 곳곳의 CFCs를 측정하려고 정부 연구비를 신청했으나, 연구의 효용성이 부족하다는 이유로 거절당했다. 그는 개인 자금으로 2년 동안 연구를 단행했다. 연구 결과, 전 세계 대기에서 CFCs가 확인되었다. 그는 CFCs가 대규모 기단을 따라 이동한다고 추정했지만, 다른 화학자들과 마찬가지로 CFCs가 땅 위에서는 완전한 비활성이기 때문에 환경에 무해하다고 보았다.[9]

러브록의 연구 결과를 지켜본 미국의 두 과학자 마리오 몰리나 Mario Molina 와 셔우드 롤런드 Sherwood Rowland 는 1974년 유력 학술지《네이처 Nature》에 CFCs가 성층권 오존층을 파괴하는 과정을 설명한 획기적인 논문을 발표했다.

(CFCs 중 하나인) 염화불화메탄이 환경에 더해지는 양이 점차 증가하고 있다. 이 화합물들은 화학적으로 비활성이고 대기에서 40~150년 동안 잔존할 수 있으며, 향후 농도가 현재 수준의 10~30배까지 도달할 가능성이 있다. 성층권에서 광분해된 염화불화메탄은 상당한 양의 염소 원자를 방출하고, 이는 오존층 파괴로 이어진다.[10]

이 논문은 큰 파장을 몰고 왔다. 지구 대기의 상층인 성층권에서 염소 원자가 만들어지면 연쇄 반응을 일으키는데, 단 한 개의 염소 원자가 수십만 개의 오존을 파괴할 수 있다는 뜻이었다. 사실이라면 프레온 가스의 대기 중 농도가 계속 증가하는 현상은 지구 상층의 오존층에 엄청난 위협이 될 터였다. 성층권의 오존층은 유해 자외선이 지표면에 도달하는 것을 차단한다. 따라서 오존층이 파괴되면 지표면으로 들어오는 유해 자외선이 증가한다. 증가된 유해 자외선은 피부암이나 백내장과 같은 건강 피해를 키우고 식물의 생육도 저하시킨다. 미국 내에서 대책을 마련하라는 목소리가 터져 나왔다.[11]

당시 시장을 주도하던 기업들은 프레온 가스 규제를 노골적으로 반대했다. 화학 산업계, 특히 듀폰은 몰리나와 롤런드의 가설을 받아들이지 않고 이 연구의 과학적 불확실성을 드러내는 전략을 취했다. 다른 제조사들과 화학산업협회의 후원 하에 패널을 만들고 이미 발표된 오존층 파괴 연구를 검증하는 연구 등에 연구비를 지원했다. 산업계는 프레온 가스가 오존층을 파괴한다는 사실이 여전히 불확실하기 때문에 급격한 조치를 취하려면 더 많은 연구가 필요할 뿐만 아니라 프레온 가스를 대체할 물질도 없다고 강조했다.[12]

그러나 《침묵의 봄》 출간 이후 이어진 각종 재난적 환경 사고로 인해 환경오염에 대한 위기 의식이 높아져 있던 당시 미국 정부는 기민하게 움직였다. 환경단체와 소비자의 목소리에 놀란 기업들도 에어로졸 스프레이 캔에 사용하던 프레온 가스를 더 이상 쓰지 않겠다고 나섰다. 1976년, 미국 EPA는 첫 CFCs 규제 조치로 환경으로 바로 배출되는 에어로졸 스프레이 캔 용도로의 사용을 우선 금지하는 규제를 확정했다. 캐나다, 노르웨이, 스웨덴 등에서도 같은 규제가 이어졌다. 몰리나와 롤런드는 프레온 가스가 오존층을 파괴하는 대기화학적 과정을 규명해 그 퇴출에 기여한 공로로 논문을 발표한 지

20여 년이 지난 1995년에 노벨 화학상을 수상했다.[13]

대체물질이 앞당긴
프레온 가스 규제

첫 규제 조치 이후에도 화학 산업계는 몰리나와 롤런드의 연구가 확정적이지 않고, 시급한 행동을 요구할 정도는 아니라는 입장을 유지했다. 롤런드가 프레온 가스에 대해 강연을 할 때 산업계 관계자가 그의 주장을 반박하는 일이 종종 발생했다. 확정적이지도 않은 위험 때문에 유용한 물질을 폐기하는 것이 적절한지 논쟁이 이어졌다. 롤런드는 1974년 논문을 발표한 이후 이전보다 강연 기회가 줄어드는 등 학계에서 소외되는 느낌을 받았다. 1974년 연구에서 롤런드 연구팀은 CFCs가 오존층을 파괴하는 과정을 설명하기 위해 수치 모델을 사용했는데, 이 점도 공격 대상이었다. CFCs가 성층권까지 올라가는지, 올라가서 염소 원자로 분해되는지, 분해되어 폭발적인 연쇄 반응을 일으키는지 등 모든 단계가 실제로 측정한 수치가 아닌 단지 가정일 뿐이라는 반박이었다. 다른 모델을 사용하면 롤런드 팀이 주장한 것과 같은 매우 극적인 연쇄 반응을 확인할 수 없다며 연구 자체에 의문을 제기한 연구자도 있었다.[14]

1985년, CFCs가 오존층을 파괴한다는 가설을 뒷받침하는 결정적인 증거가 발표되었다. 영국 남극 조사단의 관측소에서 연구하던 영국 과학자들은 수십 년간 지상에서 오존 총량을 측정해왔는데, 이들은 1984년 남극 상공의 성층권 오존이 1960년대에 비해 크게 감소했다는 사실을 확인했다. 남반구의 겨울이 끝나고 봄이 오는 9월에는 무려 40퍼센트가 감소했다. 연구진들은 다음 해 이 사실을 《네이처》에 발표했다.[15]

이 결과가 발표된 후, 오존층 파괴 물질을 규제하는 국제 협약에 대한 협상이 급물살을 탔다. 여기에 속도를 붙인 것은 프레온 가스 최대 생산 기업인 듀폰의 돌변이었다. 남극의 오존 구멍이 세상에 알려진 이듬해, 듀폰은 그간의 입장을 바꿔 프레온 가스를 오존층 파괴의 주범으로 직격했다. 그간 듀폰은 CFCs을 옹호하는 연구를 지원하면서 다른 한편으로는 대체물질을 개발하는 연구를 지속했는데, 대체물질인 수소염화불화탄소[HCFCs]의 개발에 성공하자 전 세계적으로 CFCs를 금지할 것을 촉구하기 시작했다.[16]

이 즈음 과학계 일부에서 CFCs가 유발하는 오존층 파괴의 심각성에 대한 다른 목소리가 등장했다. 성층권 오존은 지역과 계절에 따라 자연적인 변화를 겪으며, 극한 기온이라는 특징을 지닌 남극의 조건이 인간이나 환경에 해로운 영향을 미치지 않으리라는 주장이었다. 이러한 논쟁을 등에 업고 근거 없는 음모론이 등장했다. 오존층 두께의 변화는 자연적인 현상이며, 프레온 가스가 오존층을 파괴한다는 이론은 듀폰이 대체물질로 시장의 주도권을 유지하려고 조작한 사기라는 주장이었다. 국제적으로 프레온 가스의 수익성이 떨어지는 시점에 이를 금지하는 국제 규제가 도입되는 것은 대체물질을 확보한 듀폰에 큰 호재라는 점은 분명했다.[17]

논란은 미흡했던 성층권 내의 오존 측정 기술이 발전하며 잦아들었다. 영국 남극 측정소와 미국 항공우주청[NASA]이 제공하는 광범위한 위성 자료와 지상 기반 관측 자료를 바탕으로 남극 성층권의 오존 파괴의 일차적 원인은 CFCs라는 사실이 규명되었다.[18]

국제 사회는 1987년 9월 오존층 파괴 물질의 감축을 위한 세계 환경 협약인 몬트리올 의정서를 채택했고, 27개 국가가 서명했다. 1989년 발효된 몬트리올 의정서는 발효 초기인 1990년대 초까지 미국, 유럽, 소련 등 약 40여 개국만이 비준을 완료한 상태였다. 한국을 포함한 다수의 개발도상국은 비준을 하지 못했다. 대체물질 시장을 선점한 듀폰 관계자는 1990년 한국을 찾아 대체물질의 기술적 기능성을 소개하는 등 세계 시장을 상대로 적극적으로 대체물질을 홍보했다.[19]

몬트리올 의정서 채택 이후, 듀폰의 대체물질인 HCFCs의 생산과 소비는 선진국에서 빠르게 증가했다.[20] 국제 환경 규제를 경영 전략의 하나로 활용한 듀폰의 수익 전략은 경영학계에서도 주목할 만큼 성공적이었다.[21]

금지된 물질을 사용한 범인을 잡은 과학

1990년대 중반까지 선진국을 중심으로 CFCs 대체물질인 HCFCs가 냉장고와 에어컨 등의 냉매로 자리 잡았다. 하지만 1990년대에 들어서도 오존층 구멍의 크기가 줄어들지 않았다. 급기야 2006년 남극 상공에는 관측 이래 가장 큰 오존층 구멍이 생겼다. 국제 사회는 1987년 채택된 몬트리올 의정서를 1990년대에만 여러 차례 개정해 규제 대상 물질을 확대했다. 최초로 채택된 의정서는 CFCs 5종과 주로 소화제로 사용하던 할론 3종을 규제했다. 1992년에는 규제 대상인 CFCs를 10종으로 확대했고, 일부 염소화 용제를 규제 물질 목록에 추가했으며, 주요 선진국은 2000년까지 CFCs 생산을 완전히 중단하도록 했다. 이후에도 규제 대상 물질과 그 제조나 사용이 허용되는 용도 범위를 축소하는 방향으로 오존층 보호 조치를 강화해나갔다.[22]

CFCs의 생산을 곧 중지해야 하는 선진국과 달리 당시 한국은 개발도상국이라는 지위 덕분에 충분한 시간적 여유가 있었지만, 1992년 몬트리올 의정서에 가입하고 대체물질 개발에 속도를 내는 정공법을 택했다. 프레온 가스를 냉매로 사용하면 가전 제품의 선진국 수출이 어려워지는 등 다른 어려움에 봉착할 수 있었기 때문이다. 노력의 결과, 한국은 오존층 파괴 물질 사용량을 1998~2008년 10년간 99퍼센트 이상 줄이는 성과를 거두었다.[23] 선진국과 개발도

상국 모두에서 CFCs가 전면 금지된 2010년대에 들어서며 남극 상공의 오존층은 마침내 회복 궤도에 접어들었다. UNEP의 오존층 파괴에 대한 과학 평가 보고서에 따르면, 2010년에 오존층 구멍이 회복되는 초기 징후가 관찰되었고 2018년에는 남극의 오존층 구멍이 작아졌다. 이를 통해 프레온 가스, 즉 CFCs가 오존층 파괴의 주범이었다는 사실이 한 번 더 증명되었다.

안정적인 감소 추세를 보이던 프레온 가스는 2018년 다시 한번 국제 사회의 주목을 받았다. 미국, 네덜란드, 영국 등의 연구진으로 구성된 국제 공동 연구팀(몬츠카Montzka 등)은 당연히 감소하는 중이라고 믿었던 프레온 가스인 CFC-11이 다시 증가하고 있다는 사실을 확인했다. 프레온의 생산이 전면 금지된 상황에서 금지 조치 이전에 비축된 재고 물량을 쓰는 경우가 있을 수 있지만, 그렇다고 해도 일시적인 증가 후 시간이 갈수록 줄어야 하는데, 관찰된 농도 변화는 그 반대였다.[24]

'생산과 사용을 금지한 프레온 가스가 왜 증가하고 있을까'는 전 세계 과학계의 관심사가 되었다. 오리무중이던 배출원은 경북대학교 연구진도 참여한 국제 공동 연구팀이 찾아냈다. 이들은 중국 동부 지역에서 연간 7천 톤 이상의 프레온 가스가 새롭게 배출되고 있다는 사실을 밝혀냈고, 연구 결과를 2019년《네이처》에 발표했다.[25]

세계기상기구WMO 등은 2021년 이에 대한 보고서를 냈는데, 재밎게도 보고서에는 움찔한 범인의 모습이 보인다. 2018년, 국제 공동 연구팀의 발표 이후, 증가하던 프레온 가스 농도가 갑자기 뚝 떨어졌다. 이 보고서는 불법적인 프레온 가스 사용의 범인을 특정했다. 세부 조사 결과, 몬트리올 의정서의 금지 조항에도 불구하고 중국의 한 지역에서 폼 단열물질을 생산할 때 프레온 가스를 사용한 것으로 드러났다. 다행히도 관찰된 프레온 가스의 배출량 증가가 대기 중 농도를 크게 변화시키지는 않아 성층권 오존 회복에 큰 영향을 미치지는 않을 전망이다.[26]

몬트리올 의정서 채택 이후 미국, 유럽 등 선진국뿐만 아니라 중국, 인도 등 개발도상국도 단계적으로 가입해 현재는 총 198개국이 오

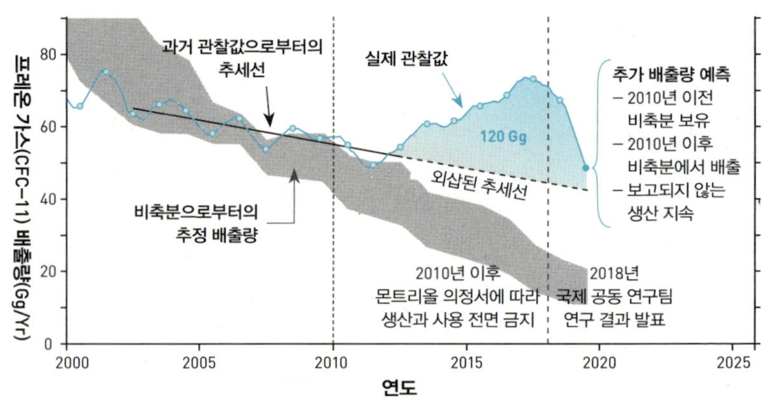

연평균 전 세계 프레온 가스(CFC-11) 배출량[27]

과거 추세를 보면 진폭을 보이며 감소 경향(검은색 점선)을 보여야 하는 프레온 가스가 2012년 이후 계속 증가하는 이상 현상을 보였다(2012~2018년 하늘색 실선). 2018년 논문이 발표된 이후 그 농도가 뚝 떨어지는 것을 확인할 수 있다(2018년 이후 하늘색 실선).

존층 파괴 물질을 줄이기 위해 함께 노력하고 있다. 2022년 프레온 가스의 99퍼센트가 퇴출되었고, 오존층 회복이 궤도에 올라 2066년에는 완전히 복구될 전망이다.[28] 이러한 낙관적인 전망의 전제는 저렴한 프레온 가스를 사용하고픈 유혹을 통제하는 지속적인 과학적 모니터링과 감시 시스템이다.

대체물질 개발을 위한 끊임없는 노력

오존층을 보호하기 위한 근본적 해결책은 프레온 가스의 대체물질을 개발하는 것이었다. 하지만 야심 차게 개발된 대체물질들도 규제 대상이 되며 퇴출의 길을 걷고 있다. 최초의 대체물질인 HCFCs는 오존층 파괴력과 온난화 유발 가능성이 있어 금지되었다. 다른 대체물질인 수소불화탄소[HFCs]는 오존층 파괴력은 없지만 이산화탄소보다 수천 배 이상 강력한 온실가스로 드러나 다시 국제 규제의 대상이 되었다.[29]

몬트리올 의정서가 의도하지는 않았지만, 오존층 파괴 물질인 프레온 가스의 퇴출은 결과적으로 지구온난화 억제에도 적지 않게 기여했다. 최근 프레온 가스가 99퍼센트 제거되었는데, 이를 방치했다면 지구 온도가 지금보다 0.5~1도는 더 올랐을 것이다. 2016년에 시작된 대체 냉매 HFCs 규제도 2100년까지 지구 온도가 0.5도 상

승하는 것을 억제하리라고 전망한다.[30]

오존층 파괴를 막기 위한 세계의 노력은 과학적 사실을 밝히기 위한 연구의 진전과 논쟁, 그 원인 물질과 대체물질 시장을 둘러싼 기업의 이해관계와 투자, 자국 경제에 가장 유리한 결과를 만들려는 각국 정부의 전략과 협상 속에서 진행되었다. 특히, 그 과정에서 대체물질의 개발과 한계에 대한 지속적인 과학 연구가 결정적인 역할을 했다. 오히려 더 좋은 대체물질이 개발되었기 때문에 종전의 물질을 퇴출하는 국제 규제가 만들어진다는 인상을 줄 정도다. 이러한 경향은 최근에도 반복되고 있는데, 2016년 이후 진행된 HFCs 퇴출의 배후에도 관련 대체물질의 개발에 앞선 미국 등 선진국의 입김이 작용했다고 한다.[31]

몬트리올 의정서 체제의 성공은 기후 변화와 다른 지구 위기를 해결하는 데 참고가 되는 좋은 선례다. 놓치지 말아야 할 점은 프레온 가스를 퇴출하기 위해 대체물질을 개발하고 그 한계를 끊임없이 점검하며 극복해온 과학자들과 기업의 노력이 기저에 있었다는 사실이다.

생태계 파괴자가 된
혁신적 말라리아 대책

> 과학은 자연의 궁극적인 신비를 풀 수 없다.
> 그 이유는 결국 우리 자신이 자연의 일부이며,
> 따라서 우리가 풀고자 하는 신비의 일부이기
> 때문이다.
>
> **막스 플랑크**Max Plank (1932)[1]

인류 건강과
세계 평화에 기여한 살충제

DDT는 1940년대에 등장한 인류 최초의 합성 살충제로, 말라리아 모기 같은 해충 박멸에 큰 효과를 발휘했다. 제2차 세계대전 당시 군인들의 건강을 지키는 데에도 크게 기여했다. DDT가 유해 곤충을 박멸한다는 사실을 발견한 스위스 화학자인 파울 헤르만 뮐러 Paul Hermann Müller는 이 공로로 1948년 노벨 생리의학상을 수상했다.[2]

전쟁이 끝난 후 DDT는 민간 부문에서 널리 사용되었다. 국제 개발기구와 유엔도 말라리아 퇴치를 위해 대량의 DDT를 구매했다. WHO는 1950~1960년대에 DDT를 사용한 말라리아 퇴치 캠페인을 벌였는데, 실내 공간의 벽과 바닥을 DDT로 코팅해 말라리아를 퍼뜨리는 모기를 죽이는 '실내 잔류 살포[IRS]'같은 방역법을 권장했다.[3] 이 살충제는 머릿니 같은 해충 제거에도 효과가 있어서 세계 곳곳에서 사용되었다.[4]

한국은 1946년부터 미국 군사 정부의 지도 아래 DDT를 사용하기 시작했다. 한국전쟁 중에는 전염병 예방을 위해 전국적으로 계절마다 DDT를 공중 살포했으며, 유엔이 제공한 구호 물품에도 DDT가 포함되었다. 1960년대에도 전쟁 후 재건과 산업 발전을 위해 '건강한 생산적 시민을 육성한다'는 목표로 정부 주도의 방역과 공중위생 캠페인을 벌였다. DDT는 방역차로 공기 중에 뿌려지고 건물 안에도 살포되었다. 머릿니 퇴치를 위해 머리와 속옷에도 뿌렸다.[5] 1950~1970년 사이, DDT는 전 세계 약 5억 명의 사람을 말라리아로부터 구했다.[6] 특히 IRS와 같은 집중 방역 캠페인 덕분에 인도에서는 1950년대 한 해 수천만 명에 달했던 말라리아 환자가 1965년에는 10만 명대로 급감했다.[7]

DDT와 같은 살충제는 감염병 예방뿐만 아니라, '녹색 혁명'에도 크게 기여하며 세계 평화에 일조했다. 제2차 세계대전 이후 모든 국가가 식량 부족과 극심한 기아에 허덕였다. 전쟁에서 벗어난 국가들은 15~20년 동안 '베이비 붐'을 경험했으며, 영국 등 당시 선진국조차 1950년대까지 전시 식량 배급이 지속되었다. 게다가 전쟁 중 대량 생산되기 시작된 항생제 등의 의학적 발전이 세계적으로 인구 증가율을 크게 높였다. 이러한 인구 증가와 국제 정치·무역 관계의 재편 속에서 많은 국가가 식량 자급률을 높이려는 노력을 기울였다. 밀, 쌀, 옥수수의 새로운 품종을 개발하고, 합성 농약과 석유 기반 비료를 사용하며, 기계화 및 관개기술 개발을 통해 더욱 효율적인 농업을 실현하면서 소위 '녹색 혁명'이라고 불리는 농업 생산의 큰 혁신을 이루었다.[8]

북미와 유럽뿐만 아니라 아시아로도 확대된 농업 혁신은 식량 부족과 기아 문제 해결에 크게 기여했다. 병충해에 강한 밀 품종을 개발한 식물학자 노먼 볼로그Norman Borlaug가 "녹색 혁명이라는 확고한 희망을 주었다"는 이유로 1970년에 노벨 평화상을 수상한 사실은, 식량 문제 해결이 인권과 평화에 복합적으로 기여했음을 단적으로 보여준다.[9] 신품종 개발과 함께 녹색 혁명에 크게 기여한 것은 합성 농약이었다. 제2차 세계대전 이후 DDT는 농업용 살충제로 용도가 확대되며 농작물 및 가축 생산, 정원 해충 방제에도 효과적으로 사용되었다. 해충 제거에 뛰어난 효과를 발휘하는 DDT는 대량 생산 농업 작물로까지 사용 범위를 확대하며 1950년대 말까지 그 사용량이 크게 늘었다.[10]

1960년대에 들어 많은 해충종이 DDT에 내성을 갖게 되면서 다른 살충제가 필요해졌다. DDT처럼 염소를 포함한 여러 종류의 새로운 유기염소계 농약이 시장에 출시되었고 수십 년 동안 전 세계적으로 널리 사용되었다.[11] 이들은 일반적으로 지속성이 높고, 지방 조직에 쉽게 축적되어 강한 생물 농축을 일으키며, 분해가 느려 환경에 오래 잔류하는 특성을 가졌다. 그런데 DDT와 여러 유기염소계 농약을 대량으로 살포한 지역에서 당시 과학자들이 예상치 못했던 문제들이 하나둘 나타나기 시작했다.

작전명 '고양이 투하'

1955년, WHO는 전 세계 보건 관계자 회의에서 말라리아 박멸 캠페인을 공식 개시했다. 전쟁 이후 WHO가 추진한 IRS 방식의 DDT 활용 방역법이 효과를 보였고, 치료제와 살충제를 동시에 확보한 WHO는 인류를 오랫동안 괴롭혀온 말라리아를 종식시킬 기회를 맞이한 듯했다.[12] WHO는 1950년대 초반, 말라리아에 시달리던 보르네오 섬 원주민을 대상으로 DDT를 사용한 IRS 프로그램을 가동했다. 1953년부터 1955년까지 이 지역에서 말라리아 원충을 보유한 모기의 비율이 급감했고 말라리아 발생도 감소했다. 현지 방역 관계자들은 "가까운 미래에 완전한 박멸이 기대된다"고 평가했다. 프로그램은 성공을 거두는 듯했지만, 전혀 예상치 못한 부작용이 나타났다.[13]

초기 부작용 중 하나는 원주민들이 사는 움막의 지붕이 무너지는 현상이었다. 비선택적 살충제인 DDT는 모기뿐만 아니라 기생 말벌도 죽였다. 천적인 말벌의 수가 감소하자 애벌레가 대량 증식해

풀로 이은 움막 지붕을 먹어 치웠던 것이다. 더 심각한 문제는 또 다른 전염병의 위험이었다. DDT로 모기는 죽었지만, 바퀴벌레 같은 곤충들은 살아남았다. DDT로 오염된 곤충을 먹은 도마뱀의 체내에서 DDT 농축이 일어났고, 이 도마뱀을 잡아먹은 야생 들고양이들이 하나둘 죽어 그 수가 줄어들었다. 결국 들쥐가 창궐하면서 쥐가 옮기는 전염병의 위험이 커졌다. 당시 마을 주민들은 고양이들이 "떨고, 병들고, 며칠 동안 고통스러워하다가 죽었다"고 증언했다. 미국 독성학자가 죽은 고양이 한 마리를 분석한 결과, 고양이의 몸속에서 치사량에 이르는 수준의 DDT가 검출되었다. DDT로 인해 발생한 보르네오 섬의 생태계 균형 파괴를 바로잡기 위해, WHO는 들쥐의 천적인 고양이 20여 마리를 낙하산에 태워 보르네오 섬 내륙으로 낙하시켰다.[14]

보르네오 섬 밖에서도 비슷한 문제가 이어졌다. 영국령 기아나에서 진행된 IRS 초기 캠페인에서는 말라리아 모기 박멸로 인구가 늘고 경작지가 확대되면서 사육하는 소의 두수가 줄어들었다. 소가 줄어들자 DDT로 박멸되지 않았던 동물 흡혈 모기들이 흡혈 대상을 사람으로 바꾸면서 다시 말라리아가 증가하는 현상을 보였다.[15] DDT로 인한 고양이 사망은 다른 지역에서도 확인되었다. 1962년, 미국의 한 언론은 살충제가 공산주의를 돕는 예기치 않는 상황이 벌어졌다고 보도했다. 베트남에서 DDT 살포 후 고양이가 사라져 쥐가 급증했고 그 결과 농작물 피해가 발생해 식량 부족 문제가 나타

났는데, 이로 인해 공산주의 선동에 유리한 환경이 조성되었다는 것이다.[16]

WHO 담당자는 처음에는 DDT가 가축에 끼치는 부작용을 부정했지만, 나중에는 고양이를 죽인 사례가 몇몇 있었다고 인정했다. 일각에서는 DDT를 '고양이 킬러'라고 부르기도 했다. DDT를 실내에 뿌려 잔류시키는 방역 방법이 사람과 같은 공간에서 지내며 자기 몸을 핥는 습성이 있는 고양이를 더 취약하게 만들었다.[17]

당시에는 당장 말라리아로 고통받는 수많은 사람을 구하는 것이 더 시급했고, 생태계의 복잡한 먹이사슬과 생물종 각각이 갖는 행동 특성에 따라 달라지는 DDT의 영향을 과학적으로 파악할 수 없었을 것이다. 하지만, 이 물질은 환경에 오래 남아 사람의 건강과 생태계에 문제를 일으키고 있었다.

고양이 투하 작전Operation Cat Drop의 진실

WHO가 주도한 것으로 알려진 고양이 투하 작전에 관한 기록은 매우 단편적이라 확인이 쉽지 않다. 들쥐를 잡기 위해 고양이를 낙하산에 태워 내려 보낸다는 동화 같은 설정 탓에 인터넷 속 이야기들은 마치 '날아다니는 고양이'에 대한 신화처럼 느껴진다. 고양이 수도 23마리에서 14,000마리까지 다양하며, WHO와 무관한 독립적인 작전이었다는 주장도 있다. 그러나 논문, 언론 기사, 보고서 등 조각난 자료들을 종합해볼 때, WHO가 약 20여 마리의 고양이를 낙하산 컨테이너에 실어 영국 왕립 공군[RAF]의 도움으로 보르네오 섬 내륙에 투하했다는 것 정도가 사실이라 여겨진다.

실제 '고양이 투하 작전'이라는 이름의 계획이 있었는지, 누가 작전을 주관했는지, 투하된 고양이가 정확히 몇 마리인지, 낙하산의 형태가 어떠했는지와는 별개로, 이 사건은 화학물질 사용이 생태계에 미칠 수 있는 환경적 영향의 연결성과 복잡성을 보여주는 대표적인 사례로 남았다.

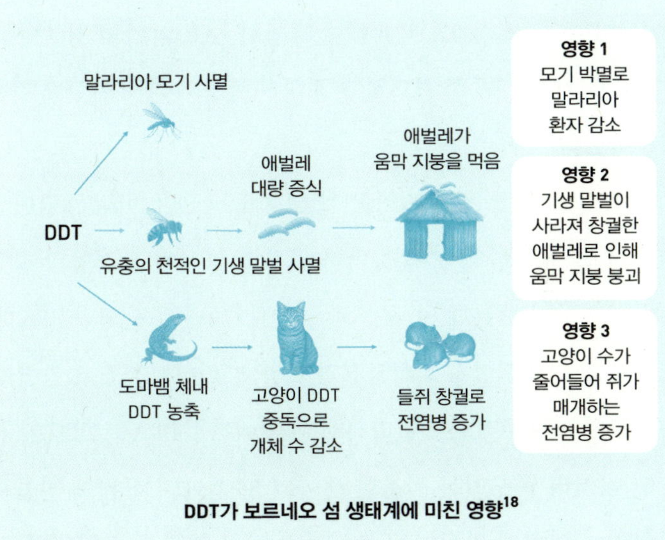

DDT가 보르네오 섬 생태계에 미친 영향[18]

질병을 물리친 물질이 남긴 그림자

　　DDT를 비롯한 광범위한 합성 농약의 사용은 긴 그림자를 남겼다. 이 물질은 관개수와 빗물을 타고 호수, 하천, 심지어 지하수까지 광범위하게 확산되었다. 더 큰 문제는 이 물질이 가진 환경 잔류성과 생물 농축성이었다. 농약 성분이 사라지지 않고 다양한 환경과 우리가 먹는 식품에서도 검출될 위험이 있었다. 말라리아 모기 박멸을 위해 움막 등에 국지적으로 뿌렸을 때 발생했던 문제와는 차원이 다른 전 지구적 위협이었다.[19] 1960년대에 접어들자, DDT를 포함한 여러 유기염소계 농약이 새와 물고기 등 생태계에 끼치는 피해가 서서히 실체를 드러냈다. DDT 피해를 경험한 주요 국가의 정부와 과학자들이 DDT와 비슷한 화학물질에 대한 독성과 피해 연구에 집중한 덕분이었다.

　　미국, 유럽, 일본 등이 가장 먼저 행동에 나섰다. 미국은 흩어진 환경 관련 업무를 한데 모아 강력한 권한을 부여한 조직을 만들어 문제를 해결하려 했는데, 이 조직이 바로 1970년에 탄생한 EPA다. 연방 환경 기구가 산업용 화학물질과 살충제 등 화학물질로 인한 환경오염 문제를 전문적으로 관리하게 된 것이다.[20] EPA는 DDT가 분해될 때 대머리 독수리를 비롯한 새들의 알 껍데기를 얇게 만들어 멸종 위기에 처하게 만든다는 충격적인 연구 결과를 확인했다. 이 결과를 바탕으로 미국은 1972년에 가정용 DDT뿐만 아니라 상업용과 산업용까지 금지하는 조치를 단행했다.[21] 유럽과 일본도 1970년부터 DDT를 살충제로 사용하는 것을 금지했으며,[22] 한국 역시 1979년에 이 흐름에 동참했다. 그 후 미국에서 대머리 독수리의 개체 수가 서서히 회복되기 시작했다. DDT가 대머리 독수리 개체 수 감소의 주요 요인이었음을 보여주는 확실한 증거였다. 1980년대에 이르러 과학자들은 예상보다 빠르게 독수리의 군집이 복원되었다는 사실을 확인했다. 미국의 오랜 상징이었던 대머리 독수리는 화학물질 규제라는 정부의 환경 보호 노력으로 명맥을 되살린 대표적인 생물로 기록되었다.[23]

환경 잔류성이 높고 생물 농축성이 강한 화학물질이 일으키는 문제는 비단 농약류에만 한정되지 않았다. 일부 산업용 원료 물질이나 산업 및 경제 활동의 부산물 중에서도 비슷한 특성을 가진 물질들이 확인되었고, 이로 인한 오염이 심각한 사회 문제로 대두되었다. 대표적으로 폴리염화비페닐PCB이 있다. 이 물질은 다양한 산업 공정에서 변압기 절연유나 기계 설비의 유압유로 널리 사용되었다. 농약처럼 환경에 직접 살포되는 용도는 아니었지만, 공장에서 배출되거나 기계 설비에서 새어나와 식품을 오염시키는 등 여러 곳에서 중독과 오염 사고를 일으켰다.[24]

1968년, 일본 규슈 지방에서 집단 중독 사건이 터졌다. 가네미 회사에서 생산한 쌀겨 식용유가 PCB로 오염되면서 만 명 이상의 사람이 PCB에 노출되고 500명 이상이 사망하는 대형 참사가 발생한 것이다.[25] 오염된 기름이 닭 사료에도 섞여 들어가며 그해 2~3월 사이에 40만 마리가 넘는 닭이 집단 폐사했다.[26] 쌀겨 기름을 탈취하는 과정에서 열 매체로 쓰이던 PCB가 파이프에 생긴 균열을 통해 식용유 속으로 스며들어간 것이 원인이었다. 이 사고로 PCB가 맹독성 물질이라는 사실이 널리 알려졌다. 이후 PCB와 유사한 다이옥신이 인간과 환경에 미치는 유해성에 대한 연구가 활발해졌다. 과학적 연구들은 PCB가 암, 생식 독성은 물론 각종 오염 현상과 관련 있다는 사실을 속속들이 입증했고,[27] 결국 일본은 1974년 PCB 제조와 사용을 전면 금지하기에 이르렀다.[28]

미국에서도 비슷한 사건이 발생했다. 1977년, 전기 회사인 제네럴일렉트릭이 허드슨 강에 30년간 약 60만 킬로그램의 PCB를 배출해왔다는 사실이 밝혀지면서 미국 사회가 발칵 뒤집혔다. 수백 킬로미터의 강 전체가 오염되어 낚시가 금지되었다. 하천 정화를 위해 슈퍼 펀드 지역(집중 오염 정화 지역)으로 지정하고 대규모 준설 작업도 시행했지만, 오염의 여파는 아직까지도 남아 있다.[29] 이탈리아 세베소에서는 1976년에 화학 공장 폭발 사고가 일어나 고농도의 다이옥신류가 누출되었고, 이로 인해 대규모 건강 피해가 발생했다. 게다가 그 즈음 소각재에서 다이옥신이 처음 검출되면서 쓰레기 소각 시설 등에서 배출되는 다이옥신을 향한 공포가 커졌다.[30]

1980년에는 캐나다, 스웨덴, 독일 등이 PCB 퇴출에 동참했다. 그러나 변압기 같은 주요 산업 설비에 이미 포함된 PCB는 상당 기간 계속 사용되었다.[31] 1999년, 이탈리아에서는 또 하나의 오염 실태가 드러났다. 한 PCB 제조 공장이 과거 40여 년간 주변 환경을 심각하게 오염시켰으며, 2만 명이 넘는 주민의 건강을 위협해왔다는 사실이 확인된 것이다.[32] 1990년대에 들어서자, 더 많은 국가가 PCB 사용을 금지했다. 소각로의 다이옥신 배출 기준을 정하고 선진화된 다이옥신 제거 기술을 도입했다. PCB를 비롯한 다이옥신류에 대한 규제가 진전되는 동안 계속된 연구는 새로운 사실을 밝혀냈다. 이 독성물질이 배출원 주변의 물, 대기, 토양, 생물을 넘어 청정 지역인 극지방까지 널리 퍼진다는 사실이었다. 이른바 잔류성 오염물질에 대한 국제적 경각심은 점점 높아졌다.

지구를 더럽힌 더티 더즌을 몰아내다

미국, 유럽 등 주요 국가가 DDT와 PCB 같은 환경 잔류성 물질 규제에 나섰지만, 개발도상국에서는 별다른 규제 없이 해충 방제 및 산업용으로 이 물질을 계속 사용했다. 전 세계적으로 DDT를 비롯한 잔류성 오염물질이 완전한 퇴출 수순에 접어든 것은 2001년 스웨덴 스톡홀름에서 채택된 국제 협약 덕분이었다. 잔류성 유기오염물질은 그 자체로 독성이 강할 뿐만 아니라 먹이사슬을 따라 농축되어 인간을 위협한다. 게다가 이 물질을 생산하거나 사용하지 않는 지역의 생태계와 사람들에게까지 악영향을 미친다.

　이처럼 잔류성 유기오염물질은 지구 전체 생태계를 오염시킬 수 있어 해결을 위한 국제 협력이 필수적이었다. 잔류성·생물 농축성·유해성·장거리 이동성이라는 네 가지 특성으로 환경오염을 유발하는 물질을 규제하는 스톡홀름 협약은 2004년에 발효되었다. 협약에 따라 잔류성 유기오염물질로 등재된 물질은 세 가지 부속서 중 하나에 배정되어 사용이 금지되거나 제한된다. 산업용 원료나 농약처럼 화학물질 자체로 사용되는 물질은 제조와 사용을 금지하는 부속서 A에 등재되거나, 특정 용도만 허용하는 부속서 B에 등재된다. 다이옥신류처럼 경제 및 산업 활동의 부산물로 생성되는 물질은 부속서 C에 등재되어 배출 기준을 정하고 환경으로 배출되는 양을 줄이도록 관리된다.[33]

　스톡홀름 협약은 '더티 더즌dirty dozen'이라고 불리는 오염물질 12가지를 첫 규제 대상으로 삼았다. 그중 9개는 DDT로 대표되는 유기염소계 농약류였다. 산업용 화학물질은 PCB와 농약류에도 속하는 헥사클로로벤젠HCB이었으며, 마지막 두 개는 연소 부산물이자 맹독성 물질로 널리 알려진 다이옥신과 퓨란이었다.[34] 스톡홀름 협약에 등재된 잔류성 유기오염물질의 생산량은 2000년대 이후 급감했다. 극지방의 대기에서 발견되는 일부 물질의 농도도 명확히 감소하는 경향을 보였다. 지난 수십 년간 인류는 악성 오염물질을 몰아내기 위한 공동의 노력 끝에 성공을 눈앞에 둔 듯했다.[35]

　　　　　　　　　　　　　　　　　　　　　　　　　　　　　　대오염의 시대

그러나 인류의 노력이 빛을 발하는 듯했던 그 순간, 또 한 번 벽이 나타났다. 강력한 규제 조치에도 불구하고, 일부 물질의 극지방 오염 농도는 최근 감소 추세가 정체되거나 등락을 반복하고 있다. 더욱이 잔류성이 매우 높은 새로운 합성 화합물질까지 등장하면서 우려의 목소리가 다시금 커지고 있다.[36]

WHO가 막은 DDT 퇴출, 그 끝이 보이다

DDT는 《침묵의 봄》을 통해 생태계에 위험을 끼치는 대표적인 위험 물질로 각인되었고, 2000년대 초반 국제 사회가 퇴출시켜야 할 물질로 지목당했지만, 전면적인 금지 조치는 면했다. 발암물질이기도 한 DDT의 전면 금지를 반대한 곳은 역설적이게도 인류의 건강 문제를 총괄하는 WHO였다. WHO는 DDT가 말라리아 모기 방제에 가장 효과적인 물질이며, 엄격한 사용 조건에서 환경 누출을 최소화하면 생태계 피해를 줄일 수 있다는 입장을 취했다.[37] 경제적이고 효과적인 대안이 부재하는 상황에서 말라리아와 싸워야 하는 저소득 국가들에게 효과가 확실하고 저렴한 DDT 이외의 다른 선택지가 없었다. 이들은 말라리아 퇴출을 위해 과거 보르네오 섬 사례와 비슷한 생태계 붕괴와 건강상의 피해를 감내해야 했다.

스톡홀름 협약은 DDT를 예외적으로 사용하는 국가들에게 사용 신고, 정기적인 보고서 제출, WHO와 협약 당사국 회의의 평가를 의무화했다. 가능하다면 대체 기술을 개발해 DDT 사용을 점차 줄이는 노력도 병행하도록 했다. 2025년 봄에 스위스 제네바에서 개최된 스톡홀름 협약 회의에서 DDT의 예외적 사용 현황이 보고되었다. 2001년, DDT 금지를 향해 첫발을 뗀 이후, 지금도 세계 13개국에서 DDT를 말라리아 구제용으로 사용하고 있다.[38]

하지만 이제 그 끝이 보인다. 한때 세계에서 DDT를 가장 많이 사용하던 인도가 2025년을 기점으로 말라리아 매개충 방제에 DDT를 더 이상 사용하지 않을 계획이라고 밝혔다. 2021년부터 2023년까지의 보고 기간 동안 전 세계 DDT 생산량과 사용량은 60퍼센트 이상 감소했으며, 대체 방역법을 활용한 제품 수가 증가했다. 현재 인도에 위치한 세계 유일의 DDT 생산업체는 남아프리카의 일부 국가만 DDT를 사용하고 있는 상황임을 고려할 때, 수출 중단 시점에 대한 지침이 필요하다고 말했다.[39]

지난 20여 년간 이 국가들은 말라리아와 암 사이에서 차악을 선택해야 하는 처지에 놓여 있었다. 다른 국가들은 DDT가 자국이나 지구 전체에 어떤 영향을 미칠지 걱정스러운 시선으로 주시했다. 이 딜레마를 극복할 수 있었던 가장 큰 요인은 바로 대체물질 확보와 대체 방역법 개발과 같은 과학과 기술의 진전이었다.

러브버그 퇴출 논쟁에 스며 있는 DDT의 교훈

'러브버그'라고 불리는 붉은등우단털파리가 기승이다. 러브버그는 인간에게 해를 끼치지 않고 유기물을 분해하며 꽃가루 확산에도 도움이 되는 익충이지만, 산책이나 달리기 같은 야외 활동에 지장을 주고 혐오감을 유발하자, 이쯤이면 해충이라는 의견도 비등하다. 전문가들은 이들을 '불쾌 해충'이라 부르기도 한다. 까맣게 들러붙은 러브버그들을 보며 살충제를 뿌려 일시에 퇴출하자는 목소리가 적지 않지만, 상황이 그리 간단치 않다. DDT와 같은 살충제의 무분별한 살포가 불러왔던 환경 피해가 재발하지 않도록 일부 지자체는 '친환경 방제' 원칙을 고수하고 있다. 이러한 방제 방식은 시민들에게 속 시원한 해결책이 되지 못하는 듯하다. 심지어 2025년 국제적 대도시인 서울에서 이례적으로 발생한 대규모 러브버그 창궐 사태와 친환경 방제에 답답해하는 시민들의 반응이 해외 언론에 보도되기도 했다.

러브버그는 2022년 즈음 국내에 상륙했다. 그해 여름 서울 북서부 지역은 전례 없는 대규모 러브버그 발생으로 불편을 겪었다. 국내에 유입된 러브버그는 붉은 가슴부와 대규모 군집 발생이라는 특성을 토대로 북미 원산의 종으로 추정된다. 당시 서울에서 확인된 대발생은 역대 기록 중 가장 북쪽에서 관찰된 것으로, 러브버그가 동아시아 온대 지역까지 분포를 확장해 향후 50년간 새로운 침입 곤충이 될 가능성을 보여준다.[40] 이어진 후속 연구에서는 러브버그의 확산 및 환경 적응 과정을 파악하기 위해 유전자를 분석했다. 분석 결과, 연구진들은 사이토크롬 P450 계열 유전자 수치가 상당히 높다는 점에 주목했다. 이 유전자는 살충제 저항성과 관련된 것으로, 피레스로이드나 네오티코티노이드를 포함해 흔히 사용되는 농약을 곤충 스스로 해독하게끔 돕는다. 러브버그 유전체에서 이 유전자가 증가했다는 사실은 과거 벌레들이 대량 발생했을 때 살충제를 강하게 분사했던 지역에서 살충제 내성이 발현되었다는 점을 시사한다.[41]

만약 러브버그 방제에 강한 살충제를 사용한다면, 생태계 내 다른 유익한 곤충까지 피해를 입을 수 있다. 더욱이 국내에 유입된 러브버그가 이미 살충제 저항성 유전자를 보유하고 있어 화학 방제의 효과가 제한적이라는 점을 고려하면, 살충제 살포는 득보다 실이 더 많은 구제 방법이 될 가능성이 높다. 러브버그는 토양 비옥화와 먹이사슬 유지에 기여하는 생물이므로 무조건적인 박멸은 오히려 생태계에 악영향을 줄 수도 있다. 전문가들은 화학적 살충제에 과도하게 의존하지 않는 통합 해충 관리 전략을 권한다. 이는 서식지 수정, 물리적 차단, 조명 관리, 활동 시간 조절, 공공 교육 등 다양한 방법을 결합해 경제적이고 환경 영향을 최소화해 해충을 관리하는 방식이다. 정부와 과학자들은 천적 연구와 생물학적 방제법 개발 등 새로운 해결책을 모색하고 있다.

DDT와 잔류성 농약의 전 지구적 사용과 오랜 퇴출의 역사는 화학오염의 진짜 위험성을 드러냈다. 화학물질은 단순히 물, 토양, 공기를 오염시키는 것을 넘어 지구의 모든 생물과 생태계에 큰 피해를 입혔다. 많은 사람이 화학오염을 사람의 건강을 해치는 위협으로 인식한다. 하지만 DDT의 역사는 화학오염이 생물다양성 손실이라는 훨씬 더 큰 문제의 일부라는 점을 보여준다. 인간의 과학 지식과 연구만으로는 생태계의 복잡성을 온전히 이해하기 어렵다는 DDT의 교훈은 지금도 화학물질 사용과 관리에 있어 중요한 과제로 남아 있다.

음모의 온상이 된
최고의 충치 예방책

위험은 과학자들이 말하는 것이 아니라,
사람들이 두려워하는 것에 관한 것이다.
울리히 베크 Ulrich Beck (1992)[1]

음모론을 뚫고
최고의 충치 예방책이 되다

화학물질 중 가장 오랫동안 음모론에 시달린 물질은 단연 불소다. 충치 예방을 위해 수돗물에 미량 첨가하는 불소는 수돗물 불소화가 시작된 이후 지금까지 80년 넘게 음모 속에 있다. 불소가 수돗물 첨가제로 검토된 것은 1930~1940년대 급증한 충치 때문이었다. 19세기 후반부터 주요 선진국에서 설탕 섭취량이 크게 늘었고, 당시에는 흔치 않던 충치가 급증했다. 산업화가 되지 않은 국가나 외딴 지역에서는 여전히 발생률이 낮았지만 점차 증가하는 경향을 보였다.[2]

　　1900년대 초 미국의 치과 의사인 프레드릭 맥케이Frederick McKay
는 한 마을에서 주민들의 치아가 갈변했지만 충치는 거의 없다는 것
을 발견하고, 그 원인이 주민들이 음용하는 물속에 들어 있는 불소
때문이라는 사실을 밝혀냈다. 1930년대에는 인간을 대상으로 한 역
학 조사를 통해 치아 착색이라는 부작용 없이 충치 예방 효과를 내
는 최적의 불소 농도를 찾아냈다. 이를 바탕으로 미국 미시간주 그
랜드래피즈에서 1945년 세계 최초로 식수에 불소를 첨가하기로 결
정했다. 그 후 어린이 약 3만 명의 충치 발생률을 추적한 결과, 사업
시작 후 출생한 어린이의 충치 발생률이 60퍼센트나 감소했다. 역
사상 처음으로 충치가 예방 가능한 질병이 될 수 있음을 보여준 사
례다.[3]

　　수돗물 불소화는 미국을 비롯해 세계 여러 곳으로 확산되었다.
1940년대 캐나다, 호주, 뉴질랜드 등에 이어 1950년대에는 영국, 독
일, 스웨덴, 핀란드 등도 뒤를 따랐다. 수돗물에 불소를 첨가하면 불
소 치약과 같은 예방 대책보다 훨씬 적은 비용으로 많은 사람에게
혜택을 줄 수 있었다. 특히 비싼 치과 진료에 접근하기 어려운 저소
득층의 구강보건을 위한 유일한 조치였다. 미국 질병통제센터CDC는
수돗물 불소화를 20세기 최고의 공공보건 성과로 꼽기도 했다.[4]

　　보건 정책 측면에서 거둔 성과에도 불구하고, 지역 사회에서
수돗물 불소화를 도입하는 과정은 늘 순탄하지만은 않았다. 개인이
통제할 수 없는 공공재인 수돗물에 불소를 첨가해 충치를 예방하는

정책이 개인의 의료 선택권을 제한한다는 비판이 일었다. 도시의 모든 사람에게 공급하는 물에 화학물질을 첨가한다는 점이 사람들의 상상력을 자극한 탓인지 터무니없는 음모론도 등장했다.

미국과 소련의 냉전이 한창이던 1950~1960년대, 미국에서는 수돗물 불소화가 '공산주의 음모'라는 풍문이 퍼졌다. 한 극우 정치 세력이 이 정책은 '공산주의가 미국인의 건강과 지능을 약화시키고, 불소로 정신을 통제하기 위해 벌인 작전'이라고 주장한 것이다. 미국 치과협회와 CDC가 수돗물 불소화의 편익과 안전성을 설명하며 소문을 진화했지만, 음모론이 완전히 수그러들지는 않았다. 수돗물 불소화는 20세기 중반까지 '공산주의 조작설'뿐만 아니라 정부가 국민들의 정신을 통제하려 한다는 '정부의 정신 통제설', 전문가들이 이해관계를 위해 만들어냈다는 '전문가 음모론' 등 실체가 없는 음모론부터 다운증후군이나 암, 에이즈를 유발한다는 '맹독성 물질론'까지 여러 음모론에 시달렸다.[5] 이러한 논란에도 전 세계 보건 당국과 전문가들은 수돗물 불소화의 이점과 안전성을 홍보하며 적용 지역을 넓혔다. 1970~1980년대에 들어서자, 수돗물 불소화는 세계 여러 지역에서 채택한 대표적인 구강보건 대책으로 자리 잡았다.[6]

계속된 갈등과 출구 전략

1990년대에 접어들면서 수돗물 불소화에 대한 논란은 과학적 연구에 기반을 둔 건강 우려로 바뀌기 시작했다. 불소에 노출된 실험 쥐에게서 골암 발생률이 증가했다는 연구 결과가 대표적이다. 비록 후속 연구에서 불소와 골암 발생 사이의 연관성을 대부분 반박하며 의혹을 해소하는 듯했지만, 과도한 불소 섭취로 인한 건강 피해가 계속되면서 수돗물 불소화의 위험성을 우려하는 목소리는 수그러들지 않았다.

한국에서는 1980년대 초반 진해시와 청주시에서 수돗물 불소화 시범 사업을 시작했다. 1998년에는 사업 대상이 34개 정수장으로 늘었다. 그런데 계획 중인 많은 정수장이 언론이나 지방 의회의 반대로 이미 사업을 취소하거나 보류한 상태였다. 시범 사업을 시작한 지 20년에 가까워졌지만, 인구의 5퍼센트만이 불소화된 수돗물을 공급받는 수준일 정도로 사업 진행 속도가 매우 느렸다. 수돗물 불소화를 둘러싸고 효과, 영향, 윤리적 관점에서 논란이 계속되었기 때문이다. 1999년, 서울시 산하 서울시정연구원이 작성한 수돗물 불소화에 대한 여론 조사 보고서를 보면 찬성과 반대 의견이 그대로 수록되어 있는데, 당시 있었던 격렬한 논쟁이 눈에 선하게 보인다.

찬반 양측은 우선순위로 두는 가치뿐만 아니라 객관적이어야 할 과학적 사실에서도 충돌했다. 국민 전반의 구강보건을 확보한다

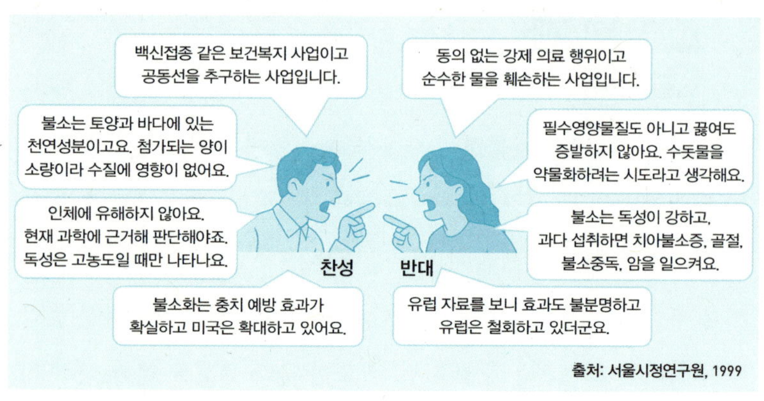

1999년 한국의 수돗물 불소화 찬반 논쟁

는 공동선의 추구, 치료 물질을 선택할 개인의 권리 존중 같은 윤리적 논의는 차치하더라도, 불소화의 충치 예방 효과, 불소가 환경에 미치는 영향 등 과학적 사실이라는 측면에서도 서로를 납득시키지 못했다. 정부가 수돗물 불소화를 제대로 추진하기 어려웠다는 점은 불문가지다.[7] 수돗물 불소화를 먼저 진행한 다른 국가들도 비슷한 논란을 겪었는데, 북미와 유럽의 대처 방식은 사뭇 달랐다.

미국과 호주 등 불소화를 강력하게 추진한 국가들은 수돗물 불소화가 갖는 공공보건적 이점과 저용량의 불소가 안전하다는 과학적 사실에 기초해 논란을 정면으로 돌파했다. 1945년, 23만 명이었던 미국 내 불소화된 수돗물 공급 인구는 2020년 총 인구의 77퍼센트 수준까지 증가했다.[8] 호주 역시 인구의 89퍼센트가 불소화된 음용수를 공급받고 있다.[9]

하지만 1990년대 이후, 수돗물 불소화가 갖는 독성과 건강에 끼치는 장기적 영향이 논쟁 대상으로 다시 떠올랐다. 이로 인해 미국 일부 지역에서는 수돗물 불소화를 철회하기도 했다. EPA는 불소 과다 노출을 막기 위한 기준을 설정하는 등 추가적인 조치와 함께 모니터링을 강화했다. 2000년 이후에도 수돗물 불소화가 야기하는 일부 치아 불소증을 예방하기 위해 기준을 한 단계 더 강화하는 등, 수돗물 불소화의 장점을 살리면서도 대중이 제기하는 우려에 적극적으로 대응했다.[10]

반면, 1950~1960년대에 수돗물 불소화 정책을 도입했던 유럽 국가들은 다른 행보를 보였다. 불소에 대한 사회적 우려가 커지자 1970년대 스웨덴, 네덜란드를 시작으로 1990년대 독일, 핀란드, 그리고 2000년 스위스까지 국가 단위의 수돗물 불소화를 철회했다. 대부분의 국가가 불소의 충치 예방 효과를 인정했지만, 다양한 이유로 사업을 중단했다. 대중에게 강제적으로 약물을 투여한다는 윤리적 우려, 공공 식수의 불소화를 정당화할 법적 근거가 없다는 사법적 판단, 치과 치료가 개선되면서 굳이 수돗물 불소화가 필요하냐는 효능감 논란까지 더해졌다. 수돗물 불소화 대신 불소 소금이나 불소 치약처럼 개인이 섭취 여부를 선택할 수 있는 대안을 택하기도 했다. 수돗물 불소화의 이점을 보여주는 연구 결과에도 불구하고 현재 수돗물 불소화를 실시하는 국가는 미국, 영국, 호주 등 20여 개국에 불과하다.[11]

　　수돗물 불소화를 둘러싼 논쟁과 국가별로 상이한 대응은 아무리 유익한 과학적 발견일지라도 시민들의 인식과 사회 윤리와 조화를 이루어야 비로소 대중적으로 수용 가능하다는 사실을 단적으로 보여준다.

다시 시험대에 선 수돗물 불소화

　　미국 보건 당국과 전문가들은 2010년 이후에도 수돗물 불소화에 제기되는 여러 건강 문제를 과학적으로 반박해왔다. 그러나 최근 어린이의 인지 발달을 겨냥한 불소의 새로운 독성이 발견되면서 논란이 재점화되었다. 2016년, 여섯 개 민간단체들이 EPA에 수돗물 불소화 금지 청원을 제출하기에 이르렀다. 불소에 노출되면 신경 독성이 유발될 우려가 있다는 이유 때문이었다. EPA는 수돗물 불소화를 금지할 정도로 과학적 근거가 충분하지 않고, 이미 이에 대한 적정한 규제가 이루어지고 있다며 거부했다. 불확실하고 잠재적인 위험보다 공중보건상 이익이 더 크다고도 덧붙였다. 이에 민간단체들은 2020년에 EPA를 대상으로 수돗물 불소화 금지를 요구하는 소송을 제기했다.[12]

　　논란이 좀처럼 사그라들지 않는 사이, 미국 국립독성프로그램NTP은 불소 농도가 리터당 1.5밀리그램 이상일 경우 어린이의 IQ 저하와 관련이 있을 수 있다는 결론을 발표했다. 수돗물 불소화에 적용되는 낮은 불소 농도에서도 이러한 건강 위험이 존재하는지에 대한 추가 연구가 필요하다고도 언급했다.

수년에 걸친 법정 공방 끝에, 2024년 연방 법원은 EPA에 수돗물 불소화의 안전성을 재검토할 것을 명령했다. 특히 고농도 불소 노출이 어린이의 IQ 저하와 연관될 가능성에 주목했다. 수돗물 불소화의 유해성 여부를 명확히 결론짓지는 않았지만, 과학적 증거에 대한 추가 조사가 필요하다고 판단한 것이다.[13] EPA는 물러서지 않았다. 2025년 1월, 바이든 행정부의 EPA는 법원 판결에 항소했다. 미국의 먹는 물 속 낮은 농도의 불소가 어린이의 IQ에 영향을 미친다고 단정하기는 어렵다. 더 나아가 먹는 물의 안전을 책임지는 정부 기관으로서 권장 수준의 농도에서 유해성이 입증되지 않았음에도 수돗물의 안전성에 대한 의심을 키울 수 있는 판결을 그대로 받아들일 수는 없었던 모양이다.

음모론을 양지로 끌어올린 트럼프 행정부

2025년 2월에 출범한 트럼프 2기 행정부는 여러 면에서 이전 정부와 노선을 달리 한다. 대표적인 분야가 보건과 환경이다. 새로 부임한 케네디 보건장관은 백신이 자폐증을 유발하고 독성물질인 불소가 수돗물에서 제거되어야 한다고 주장해왔다. 이러한 정책 기조를 반영하듯, EPA는 2025년 4월 '수돗물 불소화에 대한 새로운 과학적 정보를 신속히 검토하겠다'는 보도자료를 발표하며 낮은 농도의 불소가 건강에 미치는 영향을 면밀히 검토하는 건강 영향 평가를 진행하고 불소 기준의 잠재적 수정 여부를 결정하겠다고 설명했다.[14] 흥미로운 점은 EPA 처장의 발언에는 케네디 보건장관의 수돗물 불소화에 대한 전문성과 그간의 활동을 강조하며 협력하겠다는 언급이 덧붙여졌다는 것이다. 이로써 그간 음지에 머무르던 '불소가 독성물질이어서 수돗물에서 퇴출되어야 한다'는 음모론이 미국 연방정부의 연구를 통해 새로운 검토를 받게 된 셈이다.

케네디 보건장관이 논란을 제기한 보건·환경 정책은 백신 의무 접종과 수돗물 불소화였다. 흥미롭게도 이 두 정책은 대중의 위해성 인식 관점에서 쉽게 받아들이기 어려운 구조다. 대중은 자발성, 통제 가능성, 천연물 여부 등 위험의 구조에 따라 동일한 수준의 위험이더라도 다르게 받아들인다. 내가 통제할 수 없는 수돗물에 인위적인 화학물질인 불소를 나의 의지와 무관하게 정부가 결정해 몸속에 투여한다면, 누구라도 현미경을 들이대며 안전성을 의심할 수밖에 없다. 더구나 이러한 조치가 정부나 공공 기관에 대한 신뢰가 낮은 지역에서 이루어진다면 불안감은 더 커진다. 바로 이런 상황에서 음모론이 싹튼다. 수돗물 불소화는 위험 인식이라는 측면에서 볼 때 가장 끌고 가기 어려운 정책이라고 할 수 있다.

유럽과 달리 미국이 각종 논란에도 수돗물 불소화 정책을 이어갈 수 있었던 저력은 CDC와 EPA 등 전문 기관에 대한 미국인들의 높은 신뢰 자본 덕분이다. 또한 정책을 이행하는 과정에서 발생하는 우려에 기민하게 대응하며 안전 기준을 조정하고 지속적으로 모니터링하는 정부의 높은 현장 민감성 역시 중요한 요인이다. 결국 수돗물 불소화 논쟁이 주는 메시지는 명확하다. 과학적으로 사람의 건강에 유익하더라도 대중이 불안해하는 위험은 그냥 '위험'이다. 수돗물 불소화 정책을 끌고가는 정부 기관은 미국처럼 위험에 대한 인식을 바꾸려고 노력하기도 하고, 그것에 실패하는 경우 정책 자체를 바꿀 수밖에 없다.

유감스럽게도 코로나19 팬데믹을 거치며 미국 내에서 과학자에 대한 대중의 신뢰도가 하락했으며, 정치 성향에 따라 환경과 보건을 담당하는 연방 기구를 신뢰하는 정도가 다르다고 한다.[15] 정부와 과학 기관에 대한 제도적 불신은 전문가들이 진실을 은폐한다는 인식을 강화시켜 비전문가의 해석을 더 신뢰하게 만든다.[16] 이러한 신뢰 자본의 잠식이 트럼프 행정부가 그간 음모론으로 치부되던 수돗물 불소화 논란을 정부의 공식 검토 과제로 끌어올 수 있었던 토양이 되었을지도 모른다. 수십 년 동안 각종 음모론을 입증된 과학으로 돌파해온 미국의 연방 기구가 정치적 결정이었다고 평가받는 '수돗물 불소화에 대한 새로운 과학적 정보의 검토'를 어떻게 신뢰받는 방향으로 끌어갈지 많은 사람이 주목하고 있다.

3장

새로운 위험과
딜레마 속 각자도생

기후 위기로 재부상한 오염

돌이킬 수 없는 미래의 기후 변화를 막기 위해서
이산화탄소의 배출을 당장 줄여야 하지만,
공포스러울 정도로 밀려오는 온난화의 '속도'를
늦추려면 그것만으로는 충분하지 않다.

괴물 폭우의 원인

2013년, IARC가 초미세먼지$^{PM_{2.5}}$를 인체발암물질로 공식 발표했다. 한국은 2015년부터 초미세먼지 환경 기준을 시행했고, 전국 측정망에서 초미세먼지를 실시간으로 측정해 공개하기 시작했다. 한 가지 더 주목할 정책은 '초미세먼지 경보제'의 도입이었다. 초미세먼지 농도가 높으면 마스크 착용이나 외부 활동 주의를 안내하는 제도인데, 당시 오염이 심해서 한 해에 주의보나 경보가 발령된 날이 두 달을 넘기도 했다. 막 주목받기 시작한 발암물질이 고농도로 발생했다는 경고가 수시로 발령되자 초미세먼지에 대한 사회적 우려가 매우 커졌다.

초미세먼지를 줄이는 일은 녹록지 않았다. 먼저, 초미세먼지가 생성되는 경로가 매우 복잡했다. 발전소나 공장, 자동차 배기가스로부터 입자가 직접 배출되기도 하고, 공기 중에서 황산화물이나 질소산화물, 암모니아와 같은 전구물질[*]과 반응해 2차적으로 생성되기도 했다. 게다가 국외에서 유입되는 오염물질의 영향도 고려해야 했다. 다른 난관은 날씨였다. 기후 변화로 비가 오거나 바람이 부는 날이 줄어들면서 먼지가 흩어지지 못하고 갇히는 현상이 자주 발생했다. 국외발 미세먼지가 들어온 상태에서 대기 정체가 발생하고, 그 위에 국내발 미세먼지가 쌓이며 오염도가 심각한 수준까지 치솟았다.

현실적인 단기 대책은 배출량을 줄일 수 있는 배출원을 관리하는 것이었다. 발전소와 공장, 도로 등에서 직접 배출되는 미세먼지뿐만 아니라 전구체 오염물질을 줄이는 대책도 추진되었다. 농업 현장, 항만과 부두 등에서 나오는 미세먼지를 줄이기 위해 모든 기관이 힘을 모았다. 농도가 높을 것으로 예상되는 날에는 공공시설의 가동시간을 줄이고 도로 먼지 청소를 강화하는 '비상저감조치'를 시행했다. 국민들도 대중교통을 이용하는 등 미세먼지 줄이기에 동참했다. 국제 협력을 통해 동북아 지역의 미세먼지를 줄이기 위한

※   전구물질(전구체)은 화학 반응에서 최종 반응물이 생기기 전 단계의 물질로, 그 반응물의 생성에 기여하는 물질을 말한다.

노력도 지속되었다.

미세먼지는 세계적인 현안이었다. 국제 해운 규범을 담당하는 국제해사기구IMO는 대기 중 황산화물을 줄이기 위해 2020년 1월부터 국제 항해 선박에 사용되는 연료의 황 함량 상한을 기존 3.5퍼센트에서 0.5퍼센트로 대폭 강화하는 글로벌 규제를 시행했다.[1] 심각한 대기오염을 겪던 중국 등 인접 국가도 미세먼지를 줄이기 위해 노력했다. 2020년 이후 국내 대기 중 미세먼지 농도가 감소 추세에 들어섰으며, 2024년에는 측정 이래 최저 농도를 기록했다. 중국의 대기오염도 국제적으로 주목받을 정도로 감소했는데, 석탄 화력 발전소 등에서 나오는 황산화물의 감소가 크게 기여했다.[2]

많은 국가가 미세먼지 줄이기에 화력을 집중한 사이, 대기오염물질 감소가 단기적으로 기후 변화에 부정적인 영향을 줄 수 있다는 충격적인 연구 결과가 발표되었다. 2010년 이후 동북아 지역의 황산화물 배출량이 70퍼센트 이상 줄어든 것이 최근 이 지역에서 발생한 괴물 폭우와 폭염의 한 원인일 수 있다고 주장했다. 대기 중 황산화물 감소로 에어로졸 생성이 줄어 우주의 태양광이 지구 표면으로 더 많이 들어오기 때문이다.[3]

다른 연구는 전 세계에서 빈발하는 이상 기후가 IMO의 황산화물 규제로 에어로졸이 줄면서 해양 항로 주변이 뜨거워져 생긴 현상이라고 추정했다. 전 세계 선박에서 배출되던 황산화물의 80퍼센트가 갑자기 줄어들어 '비의도적 지구공학적 종료 충격'이 왔다고 평가하면서, 2020년대가 이례적으로 더운 시기가 될 것이라고 예상했다.[4] 또 다른 연구는 최근 유럽에서 관측된 폭염과 구름 피복도 감소 현상을 분석했는데, 대기 중 에어로졸의 감소로 냉각 효과가 사라졌고, 그동안 감춰졌던 온실가스의 온난화 효과가 드러난 것이라고 보았다.[5]

이렇듯 대기오염물질은 사람의 건강과 생물의 생육뿐만 아니라 지구 행성의 열 균형에도 복잡한 영향을 미쳐 지구 시스템 전체에 충격을 줄 수 있다.

기후마저 오염시키는 대기오염물질

먼지, 연기, 안개, 꽃가루, 박테리아 등 공기 중에 떠다니는 에어로졸이 직간접적으로 지구의 열 균형에 영향을 미친다는 사실은 예전부터 알려져 있었다. 미세먼지나 황사와 같은 먼지는 직접적으로 지표로 들어오는 빛을 반사·산란시키거나 간접적으로 구름핵으로 작용해 구름을 생성시키는 방법으로 지구를 냉각시킨다. 반대로 블랙카본black carbon(검댕)처럼 어두운 색의 에어로졸은 빛을 직접 흡수하거나 구름 생성이나 눈과 얼음의 반사 작용을 방해해 온난화 효과를 일으킨다.

기후 변화에 관한 정부 간 협의체IPCC의 제6차 평가 보고서는 대기 중에 부유하는 에어로졸이 산업화 이후부터 2019년까지 지구를 식혀주는 '순 냉각 효과'를 보여왔음이 확실하다고 평가했다. 즉, 이산화탄소와 같은 인위적인 온실가스에 의한 지구온난화 효과가 그동안 인위적인 에어로졸의 냉각 효과에 의해 일부 가려져 있었던 것이다. 이산화탄소와 달리 에어로졸은 대기 중에 존재하는 기간이 짧기 때문에 냉각 효과의 지역적 편차가 컸다. 북반구 중위도 지역, 특히 한·중·일을 포함한 아시아 지역에서는 냉각 효과가 더 컸다.[6]

에어로졸의 냉각 효과에 가장 크게 기여한 물질은 황 함량이 높은 저급 화석 연료를 연소할 때 많이 발생하는 황산화물이었다. 런던 스모그의 원인이기도 한 황산화물은 공기 중에 배출되어 미세먼지와 같은 입자를 만든다. 이 입자들이 구름을 만들거나 빛을 반사·산란시켜 오염 지역을 냉각시키는 역할을 해왔다. 황산화물 이외의 다른 대기오염물질이 단기적으로 지구 온도에 미치는 영향은 더 복잡하다. 메탄 등 비이산화탄소 온실가스와 전통적인 대기오염물질이 상호작용하며 지구 온도에 복합적인 영향을 미친다.

그 복잡성을 배가시키는 물질이 바로 오존이다. 상층 대기인 성층권 오존은 유해 자외선을 차단하는 '착한' 오존인 반면, 지표 가까이에 있는 대류권 오존은 자극성이 강해 사람의 건강과 식물의 생육에 악영향을 미치는 '나쁜' 오존이다. 지표면 오존은 수명이 매우 짧고 국지적이지만 분자당 온난화 효과는 이산화탄소보다 강력하다. 또한 식물이 오존을 흡수하면 기공이 손상되어 광합성과 생장이 저해되고, 이는 나무와 숲의 이산화탄소 흡수 능력을 약화시켜 지역적 온난화를 촉진한다.[7] IPCC는 산업화 이후 지구 온도가 이산화탄소 때문에 약 1도 올랐다면, 오존 때문에 약 0.2~0.3도 올랐다고 분석했다.[8] 오존 자체는 오염원에서 직접 배출되지 않기 때문에 오존을 줄이려면 그 전구물질인 질소산화물과 휘발성 유기화합물VOC을 관리해야 한다.

메탄은 이산화탄소보다 온난화 능력이 약 28배 강한 온실가스이자 광의의 휘발성 유기화합물이다. 복사열을 흡수해 직접 온난화에 기여하기도 하고, 질소산화물과 반응해 오존을 생성함으로써 간접적으로 온난화를 유발하기도 한다.[9] 유럽 오존 배경 농도의 37퍼센트가 전 지구 메탄 배출에서 기인한 것으로 추정된다.[10]

모든 연소 과정에서 발생하는 질소산화물NOx은 기후에 두 방향으로 영향을 준다. 광화학 반응을 통해 오존을 생성해 온난화에 기여할 수도 있고, 수산화기를 생성해 강력한 온실가스인 메탄을 분해해 냉각에 기여할 수도 있다. 질소산화물이 기후에 미치는 효과는 지역이나 위도, 그리고 다른 오염물질의 농도에 따라 크게 달라지지만, 산업화 이후에는 평균적으로 지구 냉각에 기여했다고 평가된다.[11]

수명이 짧은 대기오염물질이 단기적인 지구 온도에 미치는 영향은 상당하다. 수백 년간 생존하는 이산화탄소와 달리 수일에서 수십 년간 생존하는 메탄, 오존, 황산화물, 질소산화물, 일부 냉매와 같은 물질을 '단수명 기후오염물질[SLCPs]'이라 부르는데, IPCC는 이 물질이 단기적으로 지구 온도 변화에 미치는 영향을 다음과 같이 기술했다.

> 10년에서 20년이라는 시간 단위에서, 현재 단년도의 단수명 기후오염물질 배출이 초래하는 지구 평균 기온 반응은 같은 기간의 이산화탄소 배출이 초래하는 반응과 최소한 동등한 수준이다.[12]

이처럼 단수명 기후오염물질은 현세대가 당면한 기후 문제라고 해도 과언이 아니다.

줄어든 냉각 오염물질, 늘어난 온난화 오염물질

한국의 공기는 1980년대 후반부터 좋아지기 시작했다. 가장 빠르게 안전한 수준까지 줄어든 대기오염물질은 황산화물이었다. 황 성분을 연료 자체에서 제거하는 기술과 굴뚝이나 배기가스에서 처리하는 기술이 발달했고, 연료와 배출 규제가 강화되면서 황산화물로 인한 대기오염이 크게 줄었다. 질소산화물을 제거하는 촉매 기술과 먼지를 집진하는 기술이 현장에 적용되면서 발전소나 공장에서 배출되는 질소산화물과 먼지 등도 줄었다. 촉매를 활용한 자동차 배기가스 처리 기술이 발전하고 전기차로의 전환도 이루어지면서 차량에서 발생하는 질소산화물과 매연 배출량 역시 줄어들었다.

반대로 지표면 오존의 연 평균 농도는 지난 30여 년간 세 배 가까이 증가했다. 특히, 지난 10여 년간 오존의 전구물질인 질소산화물이 빠르게 감소했음에도 오존 농도는 오히려 증가하는 추세를 보였다. 국내 오존 오염 수준은 평균 농도가 매우 높고 증가 속도도 빨라 학계의 시선을 끌 정도였다.[13] 전문가들은 이러한 오존 증가 현상이 다른 전구물질인 휘발성 유기화합물이 충분히 줄지 않았기 때문에 나타났다고 분석했다. 오존의 생성은 전구물질의 상대적 비율에 따라 달라지는 복잡한 반응을 거치는데, 이러한 복잡성으로 인해 전구물질 중 하나만 줄이면 오히려 오존이 더 생성될 수도 있는 역설

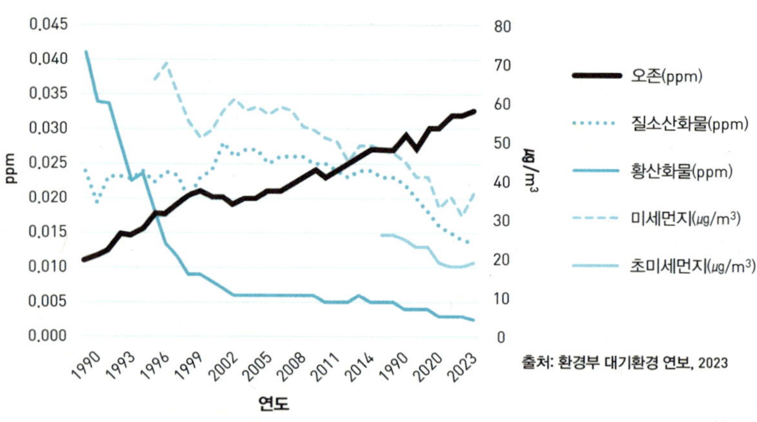

한국의 연평균 대기오염물질 농도 변화 추세(1990~2023)
냉각 오염물질인 황산화물과 미세먼지는 줄고 온난화 오염물질인 오존은 늘었다.

적인 상황이 발생한다. 실제로 같은 기간 동안 유럽과 북미에서는 질소산화물과 휘발성 유기화합물의 인위적인 배출이 동시에 감소하면서 오존 농도도 감소하는 성공적인 결과를 얻었다. 그러나 오존은 복잡한 생성 과정 등으로 인해 관리가 가장 어려운 대기오염물질로 꼽힌다.[14]

지난 수십 년간 국내 대기오염물질의 변화를 기후 관점에서 보면, 이른바 냉각 오염물질인 황산화물과 먼지는 줄고 온난화 오염물질인 오존은 증가했다. 그에 더해 강력한 온실가스이자 오존 생성의 전구물질인 메탄 농도는 세계 평균보다 5퍼센트 정도 더 높은 수치를 보인다. 수백 년간 잔존하는 온실가스인 이산화탄소와 아산화질소의 국내 대기 중 농도도 메탄과 마찬가지로 매년 역대치를 갱신하고 있다. 장기적 온실가스의 누적적 영향에 단기적 기후오염물질의 영향까지 우리를 덮치고 있는 셈이다.[15] 온도 상승을 막자고 발암물질인 초미세먼지나 황산화물을 계속 만들어낼 수도 없다. 결국 온난화를 유발하는 온실가스와 대기오염물질을 함께 빠르게 감축해야 한다.

이제는 속도와의 싸움이다

'1.5'는 기후 위기 관리에 있어 핵심 수치다. 18세기 중반, 산업화 이후 진행된 지구 온도 상승의 폭을 1.5도 이내로 묶어두어야 돌이킬 수 없는 지구의 변화를 막을 수 있다. 2024년은 지구 평균 온도가 산업화 이전에 비해 1.6도 상승해 1.5도를 넘어선 첫 해로 기록되었다. 지난 20년 동안 평균 상승 폭은 이미 1.39도에 달했고, 앞으로 5년간 평균 상승 폭도 1.5도를 초과할 가능성이 높다.[16] 한 연구진은 20년간의 온도 상승 폭이 '산업화 이전 대비 1.5도'를 넘어 파리 기후 변화 협정의 목표가 무너지는 해를 2028년 전후로 추정했다.[17]

전문가들은 인류가 2050년 탄소 중립을 목표로 나아가는 과정에서 일시적으로 기후 억제 목표인 1.5도를 넘어서는 '기후 오버슛climate overshoot' 경로를 따르게 될 것이라는 점을 기정 사실로 받아들이는 분위기다. 오버슛을 피하려면 세계가 지금 당장 급격히 이산화탄소를 줄여야 하는데, 현재 각 국가의 공약과 감축 상황을 보면 그럴 가능성이 낮다. 오버슛이 걱정되는 이유는, 지구 온도 상승 폭이 1.5도를 넘어서면 예측이 어렵고 회복이 쉽지 않은 피해가 가시화되기 때문이다. 장래에 1.5도 이내로 지구 온도 상승을 억제하는 데 성공하더라도, 오버슛이 일어나는 동안 산호초의 멸종이나 만년설의 소실 등 비가역적 변화의 위험이 커진다. 또한 가뭄, 홍수, 폭염처럼 이상 기상 현상이 더 빈번하게 발생할 것이다. 무엇보다도 아마존 쇠퇴나 빙하의 붕괴와 같이 기후 시스템이 임계점tipping point을 넘어설 가능성이 커진다. 이렇게 발생한 각종 피해와 변화가 회복되는 데에는 수십 년에서 수백 년이 걸리며, 어떤 피해는 영원히 되돌릴 수 없다.[18] 우리는 탈탄소 사회로 가는 노력에 더해 그 과정이 고통

출처: "Bramble Cay melomys" © Queensland Government, CC BY 3.0 AU
(https://creativecommons.org/licenses/by/3.0/au/)

기후 변화로 멸종된 브램블 케이 모자이크꼬리쥐 Bramble Cay melomys

호주 그레이트 배리어 리프의 브램블 케이 섬에서만 발견되던 고유종으로, 긴 꼬리·짧은 귀·큰 발과 같은 독특한 신체 특징을 갖고 있다. 기후 변화로 인한 해수면 상승과 폭풍 해일로 서식지 대부분이 파괴되었다. 국제자연보전연맹IUCN이 2016년 멸종을 선언하고, 2019년에는 호주 정부가 멸종을 공식 확정하면서 '인류가 유발한 기후 변화의 직접적인 영향'으로 멸종된 첫 포유류로 기록되었다. 기후 변화로 인한 비가역적 변화는 이미 시작되었다.

스럽지 않도록 대비책을 고민해야 하는 상황에 놓였다.

한반도의 기후 오버슛 현상에도 관심을 가져야 한다. 기후 변화로 지구 모든 지역의 온도가 고르게 오르지는 않는다. 실제로 동아시아 지역은 세계 평균보다 더 빠른 온난화를 겪고 있다. 한국도 이런 경향이 뚜렷한데, 1912년부터 2020년까지 연평균 기온이 1.6도 상승하는 동안 세계 평균 온도는 이보다 적은 1.09도가 올랐다.[19] 과학자들은 온난화의 지역적 증폭 현상의 한 원인으로 오존과 블랙카본처럼 잘 섞이지 않는 단수명 기후오염물질의 영향을 지목한다. 이 오염물질들은 수명에 따라 공간적·시간적 변동성이 크고, 온난화 효과는 물질이 배출되거나 형성된 이후 처음 20년 동안 주로 발생한다.[20] 이들이 한반도의 온도에 얼마나 영향을 미치는지는 아직 연구가 필요하지만, 오염물질이 야기할 수 있는 국지적인 온도 상승 속도는 반드시 주목해야 하는 부분이다.

이산화탄소는 우리가 경험하고 있는 기후 변화의 주요 원인이지만, 그 영향은 수백 년에 걸쳐 누적되어 나타난다. 실제로 2020년 코로나 팬데믹 시기에 전 세계 이산화탄소 배출량이 7퍼센트가량 줄었음에도 그해 대기 중 이산화탄소 평균 농도는 오히려 늘어났다. 이산화탄소가 수백 년에 걸쳐 축적되어 오랜 시간 동안 대기 및 해양과 상호작용하며 지구 온도에 영향을 주기 때문이다. 흥미롭게도 같은 기간 동안 세계는 갑자기 깨끗해진 공기를 경험했다. 팬데믹 기간 동안 줄어든 대기오염물질은 수명이 짧은 만큼 그 감축 효과가 바로 나타났던 것이다.[21]

지구는 이미 1도 이상 따뜻해졌다. 온도 상승의 속도를 더디게 만들 속도감 있는 대책이 절실하다. 0.5도가 만들어내는 차이는 생각보다 크다.[22] 기후 변화로 인한 피해나 불확실성은 2도 상승과 비교할 때 1.5도 상승에서 훨씬 낮다. 한 연구진은 '단수명 기후오염물질 감축'이라는 도전적이지만 실현 가능한 단기 목표를 채택해 온난화 속도를 늦추는 것을 제안했다. 2030년까지 메탄과 그 밖의 단수명 기후오염물질의 배출을 각각 25퍼센트와 75퍼센트 줄이고 온난화 지수가 높은 냉매를 제거하자는 것이다. 이러한 조치로 향후 25년간 지구 평균 기온 상승 속도를 절반으로 줄일 수 있으며, 2050년까지 최대 0.5도의 추가 온난화를 피할 수 있다고 분석했다.[23] 메탄은 100년이라는 시간 규모로는 이산화탄소보다 28배 강력한 온실가스지만, 20년이라는 시간 규모로 보면 무려 81배나 강력하다. 국제 사회가 2021년 9월 발표된 글로벌 메탄 서약을 이행해 메탄을 30퍼센트 감축하면, 2030년까지 지구 온도 상승을 0.2도 줄여 탄소 중립에 필요한 시간을 20~30년 정도 벌 수 있다고 한다.[24] 게다가 현재 활용 가능한 기술로도 이 물질들을 감축할 수 있을 뿐만 아니라 사람의 건강, 농작물의 생육, 경제에 추가적인 이점을 제공한다. 메탄과 오존을 줄이면 내륙 지역의 온난화를 완화하고, 지역적 가뭄 해소 등 다양한 기후 복원 효과를 유도할 수 있다.[25]

이산화탄소 감축이 장기적인 기후 안정화의 핵심이자 필요 조건이라는 점은 두말할 나위가 없다. 인류가 이산화탄소를 잘 억제해 지구 온도의 상승폭을 1.5도 이내로 묶어두는 데 성공했다면 이산화탄소 감축만으로도 충분했을 것이다. 하지만 기후 오버슛을 목전에 둔 지금, 그것만으로는 부족하다. 우리는 매년 기록을 갱신하는 역대급 폭우와 폭염을 경험하며, 이미 기후 재난의 시대로 진입했음을 체감하고 있다. 따라서 기후 위협을 장단기 관점에서 바라보며 탈탄소 문명 전환에 속도를 더하는 동시에, 대기오염물질을 통합 관리해 지구 온도 상승 '속도'를 조금이라도 늦추어야 한다. 이는 미래 세대를 위한 준비이자 현세대의 안위를 위해서도 중요하고 시급한 문제다.

얼음 속에서 깨어난
역사 속 오염물질

〈아이스맨〉이라는 옛 영화를 보면 얼음 속에 완벽하게 보존되어 있던 수만 년 전의 네안데르탈인이 과학자들의 소생 작업으로 기적처럼 되살아난다. 다소 황당한 이야기지만, 극지방의 극한 환경이라면 그럴 수도 있겠다고 생각했다. 극지방의 얼음과 영구동토층 속에는 지질학적 연대기 동안 축적된 각종 생물과 물질이 갇혀 있다. 여기에는 동면 상태의 미생물과 바이러스, 죽은 생물의 유해와 유전물질, 그리고 대기 중에 있는 양의 두 배나 되는 탄소가 저장되어 있다. 과학자들은 빙하의 깊은 곳을 드릴로 뚫어 코어를 채취해 지질학적 단위의 시간을 연구한다.

영화 내용처럼 기후 변화로 극지방의 기온이 상승하면서 얼음 속에 갇혀 있던 미지의 생물과 물질이 다시 살아날 우려가 있다. 2016년, 시베리아에서는 폭염으로 70년간 얼어있던 순록 시체가 녹으면서 탄저균이 퍼져 순록 수천 마리가 집단 폐사했고 12세 아이가 사망했으며 수십 명이 입원했다.[26] 극지방에 저장된 탄소가 이산화탄소와 메탄 가스의 형태로 방출되면서 영구동토층이 온실가스 배출량 측면에서 미국과 중국에 필적하는 핵심 온실가스 배출국인 가상의 '영구동토국'으로 거듭날 수 있다는 우려도 크다.[27]

크게 주목받지는 않았지만, 기후 변화는 극지방에 갇힌 오염물질도 부활시켰다. 20여 년 전부터 DDT나 PCB 등 전통적인 잔류성 오염물질은 지구상에서 거의 퇴출되었으나, 그전에 수십 년간 사용되던 물질들은 대기와 해양의 흐름을 타고 이미 극지방에 도달해 눈과 얼음, 영구동토층에 갇혀 있었다. 그런데 최근 여러 북극 관측소에서 극지방의 공기나 빙하의 가장자리에서 역사 속 잔류성 물질의 농도가 증가하는 현상이 관찰되었다.[28]

이러한 물질의 재부상은 기후 변화와 맞물려 북극 생태계에 복잡한 위협으로 작용한다. 기온이 오르며 빙하와 영구동토층에 '무해'하게 갇혀 있던 물질이 토양과 눈, 얼음 속으로 풀려나오고, 대기 중으로 빠르게 증발하며 극지방의 대기 중 오염물질 농도를 증가시킨다. 이에 더해 얼음이 녹으면서 바다와 대기가 활발히 섞여 물질이 더 빨리 이동하고, 바람과 해류가 바뀌면서 이동 경로도 달라져 생태계에 새로운 위험을 초래한다. 북극곰은 봄철 해빙으로 먹이가 부족해 단식 기간이 길어져 체중이 줄면, 지방 조직에 축적되어 묶여 있던 오염물질이 혈액으로 풀려나와 온몸으로 퍼지면서 내부 노출이 급격히 증가한다.[29]

기후 변화는 다른 지역의 오염 현상도 복잡하게 만든다. 온도가 상승하면 원료 생산 현장과 저장소에서도 2차 방출이 증가하고, 거기에 바람 방향, 강수량, 해류, 극한 기상 현상이 변화하며, 전 세계적으로 오염물질 이동과 분포에 영향을 준다.[30] 스톡홀름 협약에 따라 전통적인 잔류성 오염물질의 사용이 금지되거나 제한되었다. 그럼에도 불구하고, 기후 변화가 과거의 일이라고 여기던 화학오염을 현재의 문제로 부활시키고 있다. 국제 사회가 기후 변화와 오염 문제를 함께 바라보는 또 다른 이유다.

좀비 화학물질,
과불화화합물

> 과불화화합물은 산업 화학물질의 유산이자
> 새로운 위험이며, 우리의 과거가
> 미래를 식민화하는 현상을 보여준다.
>
> **다니엘 렌프루**Daniel Renfrew 등[1]

'영원한 화학물질'로 포화된 지구

영화 〈다크 워터스〉는 유해물질로 인한 환경오염과 건강 피해를 은폐한 대기업에 맞서 싸운 한 변호사의 이야기다. 두 시간 남짓한 이 영화의 모태가 된 변호사 로버트 빌롯Robet Bilott의 투쟁은 1998년부터 2017년까지 무려 20년간 이어졌다. 빌롯은 오랜 재판을 통해 세계적인 화학 기업 듀폰이 수십 년 동안 과불화화합물의 건강 위험에 대한 자료를 은폐해온 사실을 밝혀내고 그 피해를 규명한 끝에 마침내 승소했다. 이 사건은 글로벌 화학 기업의 부도덕한 행태를 드러내며 전 세계에 큰 충격을 안겼다.[2]

첫 과불화화합물인 테플론Teflon은 1940년대 처음 시장에 출시되었는데, 1950년대 들어 좋은 물성으로 그 용도가 확대되기 시작했다. 듀폰은 1951년부터 테플론 제조에 사용하기 위해 3M으로부터 다른 과불화화합물인 PFOA(과불화옥탄산, 상품명 C8)를 구매했는데, 이 물질은 테플론 생산 중에 이들이 엉기지 않게 돕는 가공 보조제로 쓰였다.[3] 화학물질 관리 제도는 예전부터 써오던 물질들을 별도로 관리하지 않았고, 기업도 내부의 위험 신호와 정보를 은폐했다. 게다가 환경이나 생체 시료에서 과불화화합물을 검출하는 분석 기술도 부족해서 오염 현황을 파악하기도 어려웠다. 이러한 제도적·윤리적·기술적 한계가 맞물린 구조적 결함 속에서 과불화화합물은 아무런 제약 없이 퍼져나갔다.[4]

과불화화합물은 매우 강한 불소-탄소 결합으로 인해 물과 열, 오염에 강하다. 일부는 계면활성 기능도 있어서, 비접착 코팅 프라이팬, 스마트폰 화면, 방수 의류, 반도체, 배터리, 의료기기 등 무려 200개가 넘는 용도로 사용되는 범용성 물질로 자리 잡았다.[5]

2000년대에 들어서며 과불화화합물의 실체가 밝혀지기 시작했다. 가장 먼저 눈에 띈 특징은 극한의 잔류성이었다. 2009년, 가장 먼저 국제 규제 목록에 오른 PFOS(과불화옥탄술폰산)의 규제 제안서를 보면, 이 물질이 어떤 극한 상황에서도 분해되지 않을 것이라는 생각이 절로 든다.

 대오염의 시대

PFOS는 극도의 잔류성을 갖는다. 이를 다양한 온도와 산성도(pH)의 수용액에서 가수분해하는 연구를 수행한 결과, 어떤 분해값도 관찰되지 않았다. 생분해 시에도 호기 조건과 비호기 조건* 하에서 어떤 명확한 분해도 일어나지 않았다.[6]

당시 PFOS의 독성이 충분히 연구되지 않았음에도 놀라울 정도로 강력한 잔류성과 장거리 이동성은 전문가들의 이목을 끌었다. 산업과 생활 전반에 많이 사용되고 있어 오염도가 지속적으로 증가할 것이라는 점도 우려스러운 부분이었다. 그리고 우려는 사실이 되었다. 70년이 지난 지금, 지구에서 과불화화합물이 없는 곳을 찾기 어렵다. 물, 토양, 공기, 심지어 음식에서도 과불화화합물이 검출되었다. 이들은 물과 대기의 순환을 따라 이동하면서 청정 지역인 티베트의 빗물과 북극의 야생동물까지 오염시켰다.[7]

빗물 중 과불화화합물 농도가 미국의 먹는 물 기준이나 유럽연합의 환경 수질 기준을 종종 초과하고, 북극곰 몸속의 농도는 이미 중국의 과불화화합물 제조 공장 근처에서 일하거나 거주하는 사람들과 비슷하다.[8] 특히 대기 침착으로 인해 전 세계 토양이 광범위하게 오염되고 있어 이미 지구의 안전 한계를 넘었다는 분석도

---

* 호기 조건은 산소가 풍부한 환경이다. 이 조건에서는 산소를 이용해 에너지를 얻는 호기성 미생물에 의해 분해가 일어난다. 비호기 조건은 산소가 부족한 환경이다. 이 조건에서는 산소 대신 다른 물질을 이용하는 혐기성 미생물에 의해 분해가 일어난다.

있다.[9] 먹는 물에서도 과불화화합물이 검출되기 시작했다. 일본은 2020년부터 2023년까지 연이어 수돗물에서 과불화화합물이 먹는 물 수질 예비 기준값을 초과해 검출되어 비상이 걸렸다. 프랑스와 여러 다른 국가도 먹는 물 속 과불화화합물로 몸살을 앓고 있다. 과학자들은 이 상황을 단순한 오염이 아니라 '지구적 포화 상태'라고 부른다.[10]

독성 감시 생물종이 된 호모 사피엔스

사람의 몸속에도 과불화화합물이 존재한다는 연구 결과가 이어졌다. 전 세계 성인과 청소년, 어린이의 혈액에서도 과불화화합물이 예외 없이 검출되었다. 유럽 9개국의 청소년을 대상으로 한 조사에서는 평균 14퍼센트의 청소년의 혈액 중 과불화화합물 농도가 건강 기준값을 초과했고, 두 국가에서는 초과 비율이 20퍼센트를 넘었다.[11] 한국에서도 2018년 이후 진행된 두 차례 정부 조사 결과, 성인과 청소년의 혈액 속에서 과불화화합물이 검출되었다.

2010년대 중반 이후 과불화화합물에 대한 독성 연구가 본격적으로 추진되었다. 연구가 가장 많이 진행된 물질은 PFOS, PFOA 및 PFHxS(과불화헥산술폰산) 등인데, 간 독성과 함께 내분비계, 심혈관계, 면역체계, 신장 등에 나쁜 영향을 미치고, 탯줄과 모유를 통해 태

         대오염의 시대

아와 유아에게도 전달된다고 보고되었다. IARC는 2014년 PFOA를 인체 발암 가능성이 있는 2B급 물질로 분류했다.[12]

과불화화합물은 이미 고통받고 있는 야생 생태계에도 위협을 가했다. 지구의 생물종 300개 이상이 과불화화합물로 인해 위험에 처했다. 어류와 북극 생물 등 여러 생물체의 몸속에서도 과불화화합물이 검출되었고, 각종 건강 피해를 겪고 있다.[13] 한 연구자는 호모 사피엔스가 다른 생물종에 대한 과불화화합물의 영향을 관찰할 수 있는 감시종sentinel species이라고 주장했다. 과불화화합물이 야생동물에 미치는 영향이 역학 조사로 확인된 인체 건강 피해와 상당히 일치했기 때문이다. 이는 그간 동물 실험을 통해 사람의 건강 피해를 유추해온 관행에 비추어 보면 상당히 파격적인 주장이다. 하지만 농약의 위험을 감지할 때 농약에 가장 많이 노출되는 꿀벌이 감시종이 되는 것처럼, 현생 인류가 지구상의 생물종 중 과불화화합물에 가장 많이 노출되고 있다면 충분히 설득력 있는 의견이다.[14]

골치 아픈 숙제를 떠안은 과학자들

과불화화합물에 대한 경각심이 커지면서 오염도를 조사하고 오염 정화법을 개발하는 과학자들도 바빠졌다. 이들은 과불화화합물의 독특한 특성으로 연구에 애를 먹곤 했다. 과불화화합물은 수천

종 이상이 존재하고 특성도 각기 다양하지만, 건강에 끼치는 영향이 알려진 것은 오래된 과불화화합물 중 몇 종에 불과했다. 신규 과불화화합물은 화학구조조차 알지 못하는 경우가 많았으며, 독성 정보도 부족했다. 특히 많은 물질의 구성, 제조 공정, 산업 부산물, 적용 분야가 기업 기밀이었기 때문에 연구는 더욱 어려웠다. 과학자들은 과불화화합물 수천 종에 더해 새로운 대체 과불화화합물까지 시장에 들어온다며, 이 연구를 '네버 엔딩 스토리'라고 불렀다.[15]

과불화화합물은 화학적 특성에 따라 환경 중 거동이 달랐다. 분자량이 클수록 육상에서의 이동성은 감소하지만 생물 축적성은 커지고, 분자량이 작은 것들은 이동성이 좋아 추적하기가 어렵다. 농도를 분석하기 위한 시료의 전처리가 어렵고, 어디서나 검출되는 물질이라 배경오염을 제거하는 일도 숙제였다. 실험을 마친 뒤 폐기물을 처리하는 것도 골칫거리였다. 한마디로 과불화화합물은 연구자들이 다루기에도 까다로운 물질이었다.[16] 오염 지역을 정화하는 기술자들도 마찬가지였다. 한 자연복원 전문가는 과불화화합물의 지하수 이동을 연구하며 느낀 당혹감을 생생하게 피력했다.

만약 이것이 석유나 우리가 환경에서 다루는 다른 오염물질이었다면, 지하수의 흐름이 오염의 이동 경로를 예측하는 중요한 요소라고 말할 수 있었을 것입니다. 하지만 과불화화합물의 경우는 그렇지 않습니다. 과불화화합물에 대해 세계가 아직 모르는 것이 수없이 많습니다. 그러나 대부분의 사람들이 동의하는 한 가지는, 과불화화합물이 환경 속에서 다른 어떤 물질과도 다르게 행동한다는 점입니다. 그렇기 때문에 오염물질을 조사하는 전통적인 방식이 작동하지 않습니다(크리스틴 하아그, 2020).[17]

오염물질의 처리도 난제다. 하수·폐수처리장에서 흡착 처리를 해도 하·폐수를 처리한 후 남은 찌꺼기인 슬러지에 그대로 잔존하고, 일반 소각이나 퇴비화 과정에서도 분해되지 않고 살아남았다. 강력한 탄소-불소 결합을 깨려고 도입한 일부 기술들은 불완전한 분해로 독성 부산물을 발생시켰다. 어떤 물질은 고급 처리 기술로도 제거가 어렵고 환경 전반에 미량으로 퍼져 정화 기술의 한계를 시험했다. 과학자들은 과불화화합물이 제거해도 죽지 않고 살아난다며 '좀비 화학물질'이라 불렀다.[18]

과학자들은 분석화학과 처리 기술이 갖는 한계를 열심히 극복하고 있다. 최근에는 개별 물질 대신 포괄적으로 감지하는 분석법이 개발되고, 초 고감도 분석법과 특수 장비가 도입되어 배경오염 문제가 해결되었다.[19] 다양한 처리 기술도 등장하며 과불화화합물의 완전 분해 가능성이 높아지고 있다.[20]

영원한 물질, 좀비 물질, 네버 엔딩 스토리, 맴도는lingering 물질 등 과학자들이 부르는 여러 별칭은 과불화화합물에 대한 고민을 보여준다. 그리고 아직 식별조차 되지 못한 수많은 과불화화합물이 수면 아래 숨겨진 거대한 빙하처럼 여전히 숙제로 남아 있다.

도대체 과불화화합물의 종류는 몇 개인가?

과불화화합물은 관리를 위해 범위를 정하고 종류를 세는 일부터 쉽지 않다. 행정가에게도, 과학자에게도 참 어려운 물질이다. OECD의 최신 정의에 따르면, 과불화화합물(PFAS, 과불화·다불화알킬물질)은 최소한 하나 이상의 완전히 불소화된 메틸기–CF_3 또는 메틸렌기–CF_2–를 포함하는 불소화된 물질(이 탄소에 수소^H, 염소^{Cl}, 브롬^{Br}, 요오드^{I}가 결합되지 않아야 함)이다. 복잡하게 들리지만, 화학식에서 –CF_3나 –CF_2– 모양이 보이면 거의 과불화화합물이다. 세계에서 가장 규모가 큰 공공 화학물질 데이터베이스인 'PubChem'에 등재된 1억 개 이상의 화학물질 중 700만 개 이상이 과불화화합물로 분류된다.[21]

산업이나 규제 측면에서 다루어지는 과불화화합물은 1만 종 이상인데, 이들을 고유한 개별 물질로 식별하는 것도 큰 과제다. 결국 OECD가 나서서 4,700개 이상의 화학적 식별 번호(CAS 번호)로 정리했다. 그러나 여전히 생산 및 사용에 대한 정량적 정보가 부족하고, 공공 영역에서의 표준 분석법도 미비하다.[22] 대표적인 과불화화합물인 PFOA(탄소 여덟 개), PFOS(탄소 여덟 개), PFHxS(탄소 여섯 개)뿐만 아니라 테플론 생산 시 가공 보조제로 쓰였던 발암물질 PFOA를 대체한 GenX, 즉 HFPO-DA(헥사불화프로필렌옥사이드

다이머산)도 꽤 유명하다. 테플론과 같은 고분자형 과불화화합물은 종류도 많고 산업적 활용도도 높지만, 안전성 연구는 단편적으로 이루어졌고 관련 정보도 부족하다.

최근에는 일부 짧은 사슬(단쇄) 과불화화합물(탄소 다섯 개 또는 여섯 개 이하)을 규제 대상에서 제외해야 하는지가 논쟁거리다. 단쇄 과불화화합물은 PFOA와 같은 긴 사슬(장쇄) 과불화화합물의 대체 물질로 개발되었다. 이를 규제에서 제외하려는 쪽은 단쇄 과불화화합물의 생물 농축이 낮아 인체 독성이 적다는 이유를 내세우고 있다.

하지만 다른 한편에서는 규제 대상에 포함해야 한다고 주장한다. 단쇄 과불화화합물이 장쇄보다 지방에 축적되는 성질은 낮을지 몰라도, 물에 대한 용해도와 이동성은 더 높다. 이로 인해 지하수와 음용수 속에서 더 널리 확산되어 광범위한 오염을 유발한다. 독성이 적더라도 광범위하게 노출된다면 건강 영향을 무시할 수 없으므로, 관리되어야 한다는 입장이다.[23]

먹는 물부터 시작된 제각각 규제

2000년대에 들어 과불화화합물 오염이 사회적 이슈가 되자, 미국 EPA는 자국의 대규모 화학 기업들과 협력해 PFOS, PFOA, PFHxS 등 장쇄 과불화화합물을 자발적으로 없애고 대체물질로 전환하는 프로그램을 개시했다. 일본과 유럽에서도 이 흐름이 이어지며 2000년대 이후 미국, 유럽, 일본에서의 PFOS, PFOA 등의 생산량이 빠르게 감소했다. 그 자리는 GenX와 같은 다른 과불화화합물이 대체했다. 2009년에는 PFOS가 스톡홀름 협약에 따라 특정 용도로만 허용되는 제한물질로 지정되었다.[24] 그러나 PFOS의 총 생산량은 오히려 증가했다. 규제가 없는 중국 등으로 자리를 옮겨 계속 생산되었기 때문이다.[25]

2010년대 후반에 이르러 과불화화합물의 독성이 더욱 명확히 드러나고 사람을 포함한 지구 전체가 포화 상태에 이르자, 세계는 비상이 걸렸다. 국제 사회는 독성 연구가 활발히 진행된 PFOA와 PFHxS를 2019년과 2022년 각각 스톡홀름 협약에 따른 금지물질로 추가 등재해 과불화화합물 퇴출에 시동을 걸었다. 2023년 말에는 IARC가 PFOA를 종전 2B급에서 1급 인체발암물질로 재평가하고 PFOS는 2B급 발암가능물질로 분류하며 경각심을 높였다.

각종 소송과 시민들의 우려가 커진 미국과 유럽을 중심으로 과불화화합물에 대한 국가 단위의 대응이 시작되었다. 미국 EPA는 2021년 '2021-2024 과불화화합물 전략 계획'을 수립했으며,[26] 유럽연합도 '2020년 제로 오염 전략'하에 과불화화합물 오염에 대응하기 시작했다.[27] 두 지역은 과불화화합물의 주된 배출 경로인 하천, 지하수, 토양, 수생태계 등에 대한 모니터링을 대폭 강화했다.[28] 먹는 물 수질 기준, 폐수 배출 기준, 배출사업장 관리 체계와 오염지역

복구 체계 등도 속속 검토했다.[29]

무엇보다도 먹는 물 기준 설정에 있어 선제적으로 움직였다. WHO는 먹는 물에 함유된 과불화화합물의 기준을 연구 중이지만, 개별 국가들은 기준이 확정되기 전에라도 PFOS와 PFOA를 가능한 낮은 수준으로 유지하며, 수원 오염을 최소화하고 신규 오염원을 방지하는 등의 조치를 취할 것을 권고했다.[30] 최근 유럽 연합과 미국, 일본 등 주요 국가가 과불화화합물에 대한 먹는 물 기준을 설정했다. 유럽 연합과 캐나다 등은 물질군群에 대한 규제 기준을 설정한 반면, 미국·일본·호주는 유해성이 높은 2~5종의 대표 물질에 대해서 개별 기준을 설정했다. 한국과 영국 등은 종전의 권고 기준을 법적 기준으로 전환하기 위한 연구를 수행하고 있다. 먹는 물 기준 설정은 세계 여러 나라가 과불화화합물 오염에 맞서 공통적으로 대응하고 있는 분야이지만, 그 종류가 다양하고 복잡한 만큼 일관된 기준을 찾기 어렵다. 각국의 상수도 인프라 여건과 추가 처리 비용을 감안할 때, 수천 종의 물질 중 관리 대상을 선정하고 흡착이나 막여과 등 여러 고급 정수 기술로 오염도를 한 자릿수까지 낮추는 과정이 매우 도전적일 수 있다는 한계를 고려한 결과일 것이다.[31]

과불화화합물 자체를 금지하거나 제한하려는 움직임도 국가별로 다양하기는 마찬가지다. 이 방면에서는 유럽 연합이 가장 공격적인데, 1만 2천여 종에 이르는 과불화화합물 전체의 사용을 원칙적으로 금지하는 역사상 가장 광범위한 화학물질 규제를 논의 중

국가	구분	대상	PFOA	PFOS	PFHxS	PFNA	GenX	PFBS	PFBA	개정/시행
미국	물질별	5종	4	4	10*	10*	10*	–	–	2024/2031*
	물질군	4종	–	–	합산 유해지수 1 이상*			–		
유럽	물질군	20종	위 7종 포함 20종 과불화화합물의 합산 기준, 100							2020/2026
	물질군	전체	위 7종 포함 전체 과불화화합물의 합산 기준, 500							
일본	물질군	2종	50		–	–	–	–	–	2024/2026
호주	물질별	4종	200	8	30	–	–	–	1,000	2025/–
캐나다	물질군	25종	위 7종 포함 25종 과불화화합물의 합산 기준, 30							2024/–

*2025년 트럼프 행정부 출범 이후 철회된 기준이나 연기된 시기 (단위: ng/L)

주요 국가의 먹는 물 속 과불화화합물 함유 기준

이다.[32] 미국은 트럼프 2기 행정부가 시작된 이후 연방 차원의 환경 정책이 정치적 소용돌이 속에 놓여 있음에도 불구하고 과불화화합물에 대해서는 비교적 안정적인 정책 기조를 견지하고 있다. 유럽 연합의 광범위한 퇴출 전략과 달리 미국 EPA는 과불화화합물의 제조·수입 현황과 위해성 정보를 의무적으로 수집·보고하도록 해 향후 규제 기반을 마련하는 전략을 취한다.[33] 또한 절차적 문제 등을 이유로 먹는 물 기준이 일부 후퇴했음에도 불구하고,[34] 하·폐수 처리장의 방류수 기준 설정, 폐기물 관리 강화, 그리고 오염 정화에 있어 오염자 부담 원칙 등을 강조하며 오염이 우려되는 환경매체에 집중해 적극 대응하고 있다.[35] 미국 주 정부 단위에서도 과불화화합물

규제에 적극적이다. 미국 39개 주에서 350건 이상의 과불화화합물 관련 규정이 제정되었다.[36]

세계 여러 국가는 물 밑에 가라앉아 있는 수천 가지 과불화화합물의 위험을 이해하고 대응하는 데 난항을 겪고 있다. 그중 가장 큰 어려움은 바로 대체물질의 부재다. 잘 알려진 독성물질이 덜 알려진 다른 독성물질로 바뀐 대체를 '유감스러운 대체'regrettable substitution'라고 하는데, 유해성이 밝혀진 과불화화합물을 대신해 새로 도입된 과불화화합물조차도 종종 '유감스러운 대체'로 밝혀지며 완전히 다른 대안을 개발할 필요성이 커지고 있다.[37] 글로벌 기업과 과학계는 이미 '비불소 소재' 개발 경쟁에 돌입했다. 최근 한 연구는 40개 분야의 용도에 대해서는 비불소계 대체물이 확보되었다고 밝혔다. 특히 에너지, 헬스 케어, 전자 산업 등에서 실제 대체가 가능하다고 보았다. 물론 여전히 대체물질을 찾지 못한 용도가 적지 않고, 새로운 비불소계 후보 물질도 예상치 못한 위험을 유발할 가능성이 있다. 하지만 과학자들은 산업 간 협력과 지속적인 연구를 추진한다면 효과적인 대체물질을 확보할 수 있을 것이라고 낙관한다.[38]

국제 협약이나 각종 규제들이 과불화화합물의 생산, 사용 및 환경 배출을 줄이고 시장의 혁신을 유도하는 데 중요한 역할을 하지만, 본질적으로 과불화화합물의 처리 기술과 대체물질의 개발 여부가 전 세계 규제의 수준과 속도를 결정하게 될 것이다.[39]

광범위한 과불화화합물 오염은 미국과 유럽에서 환경보건 측면의 우려뿐만이 아니라 정화의 책임을 부담할 주체와 미래 세대에 대한 책임과 관련한 사회적 논란을 촉발시켰으며, 다른 국가에서도 유사한 문제의식이 확대되고 있다.

미국에서는 과불화화합물 오염으로 인한 수돗물 정화 비용과 건강 피해 보상을 둘러싼 역대급 소송이 진행 중이다. 3M, 듀폰, 케무어스 등 주요 기업이 이미 원화로 조 단위를 넘어서는 수십 억에서 수백 억 달러 규모의 합의를 체결했다. 미국 전역에서 먹는 물 오염, 방수용 의류와 같은 소비재와 연관된 과불화화합물 관련 집단소송이 급증하고 있다.[40] 미국의 법조 전문가들은 과불화화합물 소송이 과거 환경오염 관련 최대 합의금을 기록하고 다수의 기업을 문 닫게 했던 석면 소송의 규모를 넘어 곧 천문학적인 수준에 이를 것이라고 전망한다.[41]

유럽에서는 과불화화합물 오염이 환경 정의 문제로 인식되며, 독일, 벨기에, 이탈리아 등에서 지역 주민의 건강 피해와 기업 책임을 둘러싼 민사 소송과 항의 운동이 활발하게 일어나고 있다. 세계 곳곳에서 오염이 보고되었으며, 특히 군사기지와 산업단지 인근 지역에서 주민 건강 피해와 기업 책임을 둘러싼 논의가 진행 중이다. 그러나 정책 대응과 사회적 인식 수준은 국가마다 편차가 크고, 사회적 우려조차 표면화되지 않은 경우도 많다.

　유독 미국과 유럽에서 과불화화합물 오염이 하나의 '사회 현상'이라 불릴 정도로 심각하게 부각된 결정적인 계기는 과불화화합물을 보이게 만든 '과학적 조사의 힘'이었다. 미국 EPA는 2021년 '미규제 오염물질 모니터링 규정'을 통해 1만 개 이상의 공공수도 시스템에서 29개의 과불화화합물을 측정해 광범위한 오염을 확인했다.[42] 2023년, 지질조사국도 조사를 거쳐 먹는 수돗물의 45퍼센트가 하나 이상의 과불화화합물에 오염되었을 것으로 추정했다.[43] 대학과 민간단체, 주 정부가 실시한 각종 모니터링 결과도 과불화화합물 오염이 전방위적이고, 일부 지역의 오염도가 심각하다는 사실을 보여주었다.

　유럽에서는 언론계와 과학계의 협업으로 유럽 전체에 큰 반향을 불러일으킨 조사 프로젝트가 추진되었다. '영원한 오염 프로젝트Forever Pollution Project'로 명명된 이 사업은, 유럽 전역의 과불화화합물 오염 규모를 밝히는 것을 목표로 유럽 12개국의 29명의 탐사보도 기자와 7명의 과학 자문위원이 협력하고 르몽드, 가디언, NDR 등 주요 언론사가 공동 참여했다.[44] 2023년, 유럽 전역에서 약 23,000개의 오염 장소를 확인하고 2,150개의 오염 추정 지역을 지도화한 결과가 발표되는데, 이는 정부 조사보다 훨씬 광범위한 과불화화합물 오염 실태를 드러냈다. 특히 화학 공장, 공항, 소방 훈련장, 매립지 등 오염원이 집중된 지역에서는 오염 수준이 심각했다.[45]

이후 대중의 분노와 정책 논쟁이 촉발되었으며, 특히 유럽 연합 차원의 강력한 규제를 요구하는 목소리가 커졌다. 과불화화합물 노출로 인한 연간 건강 비용만 약 840억 유로에 이르고, 지금처럼 과불화화합물을 계속 사용한다면 정화 비용은 향후 20년 동안 총 2조 유로에 달할 것이라는 충격적인 결과도 도출되었다.[46] 파급 효과는 상당했다. 전문 저널리즘의 모범 사례로 평가받은 이 사업은 유럽에서 과불화화합물의 전면 금지에 대한 논의를 촉발시켰고, 프랑스, 이탈리아, 영국의 법제화에도 영향을 주었다.[47]

하지만 과불화화합물의 오염 정도가 밝혀지지 않은 나라들, 특히 개발도상국에서는 이 물질을 측정하고 관리할 수 있는 기술과 제도가 미비하고 정보도 부족해 우려의 목소리가 크지 않다.[48] 한 연구자는 과불화화합물이 하나의 오염 현상으로 인식되기까지 사회적으로 '보이지 않음-고통-체념-거부'의 독성 연속 단계를 거친다고 분석했다.[49] 지금 선진국들은 '고통'을 지나 '거부'의 단계로 가고 있지만, 다른 국가들은 '보이지 않음' 단계에 머물러 있는 듯하다. 다른 과학자는 과불화화합물의 지구적 오염을 목도하며 "개별 물질의 위험성이 완전히 입증되기 전에 '잔류성'을 조기 경고 지표로 활용했어야 했다"고 반성했다.[50] 인류는 사람과 지구를 뒤덮은 과불화화합물을 물리칠 수 있을까? 쉽지 않은 과제임에 분명하지만, 이 문제도 해결해나갈 것이라 믿는다.

**영국 히드로 공항으로 가는
지하철 안에 게시된 주방용품 광고**

"Non-toxic cookware made without forever chemicals." 유럽에서는 '영원한 화학물질'인 과불화화합물이 광고에 등장할 정도로 일반 시민들에게 잘 알려져 있다.

환경호르몬 비스페놀 A, 끝나지 않는 논쟁과 규제

규제는 보이지 않는 화학물질의 위험을
다루는 일을 더 어렵게 만든다.
아비게일 마틴 Abigail Martin 등(2016)[1]

체급이 다른 유해성 물질의 등장

한국에서 환경과 관련한 기사가 신문이나 방송의 머리를 장식하는 일은 손에 꼽을 정도다. 그러한 일이 1998년에 일어났다. 인체 호르몬을 모방하거나 방해해 진짜 호르몬을 헷갈리게 만드는 몸 밖의 가짜 호르몬, 바로 '환경호르몬'이 그 주인공이었다. 그 전해인 1997년에 발간된 《도둑맞은 미래》는 악어, 새, 물고기 등 야생동물에서 생식 이상이 발견되었고, 인간도 정자 수 감소와 암 발생 등의 영향을 받고 있다고 주장해 충격을 주었다. 당시 환경호르몬의 등장은 엄청난 파장을 몰고 왔다. 그전까지 가장 공포스러운 독성물질은 극미량으로 사망에 이르는 '맹독성물질'이나 '발암물질'이었다. 새로이 떠오른 환경호르몬은 이런 묵직한 독성은 아니지만, 호르몬이 관장하는 생식이나 성장과 같은 생체 기능 전반을 교란시킨다. 국내 연안의 고둥에서 암수가 바뀌는 임포섹스[imposex] 현상이 나타났다고 하니 사람에게서도 나타날 수 있다는 공포감도 컸다. 언론은 앞다투어 일상생활과 환경 곳곳에서 환경호르몬이 검출되었다는 소식을 전했다. 컵라면 용기, 젖병, 식기, 장판 등 각종 생활용품뿐만 아니라 물, 토양, 대기 등의 환경매체까지 소재를 바꿔가며 다양한 종류의 환경호르몬 물질이 검출되었다는 기사가 쏟아졌다. 화학물질 관리 판에 경량급의 핵펀치 선수가 나타난 셈이었다.

환경호르몬은 당시 선진국에게도 새로운 과제였다. 이에 대응하기 위해 빠르게 독성 연구와 시험법 개발을 진행하고 환경과 일상 중 관련 화학물질의 모니터링을 강화했다.[2] 한국 정부도 국민의 강한 우려와 들끓는 여론에 서둘러 환경호르몬 연구 예산을 확보하고 전국 단위의 모니터링에 착수했다. 갓 OECD 회원국이 된 이점을 살려 선진국의 동향에 보조를 맞추어 국내 대책을 점검해나갔다.

당시 세계야생기금[WWF]의 환경호르몬 의심 물질 67종은 우선적인 관심 물질이었다. 그중 사용 범위가 넓고 생산량이 압도적인 비스페놀 A가 주목받았다. 비스페놀 A는 폴리카보네이트와 에폭시 수지의 원료다. 고성능 투명 플라스틱인 폴리카보네이트는 유리보다 약 200배 강하면서도 가볍고 투명해 식품 용기, 젖병, 음료 포장재, 전자제품, 깨지지 않는 창문, 안경, 휴대폰 케이스 등 다양한 제품에 활용된다. 에폭시 수지는 일부 금속 식품 캔이나 병 뚜껑, 수도관 내부의 코팅제로 사용된다.[3] 비스페놀 A가 생활과 산업에 영향이 큰 물질인 만큼 소비자, 산업계, 정부 모두 그 독성에 촉각을 곤두세울 수밖에 없었다.

자금 출처에 따라 달라지는 연구 결과

비스페놀 A가 체내에서 여성호르몬인 에스트로겐을 흉내 내어 건강에 피해를 준다는 우려가 커지자, 정부 기관뿐만 아니라 화학 산업계도 독성 연구에 나섰다. 2000년대 이후 엄청난 양의 관련 학술 논문과 시험 결과가 쏟아졌다. 신기하게도 연구가 많아질수록 결과들은 수렴되지 않고 흩어졌다. 실제로 상반된다고 평가받을 정도로 간극이 컸다. 가장 두드러진 차이는 낮은 용량의 비스페놀 A에 노출되었을 때 나타나는 독성이었다. 일부 연구는 사람에 미치는 영향은 낮다고 보았지만, 다른 연구는 '저용량 노출'에서 호르몬 교란이나 신경계 영향 등을 유발해 독성이 오히려 커진다고 보았다.[4] 이러한 평가는 '독성물질에 많이 노출될수록 더 위험하다'는 직관에 반하는 것이어서 더욱 논쟁적이었다.

과학자들은 비스페놀 A에 대한 다양한 연구 결과에서 유의미한 경향성을 포착했다. 다름 아닌 연구비의 출처에 따른 차이였는

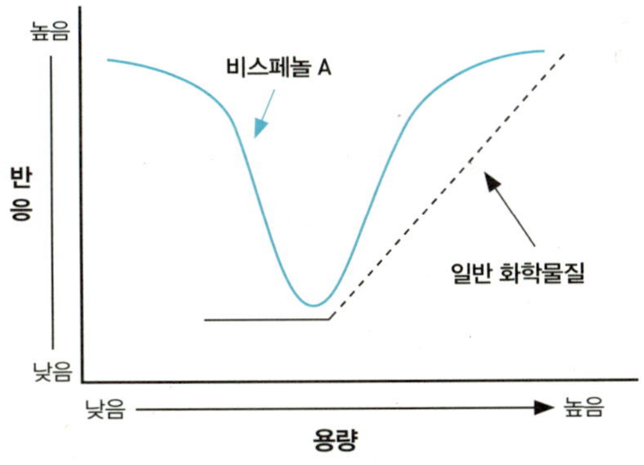

저용량 노출에서 독성이 커진다는 가설에 따른 비스페놀 A의 용량–반응 곡선
이 곡선에 따른 독성 반응이 사실이라면 일반 화학물질과 달리 독성이 나타나지 않는 용량이 없어 우려스럽다.

데, 산업계의 지원을 받는 연구에서 저용량 노출의 위험이 낮게 나타났다. 이는 산업계 연구가 기업에 유리하도록 편향되었다는 의심을 불러왔다. 한 연구진이 2004년까지 수행된 총 115개의 비스페놀 A의 저용량 독성 연구 결과를 분석해보니, 정부 지원 연구의 90퍼센트는 저용량에서 유의미한 영향이 확인되었지만, 산업계 연구에서는 그러한 효과가 단 한 건도 발견되지 않았다. 연구자들은 산업계 연구의 상당수는 시험 설계와 해석, 특히 연구에 사용된 동물 모델의 선택이 편향적이라고 지적했다. 기업 후원 연구들은 여성호르몬에 둔감한 일반 실험용 쥐를 사용해 시험을 했지만, 공공 후원 연구들은 다른 민감한 생쥐로 실험동물을 바꾸어 제대로 결과를 냈다는 것이다.[5] 비스페놀 A 유해성 연구의 '산업 지원 편향'은 과학계의 뜨거운 쟁점이 되었다.

화학물질 안전성 연구의 '산업 지원 편향' 논쟁은 저명한 학술지의 지면에서도 벌어졌다. 산업계와 연계된 연구자들이 연구비의 출처와 무관하게 과학적 연구의 신뢰성 확보를 위한 평가 기준으로 공감대가 형성되고 있다고 하자,[6] 공공 지원을 받는 연구자들은 '산업계 지원'이 연구 신뢰를 저해하는 가장 큰 원인이라고 공격했다.[7] 다른 독립 전문가는 민간단체나 정부가 지원한 연구도 편향으로부터 자유롭지 않다며, 모든 형태의 자금 지원이 잠재적인 편향을 낳을 수 있다고 지적했다.[8] 이에 대해 산업계 관련 연구자들이 반박하는 등 격한 논쟁이 이어졌다.[9] 미국의 한 언론인은 '비스페놀 A, 나쁜 평판에도 여전히 답이 없다'라는 제목의 기사에서 내분비학자와 독성학자 들이 서로의 연구 방법과 관행에 대해 동의하지 못하고 있는 상황을 관찰하며, 이 논란의 한 원인을 전문 영역 간의 장벽이라 보기도 했다.[10]

비스페놀 A의 유해성을 둘러싼 논쟁은 잠복되어 있던 과학의 편향성과 학문 간의 장벽, 그리고 그것을 둘러싼 시험자료의 품질을 관리하는 제도의 문제를 한꺼번에 수면 위로 끌어올렸다. 가장 큰 쟁점이 된 부분은 규제 조치를 결정할 때 활용할 안전성 자료의 '품질' 논쟁이었다. 산업계는 규제 기관이 '우수 실험실 기준GLP'에 따라 품질이 담보된 시험 자료만 활용하고, 비GLP 자료는 무시해야 한다고 주장했다. 그간 저용량 비스페놀 A의 독성이 확인된 연구는 대부분 독립 연구자들이 수행한 비GLP 연구였다. 독립 연구자들은 이를 학술지 등재 과정에서 강력한 '동료 검토peer review'라는 다른 품질 기준을 충족하는 선구적 연구들을 폄훼하는 처사라고 비판하며, 진전된 과학적 연구 결과를 적극적으로 규제 결정의 증거로 활용해야 한다고 주장했다.[11]

우수 실험실 기준은 어떻게 화학물질 관리 제도의 한 축이 되었나?

GLP(Good Laboratory Practice)는 독성 시험과 같은 비임상 시험의 품질과 타당성을 보장하기 위한 운영 기준으로 화학물질, 의약품, 농약 등의 안전성 평가를 위한 시험자료의 생산에 활용된다. 1970년대 수천 건의 독성 시험을 수행하던 미국의 대형 실험실이 자료 조작과 기록 누락 등 심각한 연구 부정 행위를 자행한 것이 문제가 된 이후 제도화되었다.[12]

　GLP를 도입하면, 안전성 시험의 계획부터 수행, 모니터링, 기록, 보관, 보고되는 과정과 조건에 대한 품질 관리를 해야 하고, 그에 대한 외부 감사도 받는다. OECD는 GLP 기준을 준수해 표준화된 시험법에 따라 생산된 안전성 시험 결과를 국가 간 상호인정하도록 해 국가별 시험 부담을 줄이고 화학물질의 국제 교역을 원활하게 했다.[13] 한국은 OECD에 가입한 이후인 1990년대 후반부터 이를 화학물질 관리 제도에 공식적으로 도입했다.

동일한 규제 뒤의
상이한 규제 논리

2010년대에 들어 비스페놀 A의 면역 독성, 신경·발달 독성 등도 확인되었다. 특히 비스페놀 A가 사람의 몸속에서 광범위하게 검출되기 시작하면서 사회적 우려가 커졌고, 주요 노출 경로인 식품 용기와 포장재에 대한 규제를 요구하는 목소리가 커졌다. 반면, 플라스틱 산업계는 비스페놀 A는 오랫동안 안전하게 사용되어 왔으며, 환경호르몬에 대한 공포가 과장되었다고 주장했다. 대체물질의 안전성이 충분히 검증되지 않은 상황에서 규제를 강화하면 오히려 더 위험할 수 있다는 우려도 제기했다.[14]

유럽 연합은 2006부터 2010년까지 세 차례에 걸친 과학적 평가를 통해 비스페놀 A 노출 수준이 문제가 없다는 사실을 확인했음에도 불구하고[15] 2011년 유아용 젖병에 비스페놀 A 사용을 금지했다. 같은 해 한국도 이 흐름에 동참했다. 당시 비스페놀 A가 뇌 발달, 행동 변화, 호르몬 교란 등 영유아에게 위험할 수 있다는 연구 결과가 제시되면서 시민들의 우려가 커졌고, 취약한 영유아의 건강을 보호하기 위해 사전주의 원칙을 발동한 것이다.[16]

미국 FDA도 유럽 연합과 마찬가지로 2008년 GLP 연구에 근거해 "비스페놀 A가 저용량 노출에서 유해성이 없고 현재 노출 수준은 안전하다"는 평가 결과를 발표했다. 이를 근거로 FDA가 비스페놀 A 규제에 소극적으로 나서자, 2010년 환경단체는 FDA를 상대로 식품 포장에서 비스페놀 A를 규제하도록 소송을 제기했다.[17] 법원의 중재로 규제 결정을 하기로 합의한 마감일이 지나도 입장이 없던 FDA가, 놀랍게도 2012년 7월 영유아용 젖병과 빨대컵에서 비스페놀 A를 금지하는 규정을 발표했다. 하지만 FDA가 이 결정을 내린 이유는 다른 나라와 달랐다. 영유아의 건강 보호를 위해서가 아니라 대부분의 제조업체가 이미 젖병 등에서 비스페놀 A의 사용을 중단했으니 그러한 시장 상황을 반영해달라는 청원을 수용해 규정을 바꾼 것이었다. 결국 FDA는 기존의 논리에서 한 발도 움직이지 않았다.[18]

GLP 연구를 우선시하는 FDA의 관행을 비판하는 시민단체와 일부 전문가들의 지적이 계속되자,[19] 미국 정부는 2012년 연방 정부와 학계가 협력하는 관·학 공동 연구 사업에 착수했다. 이 사업은 GLP 기준에 따른 '핵심 연구'와 대학 연구자들이 다양한 평가 항목을 실험하는 '수혜자 연구'로 구성되었다.[20] 한편에서는 정부가 이미 안전하다고 결론 내린 비스페놀 A라는 물질 하나에 과도한 연구비를 투자하는 것이 옳은지에 대한 비판도 있었다. 정부가 공포를 조장하는 활동가들의 주장에 과잉 대응하고 있다고 힐난하는 이도 있었다.[21]

독성 알파벳 스프가 된 대체물질들

비스페놀 A에 대한 긴 과학적 논쟁은 소비자들을 불안하게 했다. 특히 낮은 용량에서도 건강에 영향을 미칠 수 있다는 주장이 나오자 시장이 먼저 움직였다. 유아용 젖병과 컵에 대한 규제 전후로 기업들은 비스페놀 S와 비스페놀 F 등 대체물질을 내놓기 시작했다. 과학자들은 후속 연구를 통해 이 대체물질들도 비스페놀 A와 유사한 내분비계 교란 효과를 일으킨다는 사실을 확인했다.[22] 비스페놀 S는 환경에서 분해되기 어려워 지속성이 더 높고 체내에 더 오래 잔류할 수 있다는 연구 결과도 나왔다.[23] 대체물질이 그 목적을 달성하지 못한 셈이었다.

비스페놀 A와 유사한 화학 구조를 가진 대체물질은 원물질과 비슷한 독성을 나타냈다. 그야말로 늑대를 피하려다 또 다른 늑대를 만난 격이었다. 급성 독성과 발암성을 갖는 디클로로메탄의 대체물질인 n-헥산은 신경독성을 나타내는데, 이는 늑대를 피하려다 멧돼지를 만난 격이라고 할 수 있다. 환경호르몬인 프탈레이트 가소제 DEHP나 발암물질인 브롬화 난연제 PBDE를 대체한 일부 물질도 비슷한 문제가 있다고 알려져 있다.[24]

민간단체들은 '비스페놀 A-free'라는 홍보 문구의 실체는 안전한 대체물질의 사용이 아니라 알파벳만 바꿔 붙인 비슷하게 위험한 다른 물질의 사용을 의미한다고 주장한다. 동시에 비스페놀 A와 그 대체물질들을 '독성 알파벳 스프'로 부르며, 비스페놀류를 개별 물질이 아닌 물질군으로 규제해야 한다고 강조한다.[25] '유감스러운 대체'는 화학 위험을 줄이려는 노력을 무위로 돌려놓는 심각한 문제다. 원물질의 독성뿐만 아니라 대체물질의 독성도 살피는 엄밀한 과학적 과정이 필요하다.

달라진 해석, 더 벌어지는 규제

아기 젖병과 일부 유아용품에 비스페놀 A 사용을 금지한 이후, 다른 식품용기나 포장 등 식품에 직접 닿는 용도도 금지해야 하는지에 대한 논쟁이 지속되었고, 관련 연구도 계속되었다. 2018년, 미국과 유럽에서 비스페놀 A 규제에 대한 입장이 각각 다시 발표되었다. 미국에서는 2018년 마무리된 관·학 공동 연구 사업의 핵심 연구 결과가 '일반적인 노출 수준보다 훨씬 많이 노출되어도 비스페놀 A로 인한 유의미한 부작용이 관찰되지 않았다'로 나오며 안전성을 재확인했고,[26] FDA는 이를 지지해 종전의 규제를 그대로 유지했다. 이와 달리, 유럽에서는 유럽 연합의 과학 자문 기구인 유럽식품안전기구EFSA가 비스페놀 A의 노출에 따른 건강 위험이 낮은 수준이라고 판단했지만,[27] 정책 결정 기구인 유럽 연합 집행위원회EC는 식품 포장재에서 식품으로 묻어나는 현상 등을 확인하고는 다시 사전주의 원칙을 발동했다. EC는 2018년 비스페놀 A 금지 대상 제품을 3세 이하 어린이를 위한 플라스틱 컵과 병까지 확대하고 식품 접촉 물질의 비스페놀 A 용출 기준도 신설하는 선제 조치를 취했다.[28]

이후 비스페놀 A의 독성 연구가 심화되었다. 체내에서 비스페놀 A가 검출되는 인구가 증가하면서 장기적인 건강 영향에 대한 경각심이 더욱 높아졌다. EFSA는 2023년 4월 비스페놀 A에 대한 새로운 위해성 평가 결과를 발표했다. 저용량에 노출될 때 발생할 수 있는 유해성을 감안해 일일허용섭취량TDI을 1킬로그램 당 4천 나노그램에서 0.2나노그램으로 낮추어 무려 2만 배나 강화했다. 전통적인 GLP 기반의 시험자료뿐만 아니라 새로운 연구 결과를 종합적으로 평가한 결과였다. 독일의 전문 기구 등 일부의 반대에도 불구하고, EFSA는 민감 계층의 건강 보호를 위해 파격적인 의사 결정을 감행한 것이다.[29]

이 결과를 바탕으로 2024년 12월 유럽 연합은 식품 접촉 물질에 비스페놀 A 사용을 포괄적으로 금지하는 규정을 채택했다. 이제 유럽 연합에서는 비스페놀 A를 금속캔의 코팅, 재사용 가능한 플라스틱 음료병, 급수기, 기타 주방용품 등 음식이나 음료와 접촉하는 제품에서 사용할 수 없게 된다. EC의 담당 집행위원은 이번 조치가 이전의 규제와 달리 사전주의 원칙이 아니라 '확고한 과학적 자문solid scientific advice'에 근거한 조치이며, 음식과 음료에 접촉할 수 있는 유해 화학물질로부터 소비자를 보호할 것이라고 강조했다.[30]

미국과 유럽 연합의 비스페놀 A 안전성 평가와 규제 연혁

비스페놀 A를 규제를 놓고 뛰는 유럽과 지켜보는 미국의 모습이 극적으로 대비된다.

유럽 연합의 전격적인 규제 조치와 달리, 미국은 최신 과학에 근거할 때 비스페놀 A의 현재 유출 수준이 안전하다는 해석을 견지하고 있다. 위험 관리에 있어 미국과 유럽이 보인 차이는 외견상 서로 다른 규제 철학에 기인한다. 하지만 비스페놀 A 산업 규모 등 산업적·경제적 여건과 함께 시민들의 우려와 정치적 상황 등이 복합적인 영향을 미쳤을 것이다. 덴마크와 스웨덴 등 북유럽 국가가 비스페놀 A 규제를 쉽게 결정할 수 있었던 이유는 그 규제가 자국 산업에 큰 영향을 주지 않았기 때문이라는 분석도 있다.

비스페놀 A의 저용량 노출이 인체에 미치는 영향은 여전히 논쟁 중이다. 행정 당국은 과학이 완벽한 답을 못하는 상황에서도 어떠한 결정이든 내려야 하는 어려움에 직면하곤 한다. 동일한 과학적 사실 앞에서 대서양을 사이에 두고 크게 달라진 규제의 모습은 세계적으로 상당한 혼란을 야기할 듯하다. 지금은 어느 쪽이 정답인지

알 수 없지만, 불확실성 속에서 이루어진 각 국가의 의사 결정이 과도한 금지나 위험 대응 지연으로 이어지고, 그 결과 산업계와 소비자 모두 혼란을 겪을 수 있다. 특히 국가 간 규제의 불일치는 국제 무역과 기업의 규제 준수를 어렵게 하고, 규제를 지키려 서두르다가 급하게 도입한 대체물질의 위험을 놓칠 우려도 있다.

풋내기 공직자로서 처음 접했던 1998년의 환경호르몬 이슈는 과학, 행정, 정치, 각 나라와 기업이 처한 경제적·산업적 이해관계, 그리고 무엇보다도 언론의 관심과 국민의 우려가 혼재된 고차 방정식이었다. 종종 정부 정책에 대한 억측과 오해를 해명하느라 진땀을 뺐던 기억도 있다. 시간이 지나고 나서 이러한 일이 한국만의 특수한 상황이 아니라는 것을 깨달았다. 비스페놀 A의 위험성 논쟁은 모든 국가에게 큰 정책적 고민을 안기는 동시에 우리가 믿었던 과학의 명쾌함과 간명함에 의문을 던졌다.

버려진 플라스틱,
미세한 조각들이 일으킨 파장

플라스틱은 결코 완전히 사라지지 않는다.
단지 더 작고 작게 조각나며
우리의 환경을 오염시킨다.

코끼리를 구한 플라스틱

"환경을 위해 플라스틱을 줄여요." 주변에서 쉽게 볼 수 있는 환경 캠페인 문구다. 텀블러 쓰기와 분리 배출로 대표되는 폐기물 저감 노력은 한국인에게 가장 익숙한 환경 보호 실천법이다. 바다거북 코에 플라스틱 빨대가 끼어 신음하는 모습을 보거나 큰 물고기의 위장에 가득 들어 있는 플라스틱 쓰레기들을 보며 그 해악에 경악하기도 한다.

역설적이게도 플라스틱의 등장은 야생생물 보호에 일조했다. 19세기 중반 피아노 건반이나 당구공, 액세서리와 가구 등을 만들 때, 밀렵 코끼리의 상아나 거북 등껍질, 나무 벌레가 만들어내는 셀

락과 같은 천연 소재를 사용했다. 산업화 이후 이 물질에 대한 수요는 증가했지만 희귀한 천연 재료를 구하기는 힘들었다. 1907년, 최초의 완전 합성 플라스틱인 베이클라이트bakelite가 개발되었는데, 내구성이 뛰어나고 열에 강해 전기 절연체, 전화기, 주방용품 등에 이상적인 소재였다. 새로운 소재인 플라스틱이 천연 소재의 자리를 대체하면서 사람들은 저렴한 가격에 튼튼한 제품을 구할 수 있게 되었고, 그 결과 야생동물 밀렵 수요가 크게 줄었다.[1]

플라스틱으로 인한 환경 문제는 20세기 화학 산업의 혁신이 일어나고 제2차 세계대전 종전 이후 플라스틱이 생활용품 전반으로 그 쓰임새를 확장하면서 본격화되었다. 플라스틱의 화학적 특성은 놀랍도록 유용하고 오래가는 제품을 만들어냈다. 현재는 25종 이상의 다양한 플라스틱 재료와 약 8천 개에 달하는 등급의 다양한 플라스틱이 무수히 많은 플라스틱 제품 생산에 사용되고 있다.[2] 플라스틱은 사용 후 땅에 매립해도 썩지 않아 폐기할 때 골치 아픈 환경 문제를 야기했다. 특히 종이나 유리, 금속으로 만들어지던 식음료 용기와 각종 포장재가 플라스틱 포장이나 페트병으로 바뀌면서 플라스틱 쓰레기가 폭증했다. 저렴하고 편리한 플라스틱 포장재와 가볍고 내구성 있는 용기의 대량생산은 한 번 사용하고 버리는 일회용 문화로 이어졌다.[3]

오늘날 전 세계가 사용하고 버리는 페트병만 매년 5천억 개다. UNEP에 따르면 전 세계에서 1분마다 100만 개 이상의 플라스틱병이 구매되고 매년 최대 5조 개의 플라스틱 봉투가 사용된다. 생산되는 플라스틱의 절반 이상이 일회용으로 설계되어 한 번만 사용된 후 버려진다. 한때 야생동물 밀렵을 막은, 환경에 도움을 준 플라스틱이 한 번 쓰고 버려지는 방식으로 그 쓰임새를 확장하며 환경오염의 주범으로 전락했다.[4] 2019년, 연간 세계 플라스틱 생산량은 4억 6천만 톤에 이르고 그중 9퍼센트만이 재활용된다. 생산된 플라스틱의 약 36퍼센트가 일회용 식음료 용기를 포함한 포장용으로 사용되며, 이 중 85퍼센트는 매립되거나 미관리 폐기물로 방치된다. 인류는 지난 100여 년 간 환경에 플라스틱을 마구 던져왔고, 지금도 그렇게 하고 있다.[5]

100년간 버려진 플라스틱은 어디 숨었나?

매립되거나 방치된 폐기물은 지구를 떠돈다. 도심을 끼고 있는 강과 하천들은 방치된 플라스틱 폐기물을 육지에서 바다로 실어오는 주된 통로다. 전 세계 약 천 개의 하천이 전체 플라스틱 폐기물의 80퍼센트를 바다로 실어온다. 사람이 제품을 사용하는 과정에서도 플라스틱은 짓눌리고 찢기고 마모된다. 세탁 과정 등에서 합성 섬유로부터 마모된 미세한 입자가 배출된다. 인위적으로 미세 플라스틱을 만들어 생활용품이나 산업용으로 사용하기도 하는데, 이 미세 플

라스틱은 가정이나 공장의 하폐수를 통해 환경으로 배출된다.[6]

태평양 한가운데에 제7대륙이라 불리는 플라스틱 섬, GPGP
Great Pacific Garbage Patch가 있다. 넓이가 한국의 16배나 되지만 지금도 플
라스틱이 모여들면서 커지고 있다.[7] 페트병 뗏목처럼 이 섬에 오를
수 있을 것이라고 생각하면 오산이다. 플라스틱은 물질 자체는 난분
해성이지만, 햇빛과 물, 자연과의 여러 상호작용을 통해 이동하고
찢기고 마모된다. 이 과정을 거쳐 아주 작은, 미세한 플라스틱 입자
가 되기도 한다. 성분도 모양도 배출원도 다른 온갖 플라스틱 쓰레
기가 찢기고 흐물거리며 바닷물 속과 수면에 교묘하게 퍼져 있는 형
태가 1997년 처음 육안으로 확인된 세계 최대 플라스틱 섬이다.[8]

2004년, 《사이언스Science》에 〈바다에서 사라진 플라스틱, 모두
어디에 있나?〉라는 제목의 논문이 발표되었다. 연구진들은 바닷물
과 그 아래 퇴적물에서 많은 미세 플라스틱 조각과 섬유를 확인했
다. 섬유, 포장재, 어구 등 큰 플라스틱 제품이 분해되며 미세 플라스
틱이 생성된다는 사실, 그리고 각종 포장과 용기, 합성 섬유의 주 원
료인 폴리에틸렌, 폴리프로필렌, 폴리에스터, 나일론 등이 그 성분
이라는 점도 확인했다. 특히 바다 플랑크톤 속 미세 플라스틱의 양
이 1960년 이후 시간이 경과함에 따라 유의미하게 증가하고 있었
다.[9]

이 연구 이후 대기, 하천, 토양, 생태계 등 모든 환경매체와 사람
의 몸속에서 미세 플라스틱을 조사하는 연구가 쏟아졌다. 과학자들

　　　　　　　　　　　　　　　　　　　　　　　대오염의 시대

은 남극에서 북극까지, 그리고 에베레스트산 정상부터 마리아나 해구까지 지구의 온갖 장소에서 미세 플라스틱을 발견했다.[10] 보호 지역과 오염원이 없는 지역의 공기에도 미세 플라스틱이 떠다니고 미세 플라스틱이 들어간 비가 내린다.[11] 미세 플라스틱은 토양, 하천, 바다, 대기 사이를 계속 순환한다. 땅에 있는 미세 플라스틱은 바람의 힘으로 공기 중으로 다시 떠오르기도 한다.

최근 한 연구는 미국 서부 상공에 떠다니는 1,000톤이 넘는 미세 플라스틱이 전혀 상상하지 못한 곳에서 나온다는 사실을 확인했다. 많은 부분이 고속도로와 농업 부문에서 발생했다. 특히 타이어 마모가 가장 큰 배출원이었다. 미세 플라스틱은 완전히 사라지지 않고 지구를 끊임없이 순환하기 때문에, 어디에서 왔는지를 추적하기란 거의 불가능하다.[12]

일본 연구진은 해발 고도 1,300~3,700미터에 이르는 후지산 정상의 구름 수증기에서 9종의 미세 플라스틱을 확인했다. 보통 플라스틱은 물을 밀어내는 성질이 있지만 자외선 노출과 환경 풍화를 거친 미세 플라스틱은 친수성으로 바뀌어 있었다. 이는 미세 플라스틱이 단순히 구름에 섞여 있는 것이 아니라 구름 형성에 관여할 수도 있다는 점을 시사한다. 연구진은 높은 산 정상처럼 먼지나 에어로졸이 적은 청정 지역에서는 친수성 미세 플라스틱이 구름 형성을 촉진해 국지적인 폭우와 같은 기상에 영향을 줄 수도 있다고 추정했다.[13]

플라스틱과 그 부산물인 미세 플라스틱도 대기와 물의 흐름을 따라 전 세계로 이동한다. 1950년대 이후 인류의 플라스틱 누적 생산량은 90억 톤이 넘는다.[14] 이 중 방치된 수많은 플라스틱은 지금도 지구 어딘가에서 자외선과 열, 해류와 바람, 미생물의 힘으로 100여 년에 걸쳐 서서히 작게 쪼개지고 분해되면서 전 지구를 떠돌고 있을 것이다. 대서양에서 플라스틱 조각이 처음 발견되었던 1970년대부터 50여 년이 더 지난 지금, 인류는 플라스틱 비를 맞고 플라스틱 공기를 마시며 살고 있다.

거북이로 유명세를 탄 플라스틱 오염

플라스틱 오염이 생태계에 위협을 끼친다는 인식이 확산된 계기는 2015년 한 해양 생물학자가 촬영한 바다거북 영상이었다. 이 영상에는 코에 박힌 플라스틱 빨대를 제거하며 고통스러워 하는 바다거북의 모습이 담겨 있는데, 많은 사람에게 충격을 주고 공감을 불러 일으켰다. 이후 플라스틱 빨대 사용을 경고하는 SNS 운동이 퍼졌고, 기업의 플라스틱 빨대 퇴출 운동에 영향을 주었다. 최근까지도 플라스틱 빨대가 코에 꽂힌 거북 이미지는 플라스틱 위협의 상징으로 쓰인다.

환경 중 플라스틱 연구가 촉발된 지 20년이 지난 2024년, 《사이언스》에 지난 20년 동안 쏟아진 약 7천 건의 미세 플라스틱에 대한 연구 결과를 종합한 논문이 발표되었다. 미세 플라스틱은 기존의 큰 플라스틱 제품이 잘게 쪼개져 생기는 것 이외에도 타이어, 화장품, 페인트 등 다양한 곳에서 발생했다. 무엇보다도 어류, 포유류, 조류, 곤충 등 전 세계 1,300개 이상의 동물종에서 미세 플라스틱이 검출되었고, 이 입자들이 장폐색을 유발하거나 독성물질을 방출하고 생물학적 기능을 교란할 수 있다고 밝혀졌다. 사람의 몸속에서도 미세 플라스틱이 검출되었다.[15]

과학자들은 정도의 차이는 있지만 지구상의 모든 생물이 미세 플라스틱에 노출되어 있다고 본다. 사람의 혈액과 장기에서도 미세 플라스틱이 검출되자, 독성학자와 보건학자의 관심이 집중되었다. 미세 플라스틱은 생태계의 먹이사슬에 침투한 데 이어, 사람의 혈액, 타액, 폐 조직, 태반, 신생아의 태변, 모유에서까지 검출되며 장기적인 건강 피해에 대한 추가 연구가 필요한 상황이었다. 더 작은 크기의 나노 플라스틱nanoplastics은 세포 안까지 침투할 수 있고, 유해물질이 뇌로 침투하는 것을 막는 인체의 보호 기작인 뇌혈관장벽까지 통과할 가능성도 있어 우려를 자아냈다.[16]

일부 독성학자들은 미세 플라스틱이 심각한 건강 문제와 관련될 수 있다고 경고한다. 세포 단위에서 산화적 손상, DNA 손상, 유전자 발현 변화를 유발할 수 있고, 일부 쥐 실험에서는 정자 수 감소와 같은 생식계통에 미치는 영향이 확인되었다.[17] 한 연구는 기후 변화로 악화되는 플라스틱 오염에 주목했다. 온도 상승과 이상 기후로 플라스틱이 더 빨리 잘게 부서져 미세 플라스틱이 되고, 이들이 쉽게 퍼지며 독성이 강해진다. 이렇게 만들어진 미세 플라스틱이 유해물질을 몸속 깊숙이 전달하는 '트로이의 목마' 역할을 할 수도 있다는 것이다.[18] 일각에서는 플라스틱 소재 자체보다는 거기에 첨가되는 수많은 화학물질의 위험성에 더 주목하기도 한다.[19]

현재까지의 연구 결과를 토대로 미세 플라스틱이 사람에게 특정한 질환이나 건강 피해를 유발한다고 결론짓기는 어렵다. 하지만 인류가 플라스틱을 줄이려는 획기적인 노력을 하지 않는 한, 사람 몸속의 미세 플라스틱 농도가 점점 증가하리라는 점은 명확하다. 많은 연구자는 플라스틱 오염이 단순히 폐기물이나 해양오염의 문제를 넘어서 모든 환경과 관련된 당면한 인류의 현안이며, 사람과 생명체의 건강과도 관련된 과제라고 강조한다.

플라스틱 첨가제가 불러온 갈등

플라스틱 제조 과정에서는 제품의 성능, 유연성, 내구성, 안전성 등을 높이기 위해 다양한 화학 첨가제가 사용된다. 가소제, 안정제, 난연제 등으로 불리는 이들 중 상당수는 사람의 건강과 환경에 심각한 영향을 미쳐 논란이 되어왔다.[20]

프탈레이트는 가장 널리 사용되는 첨가제다. 딱딱한 플라스틱

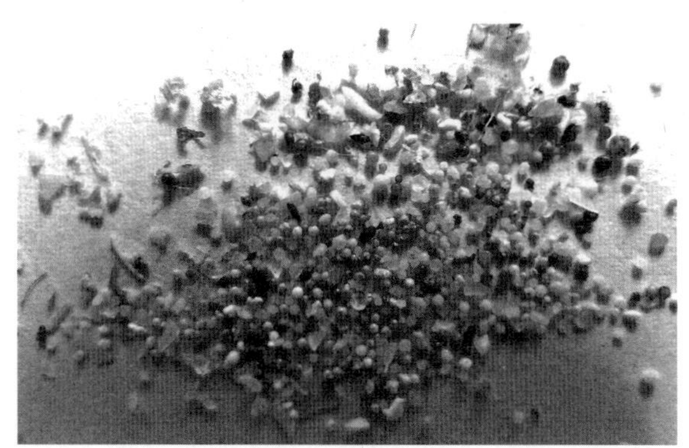

출처: "microplastics" © Oregon State University, CC BY—SA 2.0
(Flickr. https://www.flickr.com/photos/oregonstateuniversity/21282786668)

미세 플라스틱

미세 플라스틱은 지름이 1μm~5mm인 플라스틱 입자다. 지름이 1μm 미만인 더 작은 입자는 나노 플라스틱이라고 부른다. 유기물이 자연에 존재하는 무해한 물질로 '생분해'되는 반면, 플라스틱은 작은 플라스틱으로 쪼개지며 '분해'된다. 환경 속에서 미세 플라스틱을 찾아내는 연구자들은 "건초 더미 속에서 바늘을 찾으려 하는데, 그 바늘이 건초처럼 생겼다"며 연구의 어려움을 설명한다. 섞여 있는 작은 입자들 사이에서 흙이나 모래, 동식물들의 작은 파편과 미세 플라스틱을 구분하는 것은 무척 어려울 듯하다.[21]

소재를 부드럽고 유연하게 만들기 위해 장난감, 의료용 튜브, 식품 포장재 등에 흔히 사용된다. 이 물질의 맹점은 플라스틱 구조에 화학적으로 결합되지 않아 환경이나 인체에 쉽게 누출될 가능성이 있다는 점이다.[22] 프탈레이트 노출은 내분비계 장애, 생식 기능 저하, 아동 발달 문제와 관련이 있다고 알려져 있으며, 유럽, 미국, 한국 등 여러 국가는 어린이 장난감 등 일부 제품에 프탈레이트 사용을 금지하거나 용출 기준을 정해 관리하고 있다.[23]

플라스틱 첨가제가 쟁점이 되는 또 다른 분야는 순환 경제와의 상충이다. 주로 독성이 강한 첨가제가 일으키는 충돌인데, 대표적인 사례가 브롬화 난연제다. 난연제는 전자 제품이나 합성 섬유 등 각종 플라스틱 제품의 화재 안전 기준을 충족하기 위해 첨가된다. 대표적인 브롬화 난연제인 데카브로모디페닐에터DecaBDE는 잔류성, 축적성, 건강 위험으로 인해 2019년 스톡홀름 협약에 따라 일부 용도를 제외하고는 사용이 금지되었다. 그 후 이 물질과 관련한 위험 논쟁은 순환 경제 정책으로 번졌다. 국제적 금지물질인 난연제가 첨가된 플라스틱의 재활용을 허용해도 되는지가 핵심 쟁점이었다. 민간단체들은 순환 경제로의 전환은 환영하지만, 그것이 사람의 건강과 환경을 희생시키지 않는 방식으로 진행되어야 한다는 입장을 취하고 있다.[24]

유럽에서는 그간 유통되었던 DecaBDE의 절반 정도가 플라스틱 제품에 첨가되어 왔는데, 이들을 모두 가려내 재활용을 금지하는 일은 경제적·행정적으로 상당한 부담이었다. 특히 재활용이 가능한 플라스틱을 모두 소각하거나 매립하는 것이 과연 환경적으로 더 유리한지에 대한 논쟁도 벌어졌다.[25] 유럽 연합은 고민 끝에 난연제 성분이 포함된 플라스틱의 재활용을 금지하는 대신, 최종 재활용 제품 중 난연제 함량 기준을 설정하는 절충안을 마련했다.[26]

미국에서는 이 논란이 여전히 진행 중이다. 미국 EPA도 유럽처럼 재활용 활동 전반을 이 물질의 금지 범위로 고려하지 않았다. 재활용 제품에 독성 난연제가 포함되어 있어도 그 농도가 낮고, 이를 금지하려면 고가의 시험과 수작업 분리가 필요해 현실적으로 어렵다고 판단했기 때문이다. 현재 유통되는 플라스틱 중 브롬화 난연제 포함 여부를 식별하기 어려운 '투명성' 부족이 퇴출에 가장 큰 장애물이 되었다.[27] 독성 첨가제가 포함된 재활용 플라스틱이 검은색 트레이나 주방 조리기구로 유통될 수 있다는 우려가 지속되었고, 결국 한 민간단체는 EPA를 상대로 DecaBDE 금지를 요구하는 소송을 제기하기에 이르렀다.[28]

플라스틱 첨가제의 독성과 그 대체물질을 둘러싼 갈등들은 미흡한 제도, 투명성이 부족한 플라스틱 생산 과정, 그리고 대체물질의 한계 등의 문제로 복잡하게 얽혀 있다.

미세 플라스틱, 쌓이면 독이 될까?

'양의 축적이 일정한 한계를 넘으면 질적 변화를 유발한다'는 철학적 개념인 '양질 전환의 법칙'이 있다. '성공하려면 양을 늘리'거나 '1만 시간'을 투자하라는 자기계발서의 중심 주제로도 활용되는 이 법칙은 독성학에도 적용된다.

중세 스위스의 화학자이자 의학도인 파라셀수스Paracelsus는 역사상 처음으로 약과 독의 양면성에 관해 정의를 내렸다. "자연계의 모든 물질은 독이며 독이 아닌 물질은 없다. 얼마나 먹느냐에 따라 약이 될 수도, 또는 독이 될 수도 있다."

독성학의 창시자로 불리는 파라셀수스의 이 명제는 지금도 화학물질 위험 평가의 기본 가정으로 사용된다. 사람의 건강에 영향을 미치지 않는 안전값을 찾아 기준을 설정하고, 그 기준을 넘지 않도록 오염원을 규제하고 오염도를 모니터링한다. 즉, 화학물질이 어떤 기준 이하로 노출된다면 유해하지 않다는 가정을 깔고 있다.

1950년, 세계 플라스틱 생산량은 약 170만 톤이었다. 약 70년이 지난 2019년에는 270배 이상 증가한 4억 6천만 톤이 생산되었으며, 2060년에 이르면 이보다 세 배 더 증가할 것이라고 예측된다.[29] 그사이 플라스틱은 환경 중에 잔류하며 마모되어 온 지구의 환경과 모든 생명체에 깊숙이 침투했다.

일부 과학자들은 플라스틱이 지속성·생물 농축성·독성이 있고 전 지구적으로 이동하는 물질인 만큼 잔류성 유기오염물질로 관리해야 한다고 주장한다. 이렇게 하면 모든 국가가 플라스틱의 생산과 사용, 그리고 재활용을 더 직접적으로 통제할 수 있기 때문이다. 특히 환경에 배출된 모든 플라스틱이 완전 분해에 이르는 수백에서 수천 년 동안 계속 미세 플라스틱을 배출한다면 장래에 사람과 생태계의 건강에 심대한 위협이 될 수 있다는 점을 우려한다.[30] UNEP에 따르면 플라스틱과 관련된 화학물질은 소재의 기본이 되는 단량체 monomer와 중합체polymer, 그리고 화학 첨가제와 가공 보조제, 불순물과 반응 부산물 등을 포함해 무려 13,000여 개나 되며, 이 중 3,200개 이상이 잠재적인 우려물질로 분류된다.[31]

국제 사회는 플라스틱 오염 해결을 위해 다양한 목소리를 내고 있다. 스톡홀름 협약 회의 현장에서 플라스틱을 잔류성 오염물질로 관리해야 한다는 목소리가 나오기 시작했지만, 큰 반향을 얻지는 못했다. 플라스틱 오염 종식을 위한 새로운 국제 협약을 논의하는 자리에서도 협약의 필요성에는 대다수가 공감했으나, 플라스틱이라는 소재의 경제적·산업적 영향 때문에 생산량을 제한하거나 특정 물질을 규제하는 획기적 전환에 대해서는 여전히 이견이 많다. 향후 플라스틱에 대한 규제와 관리는 사람의 건강과 환경에 영향이 큰 제품군들에 우선해 단계적인 접근을 할 가능성이 크다. 특히 유해한 재료나 첨가제로 만들어졌거나, 재활용이 어렵거나, 분해산물이 더 큰 우려를 낳는 문제적problematic 플라스틱, 일회용품이나 과대 포장처럼 불필요한unnecessary 플라스틱, 그리고 미세 플라스틱 등에 대책을 집중할 필요가 있다.

인류가 지난 한 세기에 걸쳐 플라스틱을 사용하는 사이 발생한 미세 입자들이 '약과 독의 경계를 가르는 양의 축적 상태'에 가까워진 것은 아닌지 우려스럽다. 만약 시간이 흐른 후 그 경계를 이미 넘었다는 사실이 밝혀진다면 되돌아오기까지는 또 수십 년, 아니 수

세기가 걸릴 수도 있다. 위험을 특정하지 못한 미세 플라스틱과 여러 잔류성 물질이 사람과 생물의 몸과 지구 곳곳에 켜켜이 쌓여가는 지금이 앞으로 닥쳐올 대오염 시대의 전조일지도 모른다.

새로 떠오르는 오염,
이제부터 풀어야 할 과제

자연은 재난을 견딜 수 있지만,
인간의 활동으로 인한 지속적인 침식은
견딜 수 없다.

제럴드 더렐 Gerald Durrel 등(1983)[1]

의약품이 만들어낸
슈퍼 버그와 중독 물고기

전 세계가 우려하고 있는 새로운 화학오염 중 하나는 바로 의약품, 정확히는 환경 잔류성 제약오염물질EPPPs이다. 사람들이 복용하는 적은 양의 약들이 환경에서 문제를 일으키고, 사람을 대상으로 임상 실험까지 거쳐 검증된 의약 성분이 위험하다는 말이 선뜻 이해되지 않을 수 있다. 하지만 사람을 중심으로 놓고 검증된 이 물질들이 일으키는 환경 문제는 예상을 뛰어넘는다. 일부 의약품은 복용 후 체내 대사과정에서 충분히 분해되지 않고 배설되어 하폐수를 통해 환경으로 나온다. 잔류성 오염물질과 마찬가지로 잔류성 의약 성분도 환경에 축적된다. 어떤 약리물질은 환경에서 분해가 되지만 많은 사람이 복용하고 배출해 환경에 상시 존재하기 때문에 잔류성 물질과 비슷한 대접을 받는다.

2019년 발표된 보고서에 따르면, 전 세계 71개국에서 항생제, 진통제, 호르몬제 등 631종의 약물 또는 대사물이 물에서 검출되었다. 이 물질들은 환자의 배설물, 제약 공장, 폐기된 약품에서 하폐수로 배출되는데, 하폐수처리장에서도 완전히 제거되지 않는다. 농축산업과 양식업 등에서 사용하는 수의약품도 폐기 약품이나 동물 배설물을 통해 물로 흘러 들어간다.[2]

어떤 항생제에도 반응하지 않는 소위 '슈퍼 버그super bug'는 사람의 건강에 심대한 영향을 끼친다. 환경 중으로 배출된 항생제는 내성균을 유발하는 주요 요인으로 작용한다. 2023년, 유명 의학 학술지인 《란셋Lancet》은 WHO 서태평양 지역과 동남아시아 지역, 특히 중국과 인도 등의 폐수나 폐수처리장 내 잔류 항생제가 그 내성을 발현시키는 온상이 될 수 있다고 경고했다. 일부 지역의 먹는 물에서 일반적으로 처방되는 항생제 시프로플록사신ciprofloxacin의 내성 발현 위험도가 60퍼센트를 넘는 수준까지 확인되기도 했다. 폐수에서 발현된 내성균들이 환경으로 퍼지면 항생제가 무용지물이 되는 감염증의 발생 확률이 늘어날 수밖에 없다.[3] 항생제 사용량이 많은 인도에서도 농장에서 배출되는 농업 폐기물과 제약 공장의 오염물질이 종종 수계를 오염시키며, 여기에 포함된 항생제가 하폐수를 슈퍼

버그의 온상으로 만든다고 지적된다.[4]

피임약 등 호르몬 의약품은 수생 생물의 생식 체계를 변화시킬 수 있는데, 실제 도심지 주변 하천의 에스트로겐 오염으로 수컷 물고기의 암컷화가 진행되었다. 항생제가 남아 있는 가축 분뇨가 거름으로 만들어져 농작물 재배에 사용되고, 생물 농축을 거쳐 우리 식탁으로 들어오기도 한다.[5] 관절염 환자에게 빈번하게 사용하는 디클로페낙diclofenac은 독수리에게 신장질환을 일으키고 어류에도 독성을 유발한다. 어떤 의약품은 지하수를 오염시켜 그 지하수를 음용하는 사람의 건강에 장기적인 영향을 미치기도 한다.[6]

생활용품에도 비슷한 생리활성 물질이 들어 있다. 개인 위생용품에 많이 사용되는 트리클로산triclosan 같은 항생제는 잘 분해되지 않고 환경 중에 잔류하면서 어류와 양서류의 호르몬 조절 기능을 방해하고, 수생 식물에게도 독성을 유발한다.[7]

살아남았지만 길을 잃은 꿀벌들

DDT 등 농약이 일으키는 환경 문제가 밝혀진 후, 규제 당국은 농약을 인허가할 때 해충 박멸이나 잡초 제거와 같은 효능 이외에 사람과 환경에 미치는 독성까지 함께 검토하게 되었다. 하지만 복잡한 생명 작용과 생태계의 영향을 완벽하게 파악하는 일에는 늘 불확실성이 수반된다.

지난 10년간 발암성 논란이 진행 중인 제초제 글리포세이트glyphosate가 대표적인 사례다. 1970년대 몬산토가 출시한 이 제초제는 잡초 제거뿐만 아니라 작물 파종 전이나 수확 후 건조 처리 등에도 쓰이는데, 작물까지 피해를 입힐 수 있다는 점이 문제였다. 몬산토는 글리포세이트가 작물과 잡초를 구분하지 못하는 문제를 역발상으로 해결했다. 농약을 개선하는 대신 작물을 변형해 콩이나 옥수수 등 대량 재배 작물이 글리포세이트를 살포해도 영향을 받지 않게 만든 것이다. 소위 '제초제 내성 유전자 조작 작물'의 등장으로 작물의 생산 효율이 크게 올랐다.[8]

그런데 2015년, IARC가 수십 년간 전 세계에서 사용된 이 농약을 2A급 발암 우려 물질로 분류하면서 큰 파장이 일었다. 미국과 유럽 연합[9]은 이 제초제가 발암물질일 가능성이 낮다며 다른 목소리를 냈다. 이후 농약 등록 갱신 절차를 통해 이 제초제의 재허가 여부를 공식적으로 검토했다. 인체 발암성에 대한 미국과 유럽의 과학적 검토 의견은 모두 '발암물질이 아니다'였다. 그럼에도 이미 이 농약에 대한 우려가 커진 상황이었기에 관련 소송이 제기되었고, 미국의 개별 주나 유럽 연합 내 국가 단위로 글리포세이트를 금지하거나 규제하는 움직임이 이어졌다.[10]

이처럼 농약이 사람의 건강에 피해를 끼친다는 문제가 제기되면 사회적으로 큰 논란이 되곤 한다. 하지만 농약이 생물에 미치는 위협은 상대적으로 조용히 다루어진다. 현재 전 세계적으로 꿀벌이 위협받고 있는데, 여러 원인 중 하나로 농약이 지목되었다. 꿀벌이 사라지면 천연 꽃가루받이가 어려워져 커피, 코코아, 견과류 등 꽃가루받이 의존도가 높은 경제성 작물의 생산성이 낮아지고, 전 세계 관련 산업에 직접적인 타격을 준다. 한국의 양봉업계도 벌집이 사라지거나 붕괴되는 현상, 즉 군집 붕괴 현상으로 시름이 깊다.

'꽃가루 속의 독'이라고 불리는 살충제 네오니코티노이드neon-icotinoids는 꿀벌에 독성을 보이는 대표적인 농약이다. 이 살충제는 꿀벌이 사망에 이르지 않는 용량에서 신경계에 영향을 주어 꿀벌이 꽃을 찾아내고 벌집으로 돌아오는 귀향 비행을 방해한다. 그 결과, 이 농약에 노출된 일벌들은 방향 감각을 잃고 집에 돌아오지 못하며, 벌집에는 여왕벌과 유충만이 덩그러니 남게 된다.[11]

이 살충제가 꿀벌에 미치는 영향이 과학적으로 확인되자 유럽에서는 사용을 금지했다. 최근에는 비상시 사용까지 제한하는 등 강력한 조치를 단행했다. 하지만 미국은 사용을 전면 금지하는 대신, 사용 시기를 제한하고 사용 조건을 수정해 꿀벌에 대한 노출을 최소화하는 전략을 취했다. 그 외 많은 국가에서 여전히 이 살충제를 널리 사용하고 있으며, 경제적 이해관계로 인해 규제가 느슨한 편이다. 이처럼 네오니코티노이드가 꿀벌에 미치는 독성에 대한 과학적 합의가 있음에도 불구하고 국가별 대응은 그 시급성과는 거리가 있어 보인다.[12]

우리는 종종 화학물질의 위험을 이해하고 관리할 때 사람을 중심에 놓지만, 그것이 생태계에 미치는 복합적이고 직접적인 영향을 간과하거나 가볍게 다루는 경향이 있다. 꿀벌처럼 결정적인 생태계 서비스를 제공하는 생물종의 안전과 그 연결성에 대한 적극적이고 세심한 관심이 필요하다.

'중고'와 함께 이동하는 오염

오염은 대기와 해양의 흐름에 따라 이동하지만, 다른 한편으로는 국제 교역과 물류를 따라 확산한다. 과거 산업화된 국가들이 유해 폐기물을 저소득 국가로 수출하거나 자국에서 금지된 유해물질을 해외에 판매하는 악습은 국제 협약 체결 등을 통해 근절되는 중이다. 더욱 광범위한 화학오염은 화학물질 자체의 교역에서 비롯된다. OECD는 안전을 담보하면서도 국제 교역을 원활히 하기 위해 표준화된 시험법과 우수 실험실 기준에 따른 시험 결과를 상호 인증하도록 하는 등 관련 기준과 규범을 마련해왔다. 그러나 화학물질 및 폐기물 거래를 통제하는 국제 규범이 자리잡는 사이, 중고 제품 교역을 통한 새로운 유형의 오염 이전 현상이 발생하고 있다. 중고 자동차와 중고 의류로 발생하는 오염의 이동이 대표적인 사례다.

이산화탄소뿐만 아니라 미세먼지와 블랙카본을 많이 뿜어내는 노후 경유차는 대기오염과 기후 변화 문제를 해결하려는 국가에서 가장 먼저 퇴출되어야 할 수송 부문 오염원이었다. 쓸모없어진 노후 차량의 상당 부분은 폐차되지 않고 중고차로 수출되었다. 유엔이 2015년에서 2022년까지의 중고 자동차 수출입을 분석한 결과에 따르면, 유럽 연합, 일본, 미국, 한국 등 4개국이 노후 경유차의 주된 수출국이며, 아프리카, 아시아, 중남미 등 저소득 또는 중소득 국가가 이 차들을 수입했다. 연간 수백만 대 이상 수출되는 중고차는 평균 연식이 15년 이상 된 노후 차량이 대부분이었다. 매연 저감 장치나 에어백 같은 안전 장치가 제거된 채 수출되는 경우도 많았다. 한국은 전체 중고차 수출 시장에서 약 8퍼센트 정도의 비중을 차지했는데, 주로 아시아·태평양 지역과 중동·아프리카로 수출했다.[13]

선진국은 자동차에 엄격한 배출가스 기준을 적용하지만, 전 세계 122개국 중 67퍼센트 이상이 자동차 연식이나 배기가스 배출 기준이 약하거나 없는 상황이다. 규제가 없는 수입국들은 저렴한 차량 확보를 위해 노후 차량 수입을 선호하고, 수출국은 내수에서 퇴출된 차량을 수익화하기 위해 수출을 선택한다. 이러한 중고 자동차의 이전은 경유차가 유발하는 심각한 대기오염 문제를 선진국에서 개발도상국으로 이전시키고, 국제적인 온실가스 감축 노력을 후퇴시키는 결과를 낳는다. UNEP는 중고차 품질에 대한 통일된 국제 규제나 협약의 부재를 지적하면서 그 기준을 제안하기도 했다.[14]

중고 의류의 교역을 통한 오염 이전 현상 역시 심각하다. 중고

의류 거래는 순환 경제와 지속 가능성 측면에서 권장되지만, 국제 교역에는 어두운 면이 적지 않다. 유럽 연합, 미국, 중국 등은 폐의류를 가장 많이 수출하는 국가이며, 주로 아프리카와 아시아, 중남미 등이 수출 대상이다. 문제는 폐의류 중 약 40퍼센트가 매립지에 버려질 정도로 그 상태가 '기부로 포장된 쓰레기'에 가깝다는 점이다. 게다가 대부분이 합성 섬유 혼합 소재라 재활용이 어렵고 환경에 장기간 남아 오염을 유발한다.[15]

폐의류 수입국의 환경적 부담도 현실화되고 있다. 케냐, 칠레 등은 폐의류가 쌓여 의류 쓰레기장이 되고 있으며, 이를 처리할 인프라조차 부족하다. 칠레 아타카마 사막에는 위성 관측이 될 정도의 의류 산맥이 형성되었고, 그 속의 염료와 미세 플라스틱이 토양과 수질을 오염시키고 있다. 게다가 중고 의류의 대량 유입은 현지 섬유 산업과 전통 의복 문화를 위협하기도 한다. 르완다나 우간다 등 동아프리카 일부 국가는 국내 산업 보호 및 폐기물 저감을 위해 중고 의류 수입 금지를 고려하고 있다.[16]

노후 중고차나 중고 의류의 수출은 표면적으로는 선진국 내에서 오염과 폐기물을 줄이는 효과가 있다. 하지만 실상은 환경적·경제적 부담을 개발도상국에 전가하는 것일 수 있다. 우리는 중고 제품의 재활용이라는 지속 가능성 담론을 '오염의 외부화'라는 관점에서 실체적으로 바라볼 필요가 있다.

미세 화학 칵테일

전통적인 위해성 평가의 관점에서 '잔류성' 자체는 단순한 화학적 특성으로 간주되어왔다. 즉, 잔류성이 크더라도 특별한 독성이 확인되지 않는 물질은 환경에 얌전히 머무는 무해한 물질로 여겨졌다. 그러나 최근 잔류성 자체를 화학물질의 직접적인 위험 요소로 간주해야 한다는 주장이 제기되었다. 잔류성 물질은 생체 내에서 생리학적 과정과 상호작용하며 건강 피해를 유발할 수 있고, 그 자체가 독성의 증폭 장치라는 것이다. 따라서, 독성이 크지 않더라도 잔류성이 높은 물질은 개방된 환경에서 사용되어서는 안 되며, 밀폐된 체계에서만 사용되어야 한다는 주장도 나왔다.[17]

한 연구 결과는 잔류성이 높은 물질이 초래하는 위험을 보여준다. 반감기가 2일인 물질을 계속 배출하면 20일 만에 농도가 더 이상 증가하지 않는 정상 상태에 도달하지만, 반감기가 2천 일인 물질은 30~50년 정도가 지나서도 정상 상태에 도달하지 못하고 농도가 계속 증가한다는 사실을 확인했다. 잔류성이 높은 물질일수록 방출이 끝난 후 오염 농도가 낮아지기까지 더 오랜 시간이 걸렸다.[18] 잔류성 물질은 사용과 배출이 지속되는 이상, 상당 기간 동안 환경 중 농도가 계속 증가할 수밖에 없다. 그렇게 되면 당연히 어떤 시점에서 예상하지 못했던 독성 영향이 높아질 우려가 크다. 하지만 잔류성 물질은 서서히 축적되기 때문에 피해가 발현되기까지 오랜 시간이 걸리고, 그 결과 과학적 엄격성을 중시하는 위해성 평가에서는 그 위

험이 과소평가되기 쉽다.[19]

잔류성이 더 문제가 되는 것은 여러 물질에 동시에 노출되어 나타날 수 있는 '칵테일 효과' 때문이다. 화학물질의 칵테일 효과는 각각 개별적으로는 안전하다고 평가된 물질이라도 함께 있을 경우 독성이 증폭되는 현상을 의미한다. 특히 환경 전반에 광범위하게 존재하는 미세 플라스틱과 과불화화합물이 공존할 때의 독성은 단순히 두 물질의 독성을 더한 것보다 훨씬 강력해질 수 있다는 우려도 있다.[20] 과학 기술의 발달과 산업의 혁신이 지속되면서, 사람의 몸은 점점 더 복잡한 조성의 '미세 화학 칵테일'이 될 것이다. 이러한 이유로 전문가들은 실제 노출 상황을 고려한 혼합물의 위험 평가에 관심을 쏟고 있다.

지구가 직면한 삼중 위기

전 지구로 번진 오염은 기후 변화와 생물다양성 소실과 같은 다른 환경 위기와 상호작용을 하며 그 양상이 더 복잡해진다. 오염은 사람의 건강뿐만 아니라 생태계에도 큰 영향을 미친다. 물고기나 새가 죽거나 식물이 고사하는 것처럼 단기적이고 직접적인 피해는 말할 것도 없다. 많은 유해물질이 미량으로 환경에 오래 남아 생물 그 자체와 생태계 균형 유지에 지대한 영향을 준다. 이 때문에 '오염'

은 생물다양성을 파괴하는 5대 원인 중 하나로 지목되었다.[21]

특히 생태계의 큰 위협 요인인 기후 변화는 오염과 결합해 더 큰 피해를 만든다. 수온 상승, 염도 변화, 산소 및 영양 상태 변화는 잔류성 유기오염물질의 독성 및 생물 흡수율을 강화해 기존 오염을 더 치명적이고 예측하기 어렵게 만든다.[22] 무지개 송어는 수온이 올라가면 더 독한 PCB 대사물질을 만들기 때문에 그 물질에 취약해진다. 메기도 아트라진이라는 농약에 비슷한 온도 반응을 보인다. 이스라엘 해안에서는 바닷물 온도 상승으로 해양 생물의 오염물질 흡수와 독성이 강화되어 조개와 같은 연체동물 개체군이 90퍼센트나 감소하기도 했다. 수온 상승이 독성을 강화해 더 치명적인 결과를 낳는 사례들은 기후 변화와 오염, 그리고 생물다양성 소실의 복잡한 상호작용을 보여준다.[23]

생태계 파괴가 오염을 가중시키기도 한다. 꿀벌과 같은 꽃가루받이 곤충이 줄어들면 식물의 다양성이 줄어들고 식물의 뿌리 구조가 약해지는데, 이러한 생태적 변화는 농약과 화학물질이 토양이나 하천으로 더 쉽게 빠져나가게 한다.[24] 습지는 수은이나 납과 같은 중금속을 걸러주는 천연 필터 역할을 한다. 습지가 훼손되면 중금속이 바로 하천이나 바다의 먹이사슬에 축적되고, 이를 통해 사람의 건강에도 위협을 미친다.[25]

오염과 기후 변화의 상호 영향도 적지 않다. 기후 변화는 오염의 양태를 바꾼다. 기후 변화로 극지방에 갇혔던 오염물질이 다시

대기로 떠오르고, 일부 지역에서는 강수량의 변화로 해양 표면의 염도가 변하면서 잔류성 오염물질의 독성이 바뀌기도 한다. 과학자들은 그간 알려진 화학물질의 환경 분포와 생물 독성 등이 기후 변화로 인해 달라질 수 있다고 우려한다. 반대로 오염이 기후 변화를 가중시키기도 한다. 냉장고와 에어컨의 냉매나 전자 제품과 반도체 생산 공정에서 취급하는 일부 화학물질이 이산화탄소보다 더 강력한 온실가스라는 것은 주지의 사실이다. 메탄, 오존, 블랙카본과 같은 대기오염물질도 지구 온도에 영향을 준다. 플라스틱과 같은 화학 소재를 생산하는 산업에서 배출하는 온실가스의 양도 상당하다. 그러므로 오염을 줄이기 위해 안전한 대체물질과 대체 공정을 도입하는 일은 기후 위기 해결에도 일조할 수 있다.

국제 교역을 통해 각종 화학물질과 제품이 짧은 시간 내에 전 세계에서 소비되고 폐기되며, 여러 오염물질이 대기와 물의 순환을 통해 전 지구적으로 확산되는 상황에서 오염은 더 이상 개인이나 개별 국가의 문제가 아니다. 그래서 국제 사회는 기후 변화, 생물다양성 손실과 함께 '오염'을 지구 행성이 직면한 '삼중 위기'의 한 축으로 이해하고 통합적인 해결책을 찾기 위해 노력하고 있다.[26]

4장

대오염의 시대, 인류가 포착한 희망

집단 지성에 기반한
고속 시험 시대

과학은 단일한 진리를 규명하는
작업이라기보다,
특정한 맥락에서 필요한 발견과 설명을
찾아가는 과정이다.
장하석, 《Is Water H₂O?》(2012)[1]

동물을 대신하는 컴퓨터의
고속 독성 시험

동물 실험이 여러 비판을 받고 있지만, 고민이 가장 많은 이는 아마 과학자일 것이다. 과거 독성 시험은 살아있는 동물을 대상으로 한 생체 내*in vivo* 시험과 세포나 조직을 이용한 시험관 내*in vitro* 시험으로 나뉘었는데, 두 방식 모두 실험동물의 희생을 전제로 했다.

가령 경구 독성 시험을 할 때에는 성격과 먹성이 묘하게 다른 실험 쥐의 몸무게를 일일이 측정한다. 이어 체중당 섭취량에 맞게 용량을 계산한 시험 물질을 특수 주사기로 위장에 직접 투여한 후, 생체 곳곳에 나타나는 변화를 관찰한다. 시험관 내 시험도 때로는 실험동물의 조직이나 장기를 떼어내 진행한다. 폴란드 출신의 한 동료는 하나의 장기만을 위해 희생되는 실험동물이 안타까워 여러 연구실 학생이 한 마리의 실험동물에서 각자 필요한 장기를 나누어 활용하도록 날짜를 정해 실험했던 경험을 들려주었다.

과거 과학계는 시험관 내 실험 결과보다 살아있는 동물을 활용한 실험 결과를 인체에 미치는 영향을 확인하는 더 강력한 증거로 간주했다. 과학자들은 인류의 건강과 안전에 기여한다는 대의명분 아래 동물 실험이 수반하는 불편함을 감내해왔다. 동물 실험 결과들은 오랫동안 위해성 평가의 핵심 자료로 쓰였으나, 논란이 끊이지 않았다. 동물 실험이 인간에게 나타나는 영향을 정확히 예측하지 못하는 경우가 있고, 막대한 비용과 노동력이 투입되는 특성 탓에 제한된 시간 안에 많은 물질을 시험하기 어렵기 때문이다. 게다가 동물 복지에 대한 사회적 인식이 높아지면서 동물을 희생시키는 행위에 대한 윤리적 문제의식 또한 강해지고 있다.

이에 2010년대에 들어 사람과 환경에 미치는 화학물질의 위험성을 확인하는 독성학은 혁신적인 변모를 시작했다. 이른바 '21세기 독성학'이라고 불리는 새로운 독성학의 핵심은 컴퓨터 기반 시험법, 고속 처리 시험 기술, 인공 배양 인체 세포를 활용한 비동물 시험법 등을 통해 동물 실험을 중심으로 하는 기존의 독성 평가 방식을 탈피하는 것이다. 전통적인 독성학이 최종 독성 반응에만 집중하고 세포와 조직 단위에서 독성이 발현되는 과정을 블랙박스처럼 다루었다면, 새로운 독성학에서는 그 블랙박스에서 일어나는 변화를 관찰해 최종적인 건강 영향을 '예측'하고자 한다. 이는 관찰 기반의 기존 평가를 인체의 생체 메커니즘에 기반한 '예측 독성학' 평가로 전환하려는 큰 시도다.[2]

비동물 대체 시험법의 확산세는 전 세계적으로 뚜렷하다. 미국은 2008년 여러 연방 기관이 협력하여 'Tox21 프로그램'을 출범했다. 로봇 자동화, 인체 세포 기반 분석, AI 기반 독성 예측을 통합해 수천 개의 화학물질을 효율적으로 평가하는 방법을 개발한 것이다. 유럽 역시 최근 화학물질 규제에 활용할 시험 방법 100개를 승인했는데, 이 중 상당수가 비동물 대체 시험법이었다. IARC도 Tox21 데이터를 화학물질의 발암 기전을 설명하는 증거로 활용한다.[3] 한국 역시 OECD 시험법 개발 프로그램을 통해 비동물 시험법 개발에 동참하고 그 시험법을 정부 공식 시험법으로 속속 채택하고 있다. 화장품 분야는 이미 동물 실험을 거친 제품과 원료의 유통 및 판매를 원칙적으로 금지했다.[4] 화학물질 관리 분야에서도 독성·안전성 평가 시험 자료의 60퍼센트 이상을 비동물 대체 시험 자료로 충당하겠다는 목표를 세웠다.[5]

주요 비동물 대체 시험법

• 시험관 내*in vitro* 시험

생체 밖에서 세포와 조직을 활용한 시험이다. 3차원 인간 세포 배양이나 실제 장기의 기능과 상호작용을 재현하는 인공장기(오가노이드) 및 장기-온-칩*Organ-on-Chip* 등을 활용한 시험이 대표 사례다.

• 컴퓨터 내*in silico* 시험

예측 알고리즘과 시뮬레이션을 활용한 시험이다. 화학 구조로 독성을 예측하는 정량적 구조-활성관계 [QSAR] 모델, AI 기반 독성 예측 모델이 대표 사례다.

• 화학적*in chemico* 분석법

세포나 생물체 없이 물질 간의 반응을 분석하는 시험이다. 직접 펩타이드 반응 분석[DPRA] 등이 대표 사례다.

• 오믹스*omics* 기술

독성의 기전 등을 확인하는 데 활용하기 위해 세포 속의 유전자[DNA, genomics], 전사체[RNA, transcriptomics], 단백질[proteomics], 대사물질[metabolomics] 등을 모두 분석하는 기술이다.

• 고속 처리 시험법*High Throughput Testing*

독성 시험을 빠르게 수행할 수 있는 자동 운영 플랫폼으로 시험의 모든 단계를 자동화해 많은 물질을 효율적으로 시험할 수 있다.

과학자들의 집단 지성

인공 배양 세포 시험이나 컴퓨터 모델 예측으로 살아있는 인체에 미치는 독성 영향을 제대로 평가할 수 있을까? 아무리 정교한 인공장기가 개발되고 AI가 방대한 데이터를 학습하더라도, 생명체 내에서 일어나는 복잡한 생리 반응과 상호작용을 완벽하게 해석하고 재현하기란 어려워 보인다. 그럼에도 과학자들이 감히 생명체 내 독성 반응을 예측할 수 있다고 자신하는 기저에는 '어제의 과학자들이 축적한 연구 결과와 오늘의 과학자들의 집단 지성'이 있다. 특정 독성이 나타나는 생물학적 경로의 주요 길목에서 특정 생물학적 활성이나 반응을 포착하고, 비동물 시험을 통해 이러한 변화가 실제로 일어나는지를 평가해 독성을 가늠하는 것이 그 요체다.

생물체에서 특정한 독성이 발현되려면 분자, 세포, 조직, 장기 등의 단위에서 수많은 생물학적 활성이나 반응이 연쇄적으로 일어나야 한다. 과학자들은 기존 연구 결과들을 활용해 거대한 퍼즐을 맞추듯 분자 단계부터 최종 독성 발현까지의 사건들을 연결하고, 그중 중요한 생물학적 변화와 관계를 추출한다. 그리고 고속 처리 시험이나 인공 배양 세포 시험 등을 활용해 화학물질이 핵심적인 변화를 유발하는지 빠르게 스크리닝한다. 하나의 시험에만 의존해 발생할 수 있는 오류를 줄이고자 여러 시험을 병행하고, 결과를 종합해 독성을 판단한다. 독성이 발현되는 기전을 설명한 '독성 발현 경로

AOP'가 각 시험 자료를 통합하는 길잡이 역할을 하기도 한다.[6]

과거 위해성 평가는 발암성 등 최종 독성이 발현되는 과정에서 일어나는 분자나 세포, 조직 단위의 변화나 작용 기전에는 상대적으로 무관심했다. 하지만 새로운 위해성 평가에서는 독성이 발현하는 기전을 이해하고 정의하는 과정이 가장 본질적이면서도 도전적인 과제다. 독성을 일으키는 원인과 경로에 대한 기초 연구 기반이 취약하면 비동물 시험법 개발과 같은 응용 분야 연구에서 생물학적 타당성과 예측력을 확보하기 어렵기 때문이다. 즉, 기초 과학의 성과는 단순한 보조적 요소가 아니라 전체 독성 경로를 규명하는 결정적인 조각인 셈이다.

노출과학 분야에서도 '통합 노출 경로AEP'라는 체계 아래 수많은 자료 저장소에 흩어진 정보를 통합하고 조직화해 노출 경로를 전체적으로 보여주려는 시도가 이어지고 있다. AOP에서 독성과 생물학적 반응에 대한 기초 연구가 중요하듯, AEP 역시 노출 양상에 대한 풍부한 연구와 정보가 필요하다.[7]

오래전, 화학물질이 혈액 속 혈소판을 파괴하는 독성 기전으로 변화하는 세포 내 칼슘 농도를 관찰한 적이 있다. 당시에는 현미경으로도 겨우 보이는 반짝거리는 세포 조각을 딸깍딸깍 세면서 이 연구가 대체 어떤 의미가 있는지 회의감이 들었다. 한참이 지난 후에야 화학물질이 유발하는 심혈관계 질환의 독성 경로라는 큰 그림에 들어갈 아주 작은 퍼즐 조각을 만들고 있었다는 사실을 깨달았다.

지금도 세계 곳곳에서 오염의 위협으로부터 인류와 지구를 구할 퍼즐 조각을 생산하고 있는 수많은 과학자에게 응원을 보낸다.

실험동물을 사용하지 않는 피부 알레르기 시험을 신뢰해도 되는 과학적 근거

피부 과민성 시험은 화학물질에 반복적으로 노출될 때 피부에 알레르기 반응이 나타나는지를 평가하는 시험법이다. 예전에는 실험 쥐의 귀에 시험물질을 바른 후 림프 세포의 증식 정도를 측정했지만, 최근에는 비동물 시험법이 공인 시험법으로 인정받았다.[8]

과학자들이 밝힌 피부 알레르기 반응 경로 중 하나는 자극물질이 피부 단백질과 결합하며 시작된다. 이후 세포 단위에서 반응이 일어난다. 먼저 표피 바깥쪽의 각질 형성 세포가 활성화되어 사이토카인을 분비해 표피 속 수지상 세포를 활성화시킨다. 활성화된 수지상 세포는 항원을 포획해 림프절의 T세포에 제시한다. 표피 각질 형성 세포가 바로 T세포를 활성화하기도 한다. 다음 단계인 기관 단위 반응으로 넘어가면 림프절의 T세포가 활성화되고, 마지막으로 활성화된 T세포가 피부로 이동해 염증을 유발한다.

이 AOP에서 자극물질이 피부 단백질과 공유결합하는 현상은 분자 단위 개시 사건[MIE]이 된다. 그 후 각질 형성 세포, 수지상 세포, T세포가 활성화되거나 증식하는 핵심 사건[KE]이 일어나고, 그 결과 사람이나 동물에게 알레르기성 접촉성 피부염이나 접촉성 과민 반

분자 단위 개시 사건 (MIE)	핵심 사건 (KE)	독성 발현 (AO)
시험물질이 피부단백질에 결합	① 표피 바깥쪽: 각질 형성 세포 활성화 ② 표피 안쪽: 수지상 세포 활성화 ③ 림프절: 면역 세포인 T세포 활성화	알레르기성 접촉성 피부염

출처: OECD, 2014

피부과민성 독성 발현 경로

AOP는 화학물질이 생물학적 시스템에 미치는 영향을 분자 → 세포 → 조직 → 기관 → 질병으로 연결하는 과학적 경로 모델이다.

응이라는 독성[AO]이 발현된다.

이러한 피부 과민성 물질을 스크리닝하기 위해 MIE나 KE에 해당하는 생물학적 변화를 감지하는 시험법을 개발했다. 국제적으로 '단백질 결합 평가', '각질 형성 세포 활성 평가', '수지상 세포 활성 평가'를 위한 세 개의 시험법이 공인되었다. 이 세 가지 시험 중 두 개 이상에서 양성이 나오면 피부 과민성이 있다고 판단한다.[9]

동물을 활용한 기존의 피부 알레르기 시험법은 윤리적 문제 외에도 특정 화학물질에 대해서는 정확도가 떨어지고 상대적으로 약한 알레르기 물질을 분류하는 데에는 한계가 있었다. 반면 공인된 비동물 시험법은 기존 동물 시험법의 한계를 극복하며 향상된 변별력을 보여준다고 평가된다.[10]

과학으로 과학의 한계를 극복하기

과학은 사칙연산처럼 항상 명쾌한 답을 내는 학문처럼 보이지만, 실제로는 하나의 문제에 대해 이질적이거나 충돌하는 결과들을 내놓기도 한다. 이는 과학자들이 상호검증과 후속 연구를 통해 풀어야 할 과제이지, 그 자체는 문제가 되지 않는다. 진짜 문제는 상이하고 상충되는 과학적 사실들을 해석해서 사회적 의사 결정에 활용하려 할 때 주로 발생한다. 특정 증거만 취사선택해 신념이나 이해관계를 강화하는 방향으로 과학적 논리를 구성하면, 과학은 해답이 아니라 논란의 불씨가 된다.

객관적 증거를 종합하고 연구 자료의 선택 및 분석 과정에서의 편향을 최소화하기 위해 과학자들은 때때로 '체계적 검토systematic review'라는 과학 조사 방식을 활용한다. 특정 질문에 초점을 맞춰 검토할 주제를 명확히 설정한 뒤, 연구의 적절성, 품질, 효용성 등의 관점에서 자료 선택 기준을 미리 정하는 조사 방식이다. 체계적 검토의 핵심은 자료 선택에 있어 연구자의 자의성을 선제적으로 차단하는 데 있다. 우선 복수의 데이터베이스에서 이미 수행된 연구들을 검색하고 사전에 정해둔 선택 기준에 따라 활용 가능한 연구들을 선별한다. 이렇게 선별된 자료에 근거해 화학물질의 위험을 판단한다.[11]

2023년 말, 유럽이 비스페놀 A의 일일 허용 기준을 2만 배나 강화했는데, 이 의사 결정의 과학적 근거가 바로 체계적 검토로 도출되었다. 논란이 많은 비스페놀 A의 위해성 연구 결과들을 종합해 객관적인 평가를 하려는 시도였다. '2013년 이후에 발표된 새로운 과학적 증거가 당시의 잠정 일일 허용 섭취량인 1킬로그램당 4마이크로그램을 뒷받침하는가?'라는 질문에 대한 답을 얻기 위해 체계적 연구를 수행했다. 그 결과, '21세기 독성학'을 활용한 다수의 독립적인 연구 자료들이 검토에 대거 포함되었다.[12] 미국도 드라이클리닝에 사용되던 유기용제인 트리클로로에틸렌[TCE]에 대해 체계적 검토를 실시했다. 발암성만 강조했던 과거 평가 결과와 달리 면역 억제나 생식 독성 등도 주요 독성으로 재확인되었고, 제조와 사용 등 모든 단계에서 불합리한 수준의 위험이 있다고 평가되었다. 따라서 2024년 말, 미국은 산업 전반에서 TCE 규제를 강화했다. 그러나 일부 기업의 유예 신청이 법원에서 승인되었고, 트럼프 2기 행정부 출범 이후 규제 동결 조치가 내려져 시행 시기가 연기되었다.[13]

체계적 검토는 기존 연구들의 편향을 최소화하고, 정책 결정자와 과학자 들이 종합적 증거에 기반해 의사 결정을 할 수 있게 돕는다. 특히 증거가 상충되거나 상당한 불확실성이 존재할 때 매우 유용하다. 세계적으로 체계적 검토의 보고 및 이행 표준을 개발하고 방법론 연구 및 교육을 촉진하려는 노력도 계속되고 있다.[14] 산업계에서는 체계적 검토가 명확한 의사 결정을 돕는다는 점은 인정하면서도, 개별 시험에 의존하던 종전의 접근법에 비해 지나치게 자원집약적이라고 우려하기도 한다. 하지만 의사 결정을 좌우하는 핵심적

인 질문이나 의견 합의가 부족한 영역에 초점을 맞춰 신중하게 시행한다면 부담을 최소화할 수 있다.[15]

위해성 평가의 편향이나 불확실성도 진전된 과학적 검증 과정을 통해 해결 가능하다. 역학, 독성학, 기전 연구를 통합해 각 분야의 편향을 검증하는 '삼각 검증triangulation'이 대표적인 사례다.[16] 이러한 시도는 활발한 기초 연구와 광범위한 학제 간 협력이 이루어질 때 비로소 성공할 수 있다. 과학이 지닌 여러 한계에도 불구하고 다시 과학에서 답을 찾는 이유다.

인공 지능이 동물 실험을 끝낼까?

비동물 시험법이 동물 실험을 완전히 대체할 수 있을지에 대해서는 아직 신중론이 우세하다. 피부 알레르기 같은 국지적인 독성과 달리, 암이나 기형처럼 전신에 영향을 미치는 독성을 분자나 세포, 장기 단위의 연구 결과만으로 완벽하게 예측하기에는 확신이 부족하기 때문이다. 그 결과를 안전 기준을 설정하거나 물질 사용을 규제하는 과학적 근거로 활용할 수 있을지도 의문이다.

그럼에도 인체와 연관성이 높고 효율적인 대안이 선호되면서 동물 실험은 결국 점진적인 퇴출의 길을 걷게 될 것이다. 과학자들은 과학과 기술의 진전에 따른 자연스런 퇴출을 기다리기보다 동물 실험이 위해성 평가의 기본 경로가 되는 상황을 바꾸려는 강한 의지를 보인다. 근거는 명확하다. 동물 실험은 사람의 건강 영향에 대한 예측력이 제한적이며, 새로운 시험법을 촉진하는 투자와 규제로 변화가 가능하기 때문이다. 비동물 시험법의 과학적 신뢰를 구축해나간다면 종국에는 동물 실험을 완전히 대체할 수 있을 것이다.[17]

전문가들은 이를 위해 비동물 시험 결과와 인체 데이터를 비교함으로써 정확성을 검증하고 성능 기준을 설정해 신뢰도 높은 평가 체계를 마련해야 한다고 강조한다. 또한 체계적 검토에 기반한 위해성 평가에 이를 통합함으로써 과학적 근거를 강화하는 방안을 대안으로 제시한다.[18]

특히 AI가 불러올 화학물질 안전 평가법의 혁신이 눈길을 끈다. 독성학은 동물 실험을 통해 최종 독성의 결과를 관찰하던 경험적 과학에서 AI와 결합한 데이터 중심 분야로 발전하고 있다. 머신러닝 등 AI 기술에 적합한 방대한 양의 독성학 자료가 쌓이면서, 이제 AI는 단순히 데이터 수집, 분석, 예측을 자동화하는 것을 넘어 정량적 위해성 평가를 가속화하고 불확실성을 포착해 확률 기반 결과를 제공한다. 모델 예측을 신뢰할 수 있도록 작동 메커니즘을 설명하는 기능도 제공한다. 나아가 AI가 증거 수집 방식, 데이터 생성 과정, 가설 형성 및 검증, 그리고 과제 수행 방식 자체에 혁신을 일으켜 화학 안전 평가에 새로운 패러다임을 가져올 것으로 기대된다. 물론 AI 모델의 해석 가능성, 데이터 편향, 투명성 부족 등은 공식적인 위해성 평가법으로 채택하는 데 있어 제약 요인이 되고 있다. 그렇지만 AI를 신중하게 활용한다면 독성 예측, 노출 모델링, 규제 의사 결정에 큰 진전이 있으리라 기대한다.[19]

2025년 7월, 한국과학기술한림원은 국내 전문가들을 초청해 '동물 실험 없는 미래, 정말 가능할까'라는 주제로 토론회를 개최했다. 이 자리에서 전문가들은 실험동물의 사용을 줄이고 궁극적으로 퇴출하는 과정에 과학, 윤리, 규제, 교육을 아우르는 다층적 접근이 필요하며, 대체 시험법의 발전을 위한 분야 간 협업과 지속적인 투자가 필수적이라고 강조했다. 특히 동물 시험 없는 미래가 당장은 실현되기 어렵더라도 그 기반은 이미 마련되었다고 진단했다.

동물 실험이 과도기적으로, 혹은 전통적 연구 체계 내에서 계속 활용되더라도 '비동물', '기전', '인간 중심'이라는 핵심어로 요약되는 변화의 방향은 바뀌지 않을 것 같다. 저렴하고 빠른 고속 처리 시험법은 수천 종의 화학물질의 신속한 평가를 가능하게 할 것이다. 또한 새로운 시험법이 생산한 인체 관련 자료들은 과거 동물 실험으로는 포착하기 어려웠던 민감 집단에 대한 위험을 예측하는 데 기여할 것이다. 비과학적이고 지나치게 느리다고 비판 받아온 위해성 평가의 한계를 극복하기 위해 세계 여러 나라는 새로운 독성 평가와 노출 평가 방법을 기존 규제 체계 내에 편입시키고 있다.

20세기 화학 산업의 혁신 이후 수많은 화학물질과 화학 소재가 생활의 일부가 되었지만, 여전히 위험성이 미지의 상태로 남아 있는 물질이 많다. 이제 효율적이고 정확한 시험법들과 새로운 위험 평가 방법이 미검증 영역에 머물러 있던 화학물질의 안전성에 대한 명확한 답을 내어놓을 것이다.

오염을 해결할 과학 기술의 진전과 과제

새로운 것을 원한다면, 오래된 것을 멈춰야 한다.

피터 드러커 Peter Drucker

생산부터 폐기까지
환경을 고려하는 녹색화학

20세기에 들어 환경오염이 심화되면서 화학 산업의 부정적 영향에 대한 위기감이 커졌다. 환경 규제가 강화되면서 화학 산업은 '생산 후 오염 처리'라는 방식에서 벗어나야 했다. 굴뚝이나 파이프에서 배출되는 오염물질을 줄이기보다 처음부터 오염물질을 생성하지 않는 근본적 전환의 중요성이 커졌다. 그 해법으로 제시된 새로운 패러다임이 바로 '녹색화학Green Chemistry'이다. 녹색화학은 유해물질의 사용과 발생을 줄이거나 제거하도록 설계된 화학 제품과 화학 공정을 의미한다. 1998년, 녹색화학의 창시자로 불리는 폴 아나

스타스[Paul Anastas](는 '녹색화학12원칙'* 을 제시했다. 이 원칙은 제품의
생산부터 폐기에 이르는 전 과정에서 저독성·저오염·고효율 등 친
환경적 전환을 강조한다.[1]

미국 EPA가 1990년대 초에 녹색화학 개념을 공식화하며 환경
친화적 화학 설계가 제도적으로 자리 잡기 시작했다. EPA는 친환경
화학 제품 및 공정의 재설계를 장려하는 연구 보조금 지원 프로그램
을 시작했고, '녹색화학 대통령상'을 창설해 녹색화학에 기반한 산
업 혁신 노력을 장려하고 있다.[2] 영국 왕립화학회는 학술지《녹색화
학》을 창간하면서 이를 별도의 학문 분야로 공식화했다.[3] 수십 년이
지난 2019년, 전 세계 환경 수장이 모인 유엔환경총회[UNEA]에서 녹색
화학은 여전히 오염에 맞설 혁신적인 해결사로 대접받고 있다.[4]

하지만 녹색화학은 지난 수십 년간 화학물질 관리 정책에서 그
리 큰 힘을 발휘하지 못했다. 이른바 데이터·안전·기술 격차가 녹
색화학에 대한 투자를 가로막았다. 생산자가 화학물질의 유해성을
정부에 제공할 의무가 없었을뿐더러, 화학오염을 식별하고 우선 순
위를 정해 관리할 법적 수단도 부족했다. 산업계와 정부는 녹색화학
연구·개발·교육에 제한적으로 투자해왔다. 데이터·안전기술·격

---

* ①폐기물 발생 예방 ②반응 효율을 개선해 버려지는 원료를 최소화하는 원자 경제
성 ③덜 위험한 합성법 ④더 안전한 화학 제품 설계 ⑤더 안전한 용매와 보조제 사용
⑥에너지 효율성 설계 ⑦재생 원료 사용 ⑧불필요한 단계를 줄이는 유도체 최소화
⑨촉매 활용 ⑩분해성 설계 ⑪오염 예방을 위한 실시간 공정 분석 ⑫사고 예방을 위
한 본질적 안전성

차는 화학물질의 기능·가격·성능에 비해 안전성이 저평가되는 시장을 형성했다. 화학물질과 제품은 주로 단위 비용 대비 성능에 따라 거래되며, 화학물질의 전 생애 주기 동안 인체와 생태계에 미칠 잠재적 영향은 시장에서 거의 고려되지 않았다. 국가의 연구·개발·교육 의제도 시장 상황을 고려해 녹색화학 개발을 우선시하지 않았다. 2000년대가 되어서야 유럽 연합을 시작으로 새로운 제도를 통해 녹색 혁신을 촉발하려는 시도가 이어지고 있다.[5]

새로운 녹색 기술의 성패는 경제적 유인과 정책 환경에 크게 좌우된다. 환경 규제로 연료비나 오염 처리 비용이 상승하면 고효율·저오염 공정 도입이 생산 비용 절감으로 이어져 전환 속도가 빨라진다. 반대로 그러한 유인이 없는 경우에는 녹색 혁신이 소규모 실험 수준에 머물다 사라지는 경우도 허다하다. 녹색화학으로의 전환은 다른 과학 기술의 발전과 마찬가지로 경제적·사회적·정책적 요인과 긴밀히 연결되어 있어 확산을 위해서는 체계적 지원과 분야 간 연계가 불가결하다.

녹색화학의 핵심, 촉매

'촉매'는 어떤 변화나 반응이 빠르게 일어나도록 돕는 요소를 뜻하는 과학 용어다. 촉매는 반응에 필요한 온도와 압력을 낮추어 비용을 절감하고 반응 효율과 선택성을 향상시킨다. 그 결과 에너지 사용과 폐기물 발생이 줄어 오염 저감에 도움이 된다. 생명체에서 활약하는 '효소'는 생물학적 촉매다. 효소는 사람의 체온과 몸속이라는 온화한 조건에서도 소화와 대사, 면역 반응 등 생명 유지에 필요한 화학 반응을 일으킨다. 이제 촉매는 산업에서도 활용되어 공정을 더 안전하고 지속 가능한 방향으로 개선하고 있다.

질소산화물 오염이 바로 촉매의 활약으로 해결된 대표적인 사례다. 질소산화물은 연료의 종류와 무관하게 모든 연소 과정에서 발생하기 때문에 가장 줄이기 어려운 대기오염물질 중 하나였다. 과학자들은 촉매를 이용해 유해한 질소산화물을 무해한 질소와 물로 전환해 질소산화물을 제거하는 탈질 기술을 개발했고, 이 기술은 1978년 일본에서 처음 상업화되었다. 높은 비용에도 불구하고 일본, 유럽, 미국에서 대기오염 규제가 강화되면서 촉매 기술이 빠르게 보급되었다. 한국에서는 1990년대 후반에 기술 개발을 시작해 2000년대에 들어 수입에 의존하던 탈질 촉매 상업화에 성공했다. 촉매 기술은 더 저렴하고 효율적인 방향으로 계속 발전했고, 공장과 자동차로부터 배출되는 오염물질을 크게 줄여 세계 주요 국가의 대기질 개선에 큰 도움을 주었다.[6]

최근 소개된 녹색화학 분야의 성공 사례 열 개 중 일곱 개가 촉매와 관련된 혁신 사례였다. 의약품, 플라스틱 첨가제, 유기용제 등을 생산하는 공정에 화학 촉매나 바이오 촉매를 활용해 공정을 개선한 결과, 유해 폐기물 발생과 원료 손실을 줄이고 공정에 사용되는 에너지도 절감하는 성과를 얻었다. 일례로 한 화학 회사는 유기용매를 사용하던 에너지 집약적인 공정을 무용매 촉매 공정으로 전환했다. 그러자 공정을 거친 후 남은 유기용매를 가열해 증발시키는 과정이 불필요해지면서 에너지 소비가 줄고 휘발성 유기 화합물과 온실가스 배출도 크게 줄었다. 유기용매를 사용하지 않으니 당연히 폭발이나 독성 위험이 줄고 작업 환경도 개선되었다. 또한 제품 순도가 향상되고 촉매의 재활용 가능성도 증가해 비용 효율성도 높아졌다. 촉매 공정으로의 전환이 무려 녹색화학 원칙 여섯 가지에 부합하는 변화를 불러온 것이다.[7]

환경 규제 및 탈탄소 움직임의 강화로 기업의 오염 처리 비용이 상승하는 가운데, 촉매 기술은 산업 공정의 친환경적 전환을 촉진하고 비용 절감 효과를 제공해 확산 잠재력이 크다. 현재 녹색화학용 차세대 촉매 개발을 둘러싼 글로벌 경쟁이 매우 치열하다. 대규모 연구 개발과 투자, 특허 경쟁뿐만 아니라 나노 기술부터 AI까지 다양한 분야가 융합되고 있다. 포집한 이산화탄소로 생산한 부가 가치 제품이나 바이오매스를 활용한 지속 가능 항공유SAF 등은 촉매를 활용한 녹색 혁신의 성공 사례로 꼽힌다.[8] 햇빛과 이산화탄소를 활용해 소위 '태양광 원료'를 만드는 인공 광합성의 핵심 기술도 태양광 흡수 촉매와 반응 촉매다. 탄소 중립 기술이기도 한 인공 광합성 연구는 연료 생산을 넘어 다양한 산업 원료와 소재를 만드는 데까지 확장되고 있다.[9] 물론 실험실 수준의 성과를 상업적 활용이 가능한 고효율의 안정적인 시스템으로 발전시키는 일은 쉽지 않은 도전이다. 하지만 전 세계 과학자가 쏟아내는 새로운 연구 결과의 성과와 속도를 볼 때, 석유에서 나오는 나프타^{naphtha} 없이 공기 중 이산화탄소와 태양 에너지로 다양한 소재를 만드는 시대가 머지 않아 현실이 될 듯하다.

스마트한 무독성 순환 경제

최근 폐기물 오염 현상이 전 지구적 문제로 대두되면서, 순환 경제가 화두에 올랐다. 순환 경제는 순환 체계를 통해 자원을 최대한 오래 사용해 폐기물을 줄이는 것을 목표로 한다. 산업 현장에서는 그 이행을 돕는 새로운 혁신 기술이 속속 등장하고 있다. 광화학 기기로는 분류가 어려운 검은색 플라스틱까지 재질에 따라 가려내는 폐기물 분류 머신러닝 기술, 블록체인 도구를 통해 선별된 폐플라스틱의 품질을 확보하는 재활용 기술, 미세 플라스틱 배출 저감을 위한 필터 세탁망 등 기술의 종류와 접근 방식이 다양하다.[10]

순환적 접근이 단순히 물질 자체의 순환에만 집중하는 경우 다른 환경 목표를 놓치기 쉽다. 특히 독성이 강한 유해물질이 포함된 제품을 재활용하면 자칫 심각한 오염물질이 사라지지 않고 오히려 확산되거나 축적되기도 한다. 개발도상국에서는 금속 회수를 위해 전자 폐기물을 소각하다가 독성물질이 배출되어 피해가 발생했으며, 재활용 플라스틱에서 나온 유해물질이 어린이 장난감에 포함되거나 조리 도구에서 검출되기도 한다. 산업 폐기물의 재활용 과정에서 유해물질이 비료에 포함되어 토양으로 오염이 확산된 경우도 있다. 순환 경제를 모든 환경 문제의 해법인 만병통치 전략으로 이해해서는 곤란하다. 물질 순환뿐만 아니라 다른 가치를 함께 고려하는 '성찰적 순환 경제', 특히 '무독성 순환성'을 확보하는 것이 중요하다. 처음부터 유해 화학물질을 제거하거나 사용하지 않는 안전한 재사용과 재활용을 중심에 두어야 한다.[11]

무독성 순환 경제 전략을 채택하는 사례는 점점 늘고 있다. 최근 발표에 따르면, 순환 경제는 화학, 소재, 식품, 패션, 전자 제품 등 주요 산업군 10개를 변화시키고 있다. 특히 화학 및 소재 분야에서는 생물 기반, 재활용 가능, 무독성 재료로의 전환이 활발하다. 일부 소비재 생산 기업은 제품을 내구성이 있고 수리가 가능하며 안전한 소재로 설계함으로써 무독성 순환 경제의 핵심 원칙을 실천하고 있다고 표방한다.[12]

폐기물과 온실가스를 줄이기 위한 순환 경제가 의도치 않게 오염을 확산시키는 결과를 초래하지 않도록 기후와 자원, 폐기물과 오염 문제를 통합적으로 고려하는 무독성 재활용 기술도 발전하고 있다. 기업들은 용매 기반 재활용 방식을 활용해 폐플라스틱의 첨가제를 제거한 후 고기능성 재활용 플라스틱을 제조하거나, 분해가 쉬운

디자인과 무독성 소재를 사용해 재활용과 안전이라는 두 마리 토끼를 잡기도 한다. 한 의류 기업은 유해물질을 검사한 후 중고 의류를 업사이클링한다. 현재는 주로 서유럽 지역을 중심으로 수천 개의 스타트업과 중소 기업들이 활용하고 있는 무독성 순환 경제 개념은 단순한 이론을 넘어 실제 산업 전략으로 자리 잡고 있다.[13]

유해성이 낮은 화학물질과 공정을 설계하는 녹색화학 연구, 유해물질을 식별하고 안전한 대안을 제시하는 플랫폼, 재활용 과정에서 오염된 자재를 분리해내는 고급 분리 기술, 그리고 제품 성분 정보를 기록하여 전 생애 주기 동안 화학 안전을 관리하는 '재료 여권' 등이 무독성 순환 경제를 뒷받침하는 기술 요소다. 플라스틱에는 단량체와 중합체 같은 기본 소재 외에도 가공제, 충전제, 산화 방지제, 가소제, 색소, 미생물 살균제, 안정제 등 매우 다양한 화학물질이 포함되어 있고, 제품마다 그 종류와 양이 다르다. 이에 더해 본질적으로 반응 부산물이나 비의도적인 첨가물로 오염된 상태다. 그러나 플라스틱에 대한 투명한 정보 공개나 성분 보고를 요구하는 경우는 거의 없다. 안전한 재활용이 관행으로 자리 잡기 위해서는 플라스틱과 제품 속 화학물질 정보의 투명성 부재라는 구조적 결함이 해결되어야 한다.[14]

2025년 봄, 굴지의 패션 기업들이 공정거래위원회로부터 경고를 받았다. 환경성이 검증되지 않은 제품에 '친환경'이나 '에코' 같은 표현을 사용해 광고한 혐의였다. 일례로 '에코 가죽'으로 홍보된 제품은 모두 석유 화학 원단 등으로 제작되어 일반 가죽에 비해 친환경성이 입증되었다고 보기 어려웠다. 기업과 제품의 친환경성은 소비자의 중요한 판단 기준이다. 소비자를 속이거나 잘못된 정보를 전달할 우려가 있는 표시 및 광고를 한 기업은 불공정한 행위를 한 것이고, 이는 '표시·광고의 공정화' 위반으로 제재 대상이다. 정부 조사가 시작되자, 업체들은 문구를 '페이크(fake, 가짜)'나 '신세틱(synthetic, 합성)'으로 바꾸거나 삭제했다.[15]

기업의 친환경 광고는 명확한 근거와 구체적 수치로 입증되어야 한다. 제품에 '친환경' 표시를 하려면 환경 표지 인증을 받아야 하고, 임의로 '친환경' 문구를 붙이거나 허위·과장 광고를 하면 법에 따른 제재를 받는다. 기업의 경영 활동에 대해서도 실제 환경성과와 무관하게 과장되거나 오해를 부를 수 있는 광고를 하면 제재 대상이 된다.[16] 정부가 이러한 '녹색 위장', 즉 '그린워싱greenwashing'을 엄격히 규제하는 이유는 그린워싱이 진정한 친환경적 변화를 식별하기 어렵게 하기 때문이다. 그린워싱은 소비자, 투자자, 규제 기관 등을 오도해 지속 가능한 생산과 소비가 전제되어야 성공하는 녹색 전환을 방해하거나 지연시킨다. 그린워싱에 대한 정부와 소비자, 그리고 국제 사회의 인식이 높아지고 있다는 사실은 역설적으로 '친환경'이 대세가 되고 있는 현실을 보여준다.

지금 세계는 플라스틱을 대체할 친환경 소재 경쟁에 접어들었다. 유엔무역개발회의[UNCTAD]는 2023년 사례 연구와 신생 기업들이 공개한 정보를 기반으로 60개 이상의 플라스틱 대체 소재를 확인했다.[17] 산업계는 실제 친환경 대체 소재로의 전환을 시도하고 있다. 자동차 산업계는 재활용 가능한 소재와 바이오 플라스틱으로 만든 내장재를 사용하고, 패션과 섬유 업계는 유기농 면과 대마, 재활용 폴리에스터 소재 등의 활용 범위를 확대 중이다. 전자 산업에서도 재활용 알루미늄과 지속 가능하게 확보된 희토류 금속으로 원료를 전환하고 전자 폐기물을 줄이기 위한 폐가전 제품 반환 프로그램도 운영한다. 건설업도 친환경 콘크리트, 지속 가능 인증 목재[FSC], 버섯균 기반 단열재 등을 도입하며 건축 방식의 판도를 바꾸고 있다.[18] 최근 사용되는 친환경 소재 중 버섯 균사체인 마이셀리움[mycelium],[19] 대마로 만든 콘크리트인 햄프크리트[hempcrete] 등은 플라스틱 오염과 기후 위기의 해법으로 국제 기구의 주목을 받기도 했다.[20]

이러한 움직임에도 불구하고, 친환경 소재가 확산되는 데에는 적지 않은 장애물이 존재한다. 예를 들어, 마이셀리움은 '비건 가죽'의 소재지만 대량 생산이 어려워 상용화에 시간이 걸린다. 기업 입장에서는 산업 전반의 친환경적 변화를 뒷전으로 한 채 몇몇 신소재 제품만을 부각해 친환경 이미지를 과장하거나 제품 일부의 친환경적 측면을 부각해 홍보하는 '그린워싱'의 유혹에 빠지기 쉽다. 게다가 초기 비용이나 공급망의 복잡성으로 중소 기업의 접근이 어렵다. 새로운 소재를 사용한 이후 폐기와 재활용 체계가 기존 폐기물과 완전히 달라 친환경 소재 자체가 새로운 오염원으로 받아들여지는 경우도 있다. 친환경 소재로의 전환이 일시적 유행이 아니라 산업 운영 방식을 근본적으로 바꾸는 변화로 이어지려면 새로운 소재의 성능 및 경제성 개선과 더불어 현재 소재나 기술에 맞춰 구축된 기존 인프라와의 부조화를 해결해야 한다.

친환경 빨대로 보는 녹색 소재의 미래

환경 분야에서 일한다고 하면 늘 따라오는 대화 주제가 폐기물 분리 배출이다. 음식물 쓰레기 분리 배출은 질척이는 물기와 불쾌한 냄새라는 고통을 극복하고 환경 보호를 실천한다는 증표처럼 여겨진다. 분리 배출을 잘 하려면 '재활용 불가 쓰레기'와 '재활용 가능 쓰레기'를 구분하는 능력이 필요한데, 이야기를 하다 보면 생선 가시, 닭 뼈, 그리고 재활용 표시가 붙어 있는 비빔 라면의 스프 봉지처럼 헷갈리는 품목으로 주제가 넘어가기도 한다.

최근 접한 가장 어려운 질문은 "편의점에서 주는 생분해 비닐봉투는 생분해가 되는데 왜 종량제 봉투에 버려야 하는지 모르겠다"는 것이었다. 생분해가 되니 음식물 쓰레기로 분리 배출해 자원으로 회수하는 것도 순환 경제에 도움된다는 구체적인 대안까지 나오자, 바이오 플라스틱이 처한 딜레마에 대한 긴 설명이 필요했다. 옥수수 전분처럼 유기물로 만든 바이오 플라스틱은 완전히 분해가 된다면 환경에 무해한 성분으로 바뀌지만, 현재 상용화된 바이오 플라스틱 대부분은 60도 정도의 산업용 퇴비화 설비에서 분해되고 일반 환경에서는 잘 분해되지 않는다. 게다가 이 봉투는 전통적인 플라스틱과는 성분이 완전히 달라 플라스틱 재활용 설비에 섞여 들어가면 재활용 플라스틱의 품질을 떨어뜨리고 재활용 자체를 저해한다. 바이오 플라스틱을 재활용하려면 별도의 수거 체계를 만들고 이를 처리할 퇴비화 설비를 설치해야 하는데, 현재로서는 인프라가 준비되지 않았다.

2021년부터 유럽 연합이 플라스틱 일회용품 전반을 규제하는 지침을 시행하면서 바이오 플라스틱을 포함한 모든 플라스틱 빨대의 판매와 제공이 금지되었다.[21] 현재 유통되는 바이오 플라스틱이 일반 환경에서는 분해가 되지 않고,[22] 비록 천연 유기물로 만들어졌다 하더라도 사용 후 바로 폐기되는 빨대는 이산화탄소 감축 측면에서도 도움이 되지 않는다고 판단한 것이다.[23] 이후 유럽의 빨대 시장은 플라스틱 대체재의 각축장이 되었다. 종이와 판지, 마카로니 파스타, 유리, 금속, 실리콘, 대나무, 해조류, 셀룰로스 등 각종 소재가 기존 플라스틱 빨대를 대신하기 시작했다.

플라스틱 빨대에 대한 사회적 우려가 플라스틱 오염에 대한 경각심에서 비롯된 만큼 어떤 소재가 더 기능적이고 친환경적인지 논란이 이어졌다. 종이 빨대는 생분해되지만 쉽게 무르고 일부 화학 성분이 첨가된다. 스테인리스, 대나무, 실리콘, 유리로 만든 빨대는 적극적인 친환경 소비자들 사이에서 인기가 있지만 대중화되지 못했다. 쌀이나 밀, 해조류 빨대와 같은 식용 빨대는 참신하지만 시장 규모가 작다.[24] 2025년, 그리스에서 수행된 생애 주기 평가^{LCA} 결과에 따르면, 밀 빨대가 환경에 가장 적은 영향을 미쳤다. 금속 빨대는 세척 과정에서 오염물질을 많이 배출했고, 종이 및 바이오 플라스틱 빨대는 기존 플라스틱 빨대에 비해 최대 2.5배 많은 기후 영향을 미친 것으로 나타났다.[25] 국내에서도 '플라스틱 빨대'와 '종이 빨대' 중 어느 것이 더 친환경적인지에 대한 논란이 진행 중이다.[26]

빨대의 소재에 따른 환경성을 평가하는 것은 단순히 각 단계별 환경적 영향을 계산해 비교하는 차원을 넘어 산업 혁신의 시차, 생산과 폐기에 이르는 전 주기의 범위, 비교 대안의 합리성 등을 고려해야 하는 복잡한 문제다. 플라스틱 빨대와 그 대체 소재의 환경성을 LCA로 분석할 때, 현재 기술 수준과 인프라를 기준으로 환경 영향을 평가하는 것은 기울어진 운동장에서 이루어지는 경기와 같다. 플라스틱 산업은 오랫동안 소재 경량화와 재활용 기술을 향상시켰는데, 지금의 대체 소재 기술도 그러한 과정을 거치면 환경 영향이 달라질 수 있다. 이에 더해 플라스틱 폐기물을 중심으로 구축된 자원 순환 인프라도 화석 연료 기반의 소재가 환경적으로 더 우수하다고 평가되는 결과를 불러올 수 있다. 지금까지 축적해온 노하우와 인프라가 미래 기술의 시장 진입을 가로막는 것이다.[27]

일회용품의 생산부터 폐기에 이르는 환경 영향은 주목하는 환경 지표와 단계에 따라 달리 보이기도 한다. 가령 LCA 결과, 플라스틱 빨대의 생산 단계에서 이산화탄소 배출량이 다른 대체 소재 빨대보다 적다는 사실만으로 플라스틱 빨대가 더 친환경적이라고 단정할 수는 없다. 만약 이산화탄소 배출량이 적은 플라스틱 빨대가 폐기 단계에서 생태계에 더 나쁜 영향을 끼친다고 평가된다면, 친환경성에 대한 우열을 가리기 어려워진다. 이러한 상충관계로 대체 소재의 환경성 검토에는 더 총체적인 접근이 필요하며, 결국 정책의 우선순위 문제로 귀결된다.[28]

어떤 연구자는 플라스틱의 LCA에서 개별 제품별 영향뿐만 아니라 플라스틱 전반의 집합적 영향을 간과해서는 안 된다고 강조한다. 플라스틱은 LCA에서 다른 소재에 비해 상대적으로 에너지 소비와 온실가스 배출량이 더 적다. 빨대, 비닐 봉지, 포장재 등 개별 제품의 온실가스 배출량은 적어 보이지만, 집합적으로는 환경에 막대한 피해를 끼친다는 점을 놓치지 말아야 한다는 것이다. 무엇보다도 일회용품은 소재와 관계없이 환경에 악영향을 미치므로, 꼭 필요한 경우가 아니라면 사용하지 않는 편이 낫다는 폐기물 관리의 기본 원칙에 천착해 단순히 어느 소재가 더 친환경적이냐는 접근보다 불

대오염의 시대

필요한 소비 자체를 줄이는 대안도 함께 고려되어야 한다고 지적한다.[29]

유럽 내에서도 왜 굳이 해양 플라스틱 폐기물의 0.025퍼센트에 불과해 플라스틱 오염 해결에 큰 도움이 되지 않는 빨대에 집중하느냐는 비판이 있다. 이에 대해 유럽의 한 언론은 "눈에 잘 띄고 쉽게 대체할 수 있는 제품을 겨냥함으로써 플라스틱 없는 대체재를 일반화하는 데 기여했다"고 진단하며, "일부 비평가와 소비자단체는 빨대 반대 운동을 보여주기식이라고 비판했으나 입법에 미친 영향은 분명하다"고 평가했다.[30] 플라스틱 대체 소재의 환경성이 현재 시점

파리 카페의 테이크아웃 종이컵·뚜껑 및 '플라스틱 함유 제품' 로고

유럽 연합은 플라스틱 코팅이나 라이닝이 있는 종이 기반 일회용품도 '부분 플라스틱 제품'으로 보고 규제한다. 이 규제는 부분 플라스틱 일회용품이 생성하는 크고 작은 플라스틱 조각으로 인한 육상·토양·해양오염을 억제하며, 혁신적이고 지속 가능한 사업 모델을 장려해 무독성 재사용 체계 구축에도 기여할 것으로 기대한다. 플라스틱 일회용품에는 플라스틱 함유 표식인 일명 '거북이 로고'를 붙여야 한다. 사진 속 파리 카페에서 제공한 종이컵에는 무려 13개 언어로 '플라스틱 함유 제품Plastic in Product'이라는 문구가 적혀 있다. 100퍼센트 플라스틱으로 이루어진 제품에는 '플라스틱 제품Made of Plastic' 표시가 붙는다.

에서 화석 연료 기반의 플라스틱을 압도하지 않더라도 일회용품 소비 자체를 줄이면서 플라스틱 대체 소재의 시장 혁신을 유도하는 유럽의 빨대 정책은 시도 자체만으로 유의미하고 미래지향적이다.

유럽의 플라스틱 빨대 강제 퇴출이 불러온 혁신과 경쟁은 지속 가능성과 기술 혁신 사이의 복잡한 관계를 여실히 보여준다. 정책 목표와 방향을 명확히 하고 지속적이고 일관된 정책 신호를 보낸다면 시장은 배신하지 않고 반응할 것이다.

독성 없는 지구를 위한 국제 협력

기후 위기와 생태 위기에는 국경이 없다.
지구 위기의 남은 한 축인 오염도 그렇다.

전 지구적 위협으로 부상한 오염 문제

오염은 사람의 건강과 환경에 심각한 영향을 미치지만 오랫동안 국지적이거나 지역적인 문제로 간주되었다. 국경을 넘어 이웃 국가로 넘어가는 대기오염물질이나 부적절하게 국외로 버려지고 거래되는 유해 폐기물과 위험물질 정도가 국제적 관심 대상이었다. 이와 달리 기후 변화와 생물다양성 손실은 일찌감치 국제 사회가 공동으로 협력해야 할 환경 현안으로 떠올랐다. 1992년에 유엔기후변화협약UNFCCC과 생물다양성 협약CBD이 채택되었다. 이후 2015년에 파리 기후변화 협정이 채택되었고, 2023년에는 쿤밍 - 몬트리올 글로벌 생물다양성 체계[GBF] 합의 등 이정표적인 국제 합의에 이르렀다.

오염은 매년 900만 명을 사망에 이르게 하는 전 지구적 건강 위협이다. 지난 20여 년간 전 세계 오염의 양태가 바뀌면서 오염은 지구의 새로운 위협으로 떠올랐다. 2000년대 이전 오염으로 인한 사망은 주로 수인성 전염병처럼 빈곤이나 비위생적 환경에서 기인했다. 놀랍게도 지난 20년간 아프리카 등 최빈국의 위생 상태가 개선되고 그로 인한 사망자 수가 크게 줄었음에도 불구하고 오염으로 인한 전 세계 사망자 수는 줄어들지 않았다. 같은 기간 산업화와 도시화로 인한 현대적 오염 문제가 심각해지며 유라시아 지역에서 증가한 사망자 수가 아프리카 지역의 사망자 수 감소를 상쇄했기 때문이다.[1]

중요한 현대적 오염 문제로는 대기오염, 납 중독, 그리고 각종 화학오염이 지목되는데, 이 오염들은 개별 국가의 노력만으로 해결하기 어렵다는 인식이 커지고 있다. 특히 과불화화합물이나 미세 플라스틱 등 세계적으로 확산 중인 오염 현상에 대해 시급한 대응이 필요하다. 각종 생활 제품과 그 원료들이 국제 교역을 통해 전 세계로 유통되면서 제품 속 화학물질이 유발하는 피해에 대한 경각심도 커지고 있다.[2]

화학 산업의 중심축을 이루는 국가와 지역의 변화도 포괄적인 국제 협력을 요구한다. 미국, 일본, 유럽이 세계 화학 산업의 중심 축을 형성하던 2000년대 이전에는 화학물질의 위해성 평가와 관리 정책을 OECD가 주도했다. 하지만 지난 20년간 중국이 세계 화학물질의 40퍼센트를 생산하는 세계 1위 화학 산업국의 자리를 차지하는 등 아시아 국가들의 성장이 두드러지면서 광범위한 지구적 맥락에서의 화학물질 관리 체계가 더욱 긴요해졌다.[3]

오염은 그 원인, 확산 경로, 건강과 생태계에 미치는 영향이 국경을 초월해 발생한다. 따라서 국제 사회는 현대적 오염에 대응하기 위해 지구적 행동이 필요하며, 이러한 노력은 기후 위기와 생태 위기 등 다른 국제 환경 의제와 맞물려 상승 효과를 낼 수 있을 것이다. 화석 연료에서 벗어나 재생 에너지로의 신속하고 규모 있는 전환은 오염을 예방하는 동시에 기후 변화를 완화하는 효과를 가져온다.

오염을 전담할 전문 과학 기구

기후 변화, 생물다양성 손실, 오염 등 지구의 삼중 위기를 극복하려면 복잡하게 얽혀 있는 위기의 원인과 전망을 분석하고 해결 대안을 제시하는 과학의 역할이 결정적이다. 국제 사회는 기후 변화 협약 채택에 앞서 1988년 국제 전문 과학 기구라고 할 수 있는 IPCC를 설치했다. IPCC 보고서는 전문가들이 연구한 기후 변화에 관한 과학적 지식을 종합하고 평가해 국제 사회가 정책을 수립하는 데 근거를 제공하는 가장 권위 있는 문서다. IPCC가 주기적으로 발행하는 '기후 변화 평가 보고서[AR]'는 기후 변화에 대한 과학적 합의 형성, 정책 방향 제시, 국제 사회의 전략 수립과 이행에 큰 영향을 미친다.

생물다양성 분야에서도 2012년 유엔 산하의 독립적 과학 기구로 '생물다양성과 생태계 서비스에 관한 정부 간 과학 정책 플랫폼IPBES'을 설치했다. IPBES는 2019년 글로벌 평가 보고서 등을 통해 약 100만 종의 생물종이 멸종 위기에 처해 있다고 경고하는 등 지구의 생물다양성과 생태계를 객관적으로 평가해 글로벌 생물다양성 전략의 수립과 이행에 기여하고 있다.

그간 분절적인 국제 협력이 이루어진 오염 분야에서는 통합된 국제 과학 기구가 없었다. 기후 변화나 생물다양성이 단일한 현안 아래 기본 국제 협약을 중심으로 체계적인 국제 거버넌스를 갖추고 있는 것과 달리, 복잡한 국제 거버넌스 속에서 오염 문제를 논의할 단일한 과학 기구를 설립하는 일은 쉽지 않았다. 오염 분야에서는 1989년 채택된 유해 폐기물의 국가 간 이동을 규제하는 바젤 협약, 2000년대에 채택된 유해 화학물질과 농약의 국제 거래를 규제하는 로테르담 협약, POPs(잔류성 유기오염물질)를 규제하는 스톡홀름 협약, 그리고 2010년대에 채택된 수은을 규제하는 미나마타 협약 등 네 개의 국제 협약이 가동 중이다. 국제 협약과 별도로 화학물질의 위험 정보 전달 체계를 표준화하는 세계 화학물질 분류 및 표시 시스템GHS 같은 이니셔티브도 영향력을 발휘한다. 여러 국제 기구로 구성된 화학물질 안전관리 국제 기구IOMC는 정부 및 산업계와 협력해 안전한 화학물질 사용과 환경 보호를 촉진한다. 일종의 협의 기구인 IOMC에 참여하는 국제 기구는 OECD, UNEP, WHO, 식량농업기구FAO, 국제노동기구ILO, 유엔산업개발기구UNIDO, 유엔훈련조사연구소UNITAR, 세계은행WB, 유엔개발계획UNDP 등 무려 9개나 될 정도로 오염을 둘러싼 국제적 거버넌스는 복잡하다.[4]

국제 사회는 2017년 제3차 유엔환경총회에서 오염 문제 해결을 위한 지구촌 공동의 노력을 촉구하는 각료 선언을 채택하며 본격적으로 '오염'을 단일한 환경 의제로 다루기 시작했다. 2022년 제5차 유엔환경총회에서는 오염 분야의 IPCC라고 할 수 있는 과학-정책 패널을 설립하기로 결정했다. 2025년 6월에는 오염을 전담할 과학 기구의 명칭과 기능이 확정되었다. '화학물질, 폐기물 및 오염 방지를 위한 정부 간 과학-정책 패널ISP-CWP'이라는 이름의 이 패널은 화학물질과 폐기물의 전 생애 주기와 오염 방지를 포괄하는 분야에서 정책 결정자에게 독립적으로 과학적 의견을 전달하는 역할을 하게 된다.[5] 모든 유엔 회원국에 개방하는 이 패널은 2026년 2월 스위스 제네바에서 제1차 총회를 시작으로 본격적인 활동을 개시했다.[6]

오염 부문에서 이 기구가 지닌 영향력은 기후 변화 분야의 IPCC에 필적할 것이다. 화학물질과 오염물질의 위해성 평가와 관리는 과학적 난이도가 높은 과제이므로, 세계적으로 권위 있는 전문가들로 구성된 국제 전문 과학 기구가 자문을 제공한다면 많은 국가가 이에 의존하게 될 공산이 크다. 화학물질과 폐기물 등 오염 정책이 산업과 밀접한 관련이 있고, 특정 물질을 규제하거나 제한하는 조치는 산업적 이해관계와도 큰 연관이 있기 때문에 많은 국가가 이 기구에서 이루어지는 논의의 방향을 자국에 유리하게 끌어가려고 힘쓸 것이다. 환경뿐만 아니라 경제와 산업을 위해서도 이 패널이 주도할 과학 논의에 관심을 가져야 한다.

글로벌 감시 체계의 구축

오염 현상이 광역화되면서 지구 차원에서 오염물질을 감시하는 체계가 구축되었다. 다수의 국제 기구가 대기질 모니터링과 평가, 오염물질 감시 등에 참여하고 있다. 국제 기구의 오염물질 모니터링 활동은 오염물질의 배출과 이동, 국가와 지역 간 오염 상황을 비교해 오염 현상을 객관화하고 오염에 대응하는 데 필요한 기초 자료를 제공한다. 특히 재정적·기술적 한계로 오염물질 측정이 어려운 저소득 국가들의 오염 상황까지 파악해 글로벌 오염 대응이 가능하게 한다.

UNEP의 POPs와 메탄 모니터링은 글로벌 감시의 대표적인 사례다. UNEP은 스톡홀름 협약에 따라 POPs의 글로벌 모니터링을 수행하고 있다. 그간 70여 개국에 실험실 역량을 구축하고 고품질 데이터를 생산할 수 있도록 지원했으며, 모니터링을 통해 기존에 데이터가 부족했던 지역에서 POPs의 존재가 확인되어 지역 맞춤형

개입이 이루어졌다.[7]

남태평양에 위치한 83개 섬으로 이루어진 군도群島 국가인 바누아투Vanuatu는 POPs를 측정한 자료가 거의 없었고, 이를 모니터링할 수 있는 기반 시설도 부족했다. UNEP 프로그램을 통해 처음으로 바누아투의 사람들과 환경에서 POPs 농도를 조사한 결과, 물에서 다른 태평양 국가보다 훨씬 많은 과불화화합물이 검출되었다. 공기에서는 1980년대 차량과 건축 자재에 사용된 브롬화 난연제 농도가 매우 높게 나왔다. 모유에서 검출된 다이옥신도 다른 나라보다 네 배나 높았는데, 영유아의 건강에 직접적인 영향을 줄 수 있어 매우 우려되는 수준이었다.

이 농도는 산업 활동이 거의 없는 섬나라에서 예상하기 어려운 높은 수치였다. 전문가들은 그 이유를 POPs가 대기와 해류를 통해 장거리를 이동했기 때문이라고 보았다. 바누아투처럼 POPs를 전혀 생산하지 않는 국가가 외부에서 유입된 오염물질로 인해 환경과 인체에 심각한 영향을 받을 수 있다는 사실은 큰 충격으로 다가왔다. 바누아투 정부는 이를 계기로 일회용 플라스틱 금지, 쓰레기 분리 및 소각 최소화, 화학물질 관리 강화 등의 대응에 나섰다.[8]

UNEP 산하의 국제 메탄배출관측소IMEO는 위성 기술을 활용해 강력한 온실가스이자 배경 오존 농도 상승에 기여하는 메탄의 대규모 누출을 감시하고 이를 정부와 기업에 실시간으로 통보한다. 2023년부터 운영된 '메탄 경보 및 대응 체계MARS'는 세계 최초의 위성 기반 메탄 감지 및 경고 시스템으로, 다섯 개 대륙에서 1,200건 이상의 대규모 누출 사건을 감지해 대응을 유도했다. 이 시스템을 통해 알제리의 하시 메사우드 유전에서 발생한 메탄 누출을 감지해 알제리 정부와 국영 석유 회사에 경고했고, 몇 달 내로 누출이 중단되어 자동차 50만 대가 한 해 운행을 멈춘 것과 같은 환경 효과를 얻었다.[9] 독일과 러시아를 연결하는 해저 천연가스 수송관인 노르드 스트림 파이프라인 파열 사고 당시에 48만여 톤의 역대 최대 메탄 배출을 위성으로 빠르게 감지해 완화 조치를 이끌어내기도 했다.[10] 국제 오염 모니터링 체계가 기술적 제약과 제도적 미비로 관리의 사각 지대에 있는 오염을 포착하고 예방하는 역할을 톡톡히 하고 있다.

플라스틱 협약, 경제냐 환경이냐

2025년 8월, 스위스 제네바에서는 2024년 말 부산에서 결론 짓지 못한 플라스틱 협상이 재개되었다. 플라스틱 오염이라는 전 지구적 위협에 대응해야 한다는 광범위한 공감대에도 불구하고 플라스틱 원료의 생산 제한과 플라스틱 속 유해물질 규제라는 핵심 의제를 두고 국가별 이해관계가 첨예하게 충돌했다. 특히 사우디아라비아, 이란, 러시아 등 석유나 석유화학 산업이 국가 경제에 높은 중요도를 차지하는 국가들이 강하게 반대했다. 이들은 재활용 중심의 접근을 주장하며 플라스틱 생산량 규제나 유해 화학물질에 대한 국제적 통제를 회피하는 입장을 고수했다. 반면, 플라스틱을 거의 생산하지 않는 아프리카 및 태평양의 군소 국가들은 해양 생태계 파괴, 식수 오염, 식량 안보 위협 등 심각한 피해를 호소하며 강력한 규제를 요구했다.[11]

제네바에서의 협상 재개를 앞두고, 의욕적인 협상의 타결을 요구하는 목소리가 이어졌다. 세계야생기금WWF과 버밍엄대학교는 미세 플라스틱의 위험성에 대한 최신 과학 연구를 근거로 들며 프레온 가스를 퇴출시킨 몬트리올 의정서처럼 일회용 플라스틱과 유해 화학물질의 단계적 제거를 촉구했다. 또한 2025년 6월, 프랑스 니스 유엔해양회의에서는 90여 개국이 플라스틱 오염 종식을 위한 국제 협약의 조속한 채택을 요구하는 정치적 선언문을 채택했다. 이 선언은 플라스틱 생산·소비 감축 목표 설정, 유해물질 퇴출, 안전하고 순환 가능한 제품 설계 기준 마련 등을 포함하며, 협상 재개를 앞둔 국제 사회를 압박했다.[12]

한국의 상황은 복잡했다. 플라스틱 오염에 대한 경각심은 커지고 있지만, 세계 5위권의 석유화학 생산국으로서 석유화학 산업이 국가 경제에 미치는 영향이 크다. 더욱이 중국의 급격한 석유화학 생산 능력 확대와 수요 둔화로 산업의 수익성이 악화된 상황에서 생산 제한 조치는 산업계에 타격이 될 수 있다. 협상 초기 강력한 플라스틱 협상을 지지하는 우호국 연합HAC의 일원이 된 한국은 협상 막

바지인 부산 회의에서 생산 상한선을 촉구하는 성명 등에 모호한 입장을 취했다. 캐나다의 한 정치과학 연구진은 "모호한 야망ambiguous ambition"이라는 개념을 한국에 적용해 "수사적으로는 높은 야망을 주장하면서도 강력하고 구속력 있는 조약 의무를 명확하고 일관되게 추진하지 못하는 사례"라고 분석하며, 국가의 외교적 위상을 높이는 데 실패한 외교 전략이라 평가했다.[13]

플라스틱 협상은 국제 환경 논의에서 반복되는 '경제'와 '환경'의 구조적 갈등을 다시금 드러냈다. 결국 2025년 8월, 제네바 플라스틱 협상은 계속 논의하자는 약속만 한 채 빈손으로 끝났다.[14] 이러한 갈등은 과거 프레온 가스가 대체물질의 등장으로 빠르게 퇴출된 것처럼 새로운 소재와 기술 혁신을 통해 해소될 가능성이 크다. 실제로 기후 변화 논의에서 탄소 중립이 세계적 흐름으로 자리 잡을 수 있었던 것도, 같은 양의 전기를 생산하는 비용이 재생 에너지가 화석 연료보다 더 저렴해질 정도로 기술이 발전했기 때문이었다.[15] 석기 시대는 돌이 없어서가 아니라 더 나은 도구가 등장하여 끝났다. 플라스틱 시대의 종말도 환경적으로, 그리고 경제적으로 더 나은 대안이 등장할 때 더 빨리 실현될 것이다.

2025년 8월 스위스 제네바의 플라스틱 협약 협상(INC5.2) 회의장 앞

플라스틱 협약의 체결을 촉구하는 플라스틱 폐기물들이 전시되어 있다. 세계 170여 개국 대표가 참석한 2주간의 회의는 플라스틱 생산량 감축과 관련 유해물질 규제 등에 대한 큰 이견으로 합의 도출에 실패했다.

불확실한 과학에 맞서는
위험 관리 거버넌스

과학은 모든 문제에 정답을 내지 못하지만,
사람은 모든 문제를 해결할 지혜를 갖고 있다.

증거 기반 원칙과
사전주의 원칙 사이

모든 국가가 오염 문제를 다룰 때 '과학'을 전면에 내세운다. 심각하고 되돌릴 수 없는 피해가 우려되지만 과학이 확실히 답하지 못하는 문제에 봉착할 때, 미국은 위험을 확인할 명확한 증거를 찾고 유럽은 미리 조심하자는 차원에서 일단 규제하는 방식을 취한다. 증거 기반 원칙과 사전주의 원칙으로 대별되는 미국과 유럽의 규제 철학 차이는 그들의 위험 관리 노하우와 기준을 중요한 준거로 활용하는 많은 나라의 위험 관리 정책 담당자를 당혹스럽게 한다.

다행히도 서로 대척점에 있는 것처럼 보이는 미국과 유럽의 규

         대오염의 시대

제 철학은 각각 여러 변주를 보이며 비슷해지고 있다. 증거 기반 원칙은 외견상 위해성 평가 결과 불합리한 수준의 위험이 입증될 때에만 정책적으로 개입한다는 기조를 고수하고 있지만, 위해성 평가의 방법론 자체에 상당한 융통성을 두고 운영된다. 사전주의 원칙은 불확실하더라도 심각한 위험에 대해서는 미리 안전 조치를 취한다는 입장을 유지하고 있지만, 꼭 필요한 용도로 사용되거나 새로운 증거가 확인되면 예외를 인정한다.

정부나 국제 기구가 채택하는 사전주의 원칙은 심각하지만 불확실한 위험을 규제하면서도 위험 저감 기술 개발을 함께 지원하거나 규제 조치가 경제적 합리성을 갖추도록 설계하는 것이 일반적이다. 이와 달리, 일부 환경 활동가나 전문가 들은 '위험 행위자가 안전을 입증할 때까지 해당 물질이나 기술을 허용해서는 안 된다'는 '엄격한 사전주의'를 주창하기도 한다. 한 연구자는 모든 행위가 위험을 수반하기 때문에 강한 사전주의 원칙은 아무런 방향을 제시하지 못하고 정책 결정과 혁신을 마비 상태로 만든다고 비판한다. 사전주의 원칙의 큰 개념적 진폭 때문에 일부 전문가들은 원칙이 모호하고 법적 문맥에 따라 다르게 해석되어 일관성과 집행력에 문제가 생길 수 있다고 지적한다.[1]

뼈아픈 가습기 살균제 참사를 겪은 한국은 환경보건정책과 화학물질 관리에 있어 사전주의 원칙의 중요성을 강조해왔다. 사전주의 개념은 환경보건법에 환경보건정책의 기본 이념으로 명시되어 있을뿐더러, 가습기 살균제 참사의 원인 물질과 같은 생물활성물질을 다루는 생활화학제품법의 기본 원칙으로도 규정되어 있다.[2] 그러나 현실에서는 이른바 '불확실한' 위험이 등장하면 과학적 판단보다 이해관계자의 목소리에 좌우되는 경향이 있다. 2010년대에 젖병에서 검출된 비스페놀 A처럼 사회적 우려의 목소리가 크면 이른바 '사전주의 원칙'을 들어 유럽 연합과 비슷한 속도로 금지 조치를 단행한다. 반대로 국내에서 쟁점이 되지 않는 위험은 국외에서 규제가 본격화되어도 미온적으로 대응하는 경우가 많다. 사전주의 원칙의 자의적 적용은 결국 위험 관리 정책과 제도에 대한 신뢰 저하로 이어질 수밖에 없다.

　최근 미국과 유럽의 융통성 있는 규제 철학 적용은 두 원칙 간의 절충이 가능함을 보여준다. 두 원칙을 양자택일의 문제로 보지 말고 '증거에 기반한 사전주의적 접근'을 시도하면 시의적절한 위험 대응을 하면서도 새로운 과학적 증거에 따라 균형 잡힌 대응을 할 수 있다. 과거에는 유럽, 미국, 일본 등의 규제 여부가 국내 화학물질이나 오염 정책을 결정하는 가장 중요한 고려 사항이었다. 그러나 이제는 정치 상황에 따라 널뛰는 특정 국가의 위험 관리를 모방하기보다 과학적 불확실성을 다루는 우리만의 위험 관리 철학을 정립해야 할 때다.

공공 신뢰를 바탕으로 한
참여형 위험 관리

화학물질과 오염의 관리는 오랫동안 과학자들과 정부의 영역으로 간주되었다. 특히 위험의 정도를 결정하는 위해성 평가는 오롯이 과학자들의 몫이므로 과학자들이 정치나 행정의 부당한 영향을 받지 않도록 행정과 철저히 분리할 것을 권고하기도 했다. 시민들의 가치와 인식은 하나의 주변 요소 정도로 치부했다.[3] 그런데 2010년대에 들어 위해성 평가가 사회적·정치적 요소를 동반하게 되면서 그 과정 전반에 시민의 적극적인 참여가 필요하다는 전향적인 관점으로 진화했다. 현실에서는 시민 참여 없이 위험 관리 정책이 성공할 수 없었기 때문이다.[4]

2010년대 중반, 미국 미시건주 플린트시는 주민들의 수돗물 민원에 대해 '안전'하다는 공식 입장을 발표했다. 그러자 시민들과 독립 과학자들이 자체적으로 납 오염을 밝혀내 주와 시 정부의 공식 평가를 반박하며 전국적인 수돗물 정책 개혁을 끌어냈다. 현재 유럽 연합이 검토 중인 과불화화합물 보편 규제의 검토 과정에서도 대체물질이 없어 유해물질을 꼭 사용해야 하는 '필수적인 사회 기능'을 결정하는 데 시민의 참여가 필요하다는 의견이 제기되었다. 시민들의 과학적 소양이 증가하고 언론과 독립 전문가 들의 협업이 활발해지면서, 위해성 평가가 더 이상 일부 전문가와 정부만의 몫이라고 보기 어려워졌다. 위험 평가와 관리에 있어 시민의 참여는 대세가

되고 있다.[5]

사회적 관점을 통합한 총체적 접근이 성공하려면 과학자·시민·행정 기관 사이의 위험 인식을 조율하는 과정이 필요하다. 특히 위험 관리 과정에 참여하는 주체들이 저마다 가진 이해관계와 위험 인식의 편향을 바로잡고 서로의 입장을 이해하는 소통이 그 핵심이다. 하지만 현실에서의 '위험 소통'은 결코 쉽지 않다. 위험 평가라는 과학적 과정 자체가 본질적으로 불확실한 데다, 확실한 과학적 사실조차 각기 다르게 해석하는 경우가 많기 때문이다. 전문가의 소신과 대중의 신념이 충돌해 혼란이 발생하면 정치인들은 실제 위험 감소와는 관계없는 쪽으로 자원을 배분해야 하는 상황에 놓이기도 한다. 객관적이라 믿었던 전문가들 사이에서 견해 차이가 나타나면 대중은 과학 자체에 회의적인 태도를 보이게 된다.

실제로 정치적 상황에 따라 과학적 평가 결과가 뒤바뀌는 경우는 적지 않다. 2025년 8월, 미국 EPA는 '최신 과학'을 반영한다는 이유로 기후 변화 규제의 법적·과학적 근거였던 '2009년 위험성 판정'을 철회하는 행정예고를 단행했다.[6] 이 과정에서 화학물질 평가를 담당하던 연구 부서인 미국 EPA의 연구개발국[ORD]은 사실상 해체되다시피 했다.[7] 이처럼 정치적 이유로 과학적 결과가 달라지면, 사람들은 '과학'을 '정치'로 볼 수밖에 없다. 위험을 둘러싼 정치와 대중 인식, 과학의 난맥상 속에서 위험 소통을 가능하게 하는 관건은 정보 공개와 투명성을 바탕으로 한 신뢰다. 갈등을 조정하는 공공 기관에 대한 신뢰가 바로 그 중심에 있어야 한다.

세계는 코로나19 대응 과정에서 공공 신뢰가 불확실한 위험에 맞설 때 발휘하는 엄청난 힘을 경험했다. 2020년, 보건의료 선진국조차 낯선 바이러스 앞에서 우왕좌왕했을 때, 한국은 과학적이고 체계적인 대응으로 세계의 주목을 받았다. 국민들은 마스크 착용, 거리 두기, 자가 격리 등 정부 지침에 높은 수준의 자발적 협조를 보여주었고, 이는 감염 확산을 억제하는 데 결정적인 역할을 했다. WHO는 한국의 대응을 "혁신과 공공 신뢰에 기반한 성공 사례"라고 평가했다. 이러한 성공은 단순히 문화적 특성 덕분이 아니라 정부가 신뢰를 쌓기 위해 지속적인 노력을 기울인 결과라는 분석도 있다.[8]

화학물질 위험 평가에서도 공공 신뢰를 확보하려면 편향을 교정하고 투명한 소통을 보장하는 다양한 장치가 필요하다. 예를 들어, 동료 검토를 통해 전문가 간의 상호검증이 이루어진다면 과학적 오류나 위험의 과소평가를 방지할 수 있다. 또한 독성학, 환경학, 사회학 등 여러 분야의 의견을 통합하는 다학제적 소통이 중요하며 특정 산업의 이해관계나 전문가적 편향에 치우치지 않도록 균형 잡힌 참여를 담보해야 한다. 과학의 힘이 현실에서 구체화되려면 공공 신뢰가 뒷받침되어야 하므로, 신뢰에 기초한 시민 참여형 위험 관리 거버넌스를 구축하는 것은 오늘날 화학오염이라는 위험을 극복해야 하는 모든 국가의 중요한 과제다.

대안이 있다면 활용하자

화학물질이나 오염물질을 관리할 때 위해성 평가에 기반한 관리만이 능사는 아니다. 유해물질을 적절하게 관리할 수 있는 효율적인 대안이 존재한다면 굳이 복잡하고 오래 걸리는 위해성 평가 과정을 거칠 이유가 없다. 위해성 평가를 활용하지 않는 오염 관리 정책의 대표 주자는 '최적 가용 기술 적용'이다. 현재 기술 수준으로 최적의 방지 기술을 적용해 오염물질을 줄이는 방식은 위해성 평가 결과와 무관하게 정책 현장에서 선택할 수 있는 최선이다. 국내에서도 대규모 사업장의 유해물질을 통제하기 위해 이를 의무화하고 있다.

또 다른 대안은 '대체물질 존재 여부에 따른 규제'다. 특정 유해물질이 산업적으로 유용하더라도 합리적인 비용과 성능을 갖춘 안전한 대체재가 있다면 기존 물질을 규제해 대체물질의 시장 진입을 돕는 방식이다. 수천 종에 이르는 과불화화합물을 일일이 평가해 관리하기 어렵기 때문에 전문가들은 과불화화합물을 그룹 단위로 관리하거나 우선순위를 매겨 우려가 큰 물질에 집중하는 방안을 고민하기도 한다. 혹은 개별 물질의 독성 자료나 모니터링 데이터가 아직 충분하지 않아 위해성이 명확히 입증되지 않았더라도 선제적으로 대체물질을 확보하려는 노력을 기울인다.[9]

전 세계 화학물질 사용량은 1950년 이후 50배 이상 폭증했다. 지난 20년 동안에만 생산량이 두 배 이상 늘었고 화학오염 역시 그에 비례해 심화되었다. 특히 미세 플라스틱과 과불화화합물처럼 수천에서 수만 가지 물질로 구성된 물질군이 새로운 위협으로 떠오르고 있다.[10] 물질 하나하나를 개별적으로 평가하는 전통적인 방식으로는 새로운 위협에 제대로 대응하기 어렵다. 위험을 피해가는 현실적인 대안이 있다면 복잡하게 위험의 정도를 따지기 전에 그 대안을 선택하는 것도 지혜로운 방법이다.

유감스러운 대체를 막을 혁신 거버넌스

과거에도 유해물질을 안전한 대체물질로 바꾸려다 독성이 비슷하거나 오히려 더 위험한 물질로 교체되는 '유감스러운 대체' 사례가 있었다. 역사적으로 비소를 함유한 맹독성 색소인 파리 그린이 카드뮴 안료로 대체되었지만 이 역시 발암물질이었다. 이러한 문제가 반복되는 원인은 기업의 혁신과 제품 개발이 정부 규제보다 늘 앞서는 구조에 있다. 기업이 새로운 대체물질을 개발해 시장에 출시하면 정부는 뒤늦게 위험을 인지하고 관리한다. 비스페놀 A를 비스페놀 S로 대체한 뒤에야 대체물질의 유해성이 밝혀지는 일이 벌어진 것도 그 때문이다.

악순환을 끊으려면 산업계와 정부가 협력하는 혁신 거버넌스가 필요하다. 단순한 규제를 넘어 규제 당국과 산업계가 공동으로 위험 관리 체계를 구축한다는 의미다. 유럽 연합은 유해물질 대체 원칙을 제도 안으로 편입시켜 혁신을 유도하고 있다. 기업이 고위험 우려 물질SVHC로 지정된 물질을 계속 사용하려면 의무적으로 대체물질의 독성, 기술적 타당성, 경제성 등 대체 가능성을 평가해 당국의 승인을 받아야 한다. 대체재가 없는 물질은 승인을 받을 수 있지만 대안이 존재하는 물질은 SVHC 사용 승인을 받기 어려워 대체물질로 전환해야 한다. 기업이 유해물질의 사용을 검토할 때 대체물질 존재 여부를 검토하고 개발하도록 압박하는 제도가 시행된 이후, 유럽 화학 산업에서는 특허당 화합물 수가 40퍼센트 늘고 신규 화합물 수도 23퍼센트 증가하는 등 혁신이 활발해졌다.[11]

반면 미국 EPA는 상대적으로 분산된 접근을 취해왔다. 예산과 인력 부족으로 평가가 지연되고 규제 자체를 예측하기 어려워지자, 많은 기업이 신물질을 미국 외 지역에서 먼저 출시하고 있다. 게다가 화학물질 전반에 모호하고 보수적인 입장을 취하면서 기업의 의사 결정에 큰 불확실성을 안겨주었다. 이는 산업 경쟁력을 약화하고 안전한 화학물질로의 전환도 지연시키는 결과를 초래했다.[12]

미국 연방 정부와 달리 매사추세츠주의 '유해물질 사용 저감법TURA'은 성공적인 사례로 평가받는다. 이 법은 기업에 유해물질 사용량 보고와 대체 평가를 의무화하는 동시에 전문 연구소의 기술 지원을 제공한다. 그 결과 TCE의 80퍼센트 이상을 물 기반의 대체물질로 바꾸는 데 성공하고 비용까지 절감하는 성과를 거두었다.[13]

결국 화학물질의 대체는 단순한 기술적 선택이 아니라 정책적 혁신을 함께 요구하는 과제다. 대체물질 개발을 산업계의 자율에만 맡겨두지 말고 정부가 촉진자 역할을 적극적으로 수행해야 한다. 규제 기관은 지식 중개자이자 이해관계자 간 협력을 이끄는 플랫폼 제공자로서 명확한 가이드라인과 기술 지원을 제공하고, 정보 투명성을 기반으로 기업과 함께 안전한 대체물질로의 전환을 꾀해야 한다.[14] 이제 우리는 유감스러운 대체를 반복하지 않고 지속 가능한 화학물질 혁신을 실현할 수 있는 전환점에 서 있다. 오염 관리에 있어 전통적으로 대척점에 서 있던 정부와 산업계가 협업하는 거버넌스가 녹색 혁신을 이끌 것이다.

녹색 혁신을 위한
삼인사각

환경적 도전이 점점 거세지고 지속 가능한 해결책의 필요성이 높아지는 가운데, 산업계·학계·정부의 융합은 강력한 녹색 혁신의 성공을 이루는 핵심 축이다. 산업계는 실행 엔진으로 과학적 통찰을 현실의 해결책으로 전환한다. 기업은 화학물질 생산·사용·폐기 과정의 안전을 책임지며 점점 더 많은 기업이 환경 영향을 줄이는 녹색화학 원칙을 채택하고 있다. 그러나 규제의 방향성이 명확하지 않거나 학계와 협력하지 않는다면 혁신은 멈추거나 방향성을 잃을 수 있다. 학계는 지식의 원천이자 혁신과 비판적 사고의 중심지다. 녹색화학과 위해성 평가 분야에서 학계는 결정적인 기여를 하지만 산업계의 피드백이나 정부의 지원이 없다면 학술 연구는 현실과 동떨어질 위험이 있다. 정부는 정책의 설계자다. 기업의 행동을 규제하고 조장하며 학계 연구를 지원하는 제도적 틀을 설정한다. 정부의 개입은 혁신이 경제적·산업적 효과 말고도 국민의 건강 보호라는 공공 목표에 부합하도록 이끄는 역할을 한다.[15]

혁신과 지속 가능한 경제를 달성하는 경기에서 기업은 기술 혁신을 실현하는 선수, 과학은 전략과 아이디어를 설계하는 코치, 정부는 경쟁의 목표와 룰을 설정하는 심판이다. 각 주체가 제 역할을 하지 못할 때 혁신은 삐걱거린다. 선수들이 골대를 향해 열심히 공을 몰고 달리는 도중에 심판이 골대를 옮겼다고 상상해보자. 선두에서 달리던 선수들과 전략을 짰던 코치들은 충격에 빠지고 골대의 자리가 확실해질 때까지 경기에 진지하게 임하지 않을 것이다. 우리는 세계 곳곳에서 기후 변화와 생태계 파괴, 오염을 물리칠 녹색 혁신의 경기장에서 골대가 이리저리 바뀌며 선수와 코치 들이 방향을 잃고 혼란에 빠진 현장을 목도한다.

산업계·학계·정부 세 영역의 시너지는 저절로 생기지 않는다. 의도된 협력, 공유된 비전, 장기적 의지가 필요하다. 녹색 혁신의 성공 사례들은 산업계·학계·정부의 삼인사각의 지혜가 활성화될 때 비로소 혁신이 현실이 된다는 점을 보여준다.

불완전한 우리가 나와 이웃,
그리고 지구를 지키는 법

인생은 10퍼센트의 상황과
90퍼센트의 태도로 이루어진다.
찰스 R. 스윈돌 Charles R. Swindoll (2023)[1]

침착하게 화학물질
노출 줄이기

독성학 전공자라고 하면 유해물질로부터 안전한 생활 속 실천법을 알려달라는 요청을 종종 받는다. 주변 환경이 온통 화학물질이고, 제품도 다양할 뿐만 아니라 세부 정보도 복잡해 어떤 물질을 어떻게 조심하라고 답해야 할지 솔직히 난감하다. 게다가 시장은 사람들의 인식 속에 잠복된 편향을 마케팅 전략으로 이용한다. '천연'이나 '친환경'과 같은 홍보 문구를 붙이고 수돗물 등 공공재에 대한 소비자 신뢰를 약화시키는 전략도 쓴다. 안전 정보에 대한 이해 수준이 높은 소비자조차 다양한 정보의 제품 광고와 빼곡히 적힌 제품

라벨 속 위험 정보를 활용하는 걸 어려워한다.[2]

복잡한 현실 속에서 화학물질의 노출을 줄이는 방법은 '침착'하게 지금의 과학적 지식을 최대한 활용하는 것이다. 핵심 수칙으로 '용도에 맞게 사용하기'와 '사용법과 주의 사항 지키기'를 권한다. 라면 봉지에 라면을 맛있게 끓이는 제조사의 노하우와 뜨거운 물을 조심하라는 안전 정보가 적혀 있는 것처럼, 다른 제품들도 그렇다. 모기약과 같은 살충제 라벨에는 "흔들어 사용"하면 모기를 잡는 데 효과적이고 "인체에 직접 분사하지 말라"는 안전 정보가 쓰여 있다. 제품을 선택하고 사용할 때 이를 확인하고 준수하는 것이 제품의 효능을 누리면서 안전을 확보하는 데 도움이 된다.

사용법을 지키는 것이 중요한 이유는 제품의 안전성이 사용법대로 쓴다는 조건에서만 보장되기 때문이다. 예를 들면, 많은 농약이 인체 독성이 있지만 '안전 기준을 지키면서 농작물에 뿌린다'는 사용법을 가정해 효능과 안전성을 검증받고 시장에 나온다. 화학물질의 독성은 입으로 섭취하느냐, 코로 흡입하느냐, 피부에 접촉하느냐에 따라 달라진다. 매니큐어 제거용 아세톤을 손톱이 아닌 피부에 바르면 피부가 따끔거리고 건조해져 갈라지고, 입으로 삼키면 폐로 들어가 화학성 폐렴을 유발하며 심한 경우 사망에 이를 수 있다.[3]

의외로 사람들은 화학물질 노출을 걱정하면서도 제품에 표시된 사용법과 주의 사항을 눈여겨보지 않는다. 실제 방역 현장에서 소독약 사용법을 제대로 지키지 않아 사회적 이슈가 되기도 했다.

닦아내는 방식으로 사용해야 하는 소독제를 공기 중에 분무할 정도로 사용법에 주의를 기울이지 않는 것이다.[4]

생활 용품도 사용법과 주의 사항을 지키는 것이 중요하다. 일부 비접착 코팅 조리 기구는 정상적으로 사용하면 건강에 피해를 주지 않지만, 360도 이상으로 과열되면 유해한 가스가 발생할 수 있다. 요리 과정에서 이 온도를 넘는 경우는 거의 없지만 프라이팬이 단독으로 과열되어 연기가 나거나 타는 냄새가 나면 주의해야 한다. 그래서 이 조리 기구에는 "팬이 적정 온도에 도달하면 음식을 넣고 열을 줄여 과열을 방지하세요", "조리 기구에 내용물이 없는 상태로 불이 켜진 가스레인지 위에 올리지 마십시오"와 같은 주의 사항이 써 있다.[5] 물론 이러한 실천만으로 기업의 부도덕한 행위나 제도의 미비로 발생하는 위협을 방지할 수는 없다. 정부와 기업에 대한 시민의 감시는 개인적인 실천과는 별개다.

종이컵 vs. 플라스틱컵, 미세 플라스틱이 불편한 이들을 위한 정보

영화 〈반지의 제왕〉에 출연했던 한 영국 배우가 자신의 피 속 미세 플라스틱을 제거하기 위해 투석을 받으려 한다는 기사를 보았다. 미세 플라스틱이 인체에 미치는 영향은 아직 명확하지 않지만, 1년에 신용카드 몇십 개를 먹고 있다는 식의 정보를 접할 때면 찜찜한 것은 사실이다.

플라스틱컵은 폴리프로핀렌[PP], 폴리스티렌[PS], 페트[PET], 발포스티렌[EPS] 등 다양한 소재로 만들어지고, 음료용 종이컵도 물이 스미지 않도록 플라스틱 코팅이 되어 있다. 여러 연구에 따르면, 소재와 무관하게 일회용 플라스틱컵과 코팅 종이컵 모두 미세 플라스틱이 검출된다. 음료의 온도가 뜨겁고 음료를 담은 시간이 길어질수록 방출량도 증가한다. 세부적인 방출량은 컵의 소재, 코팅 방식, 음료의 온도와 음료가 담긴 시간에 따라 무척 달라서 어느 하나가 낫다고 결론내기 어렵다. 일회용 컵을 써야 한다면 어떤 컵이든 짧은 시간 내에 사용을 마치는 것이 바람직하다.

미세 플라스틱 노출을 더욱 줄이고 싶다면 일회용 컵을 가능한 한 쓰지 않는 편이 좋다. UNEP은 '소재와 무관하게' 일회용품 사용 자체를 줄일 것을 권고한다. 이는 미세 플라스틱으로부터 미리 조심하려는 개인에게도 도움이 된다. 지구를 위하는 일이 곧 개인의 건강을 지키는 일인 셈이다.

작은 원을 돌리면 오염도 줄어든다

우리는 보통 화학물질 노출을 줄이려고 할 때 먹고 마시는 것을 조심한다. 유기농 식재료, 100퍼센트 천연 음료, 유해물질을 포

 대오염의 시대

함하지 않은 생활 용품에 관심을 갖는다. 하지만 각종 포장과 일회용품, 생활 속 제품이 사용되고 폐기될 때 간접적으로 노출되는 화학물질의 양은 적지 않다. 폐기물, 특히 플라스틱과 거기에 첨가된 화학물질은 환경과 생태계에 문제를 일으킬 뿐만 아니라 물과 토양 등을 거쳐 농작물과 사람에게 다시 돌아온다. 최근《네이처》에 게재된 연구에서는 그간 간과되었던 미세 플라스틱 노출 경로를 지목했다. 바로 '대기 중 미세 플라스틱'인데, 미세 플라스틱을 코로 흡입할 뿐만 아니라 식물의 잎으로 들어가 종국에는 식품에 유입되어 직접 섭취하게 된다는 것이다.[6] 이제 화학물질 노출을 줄이려면 폐기물을 줄여야 하는 시대가 되었다.

순환 경제로 대표되는 폐기물 감축 전략은 자원을 다량 추출해 빠르게 소비 제품으로 가공한 뒤 버리는 이른바 '선형 경제'를, 가치 사슬의 '순환 고리'를 완성하는 순환형으로 바꾸는 것을 의미한다. 이 개념은 생활 속 폐기물을 줄이는 더 나은 방법에 대한 단서를 제공한다. 가능한 한 물질과 형태를 바꾸지 않고 작은 원을 만드는 순환을 실천하는 게 환경에 좋다.

가정에서 식기를 세척해 사용하는 것은 지름이 0인 순환이다. 분리 배출된 소주병이나 맥주병을 다시 수거해 세척한 후 그대로 다시 쓰는 재이용은 '가정 → 음료 생산 공장 → 가정'을 순환하는 작은 원이다. 페트병을 수거해 녹인 후 다시 페트병으로 만드는 재활용은 '가정 → 재활용 플라스틱 생산 공장 → 음료 생산 공장 → 가정'을 순환하는 더 큰 원이다. 플라스틱 쓰레기들을 모아 재활용 펠렛으로 만든 후 플라스틱 대야를 만드는 재활용은 모양도 바뀌고 고리가 더 큰 순환이다. 순환 고리가 커지고 제품 모양이 변할수록 환경에 가해지는 부하는 커진다. 아예 원을 그리지 못하고 바로 버려지는 일회용품이나 포장재 들이 그리는 선형의 물질 흐름은 가장 큰 오염을 유발한다.

원천적으로 폐기물을 발생시키지 않고 가능한 한 줄이려는 노력은 미세 플라스틱과 각종 오염물질을 줄이는 데에도 효과적일 뿐만 아니라 화석 연료에 기반한 자원 소비를 줄여 온실가스 감축에도 도움이 된다. 개개인의 작은 실천이 불러오는 파급 효과는 생각보다 입체적이다.

자연스럽게 친환경이 되는 사회

환경을 업으로 하다 보니 늘 나름의 자기 검열을 하지만 소소한 실천을 놓치지 않기가 의외로 어렵다. 에코백이나 텀블러를 잊을 때마다 발생하는 몇백 원의 인센티브나 패널티가 사람의 행동 변화를 이끌어내기에 충분하지 않다는 어느 행동경제학자의 조언이 맞다는 사실을 절감한다. 사람들은 다른 사람이 작은 친환경 행동조차 실천하지 못하는 이유가 의식이나 의지가 부족하거나 실천 방법을 잘 모르기 때문이라고 생각하는 듯하다. 친환경 가치로 무장하고 다른 이들에게 그것을 행동으로 옮길 것을 요구하면서 공격적인 캠페인을 벌이기도 한다. 사회 지도층이나 유명 인사의 릴레이 챌린지를 보면 큰 변화가 있을 것 같지만 현실은 생각만큼 극적으로 바뀌지 않는다. 바쁘고 고민거리가 많은 일상 속에서 환경을 늘 신경 쓰며 생활하기란 매우 어렵다.

세계인들은 이미 기후 변화와 지속 가능성이 중요한 문제라고 생각한다. 특히 한국은 기후 변화를 우려하고 자기 삶의 문제로 받아들이는 시민 비율이 세계 최고 수준이다.[7] 그러나 스스로의 행동을 바꾸어 친환경 행동을 실천하는 사람은 의외로 적다. 위험을 얼마나 감수할지에 대한 선택은 사람마다 큰 편차를 보인다. 환경 오염이나 건강 피해 같은 불확실한 위험에 대응하는 개인의 행동을, 평균값으로 수렴되는 '대표 인간'을 상정해서 추정하기 어렵다는 뜻이다.[8] 심리학자 로버트 기포드Robert Gifford는 친환경 인프라나 녹색 상품 부재 등 구조적 문제가 없는데도 인식과 실천의 괴리가 발생하는 이유로 '행동을 막는 용dragons of inaction' 일곱 가지를 지목했다. 인식이 행동으로 이어지는 길목을 가로막고 있는 심리적 장벽은 인식 부족, 이념, 타인과의 비교, 매몰 비용, 신뢰 상실, 위험 인식, 행동 부족 등으로 다양하다.[9]

국제 기구들은 심리적 장벽을 제거하기 위해 행동과학적 접근을 환경정책에 접목하기를 권한다. 사회의 기본값과 선택 구조를 바꾸어 자연스럽게 친환경적 행동 변화를 유도한다는 개념이다. 그래서 한 전문가는 행동과학적 접근을 '자동으로 녹색'이 되는 정책이라 부르기도 했다.[10] 대표적인 접근법은 기본값을 녹색으로 설정하는 것green defaults이다. 에어컨 실내 온도 설정의 기본값을 권장 온도인 26도로 맞추어 출시하고 컴퓨터를 판매할 때 기본값을 에너지 절약 모드로 설정하는 등 전자 제품 출시 시 환경 친화적 대안을 기본으로 설정해두면 사람들은 추가적인 노력 없이 전기를 절약하는 선택을 할 수 있다.

일회용품 감축 분야에서도 행동과학적 접근을 유용하게 활용할 수 있다. 예를 들면, 카페에서 빨대나 커피 스틱, 컵 뚜껑 등 일회

행동을 막는 일곱 용

인식이 행동으로 이어지지 못하는 심리적 장벽인 인지적 한계, 사회적 압력, 심리적 불안 등은 복합적으로 작용한다.

용품이 보이지 않도록 물품 배치를 바꾸는 것이다. 미국 캘리포니아 주의 한 도시에서 고객이 요청할 때만 빨대를 제공하는 '빨대 기본 선택 조례Plastic Straw Default Choice Ordinance'를 시행한 후, 빨대 사용률이 평균 30퍼센트 이상, 많게는 41퍼센트까지 줄었다. 일부 소비자 불만이 제기되었지만, 해당 매장은 큰 부담 없이 비용을 절감하는 효과도 얻었다.[11] 어떤 연구에서는 빨대를 기본적으로 제공하지 않고 별도의 상자에서 꺼내게 하는 실험을 했더니 빨대 사용이 유의미하게 줄었다.[12] 국내 한 언론사가 카페 한 곳과 협업해 실시한 '매장에서 빨대 숨기기' 일일 실험에서도 비슷한 효과가 나타났다.[13]

식당이나 카페에서 일회용품 대신 단아한 물잔과 머그컵을 쓰고, 편의점을 나올 때 비닐이나 종이 봉투보다 장바구니를 드는 것이 더 품격 있고 건강하다고 여기도록 녹색 사회 규범green social norm을 만들어가는 것도 중요하다. 스마트 미터로 에너지 소비량과 비용을 실시간 측정해주는 사례처럼 행동 변화에 대한 보상을 즉각적으로 인식하게 하는 '피드백 메커니즘', 물 부족 시기에는 물 절약을 실천한 가구에 보상을 제공하는 등의 '보상과 처벌 체계', 에너지 절약 목표를 설정하고 정기적으로 피드백과 팁을 제공해 달성 여부를 점검하는 '설정과 약속 장치commitment devices' 같은 행동 변화 장치도 정책 지렛대로 활용할 수 있다.[14]

전문가들은 기본 설정값을 바꾸어 변화가 시작되더라도 조직적 커뮤니케이션과 사용자 중심의 실험을 통해 개인 차원의 인식 변화와 시장 형성이 이루어져야만 지속 가능한 변화가 확산된다고 강조한다. 매일 특별한 노력 없이 환경 보호를 실천하더라도 그러한 변화의 기저에 강한 시민 의식이 깔려 있어야 성공할 수 있다.[15] 행동과학적 접근이 매일의 실천을 자연스럽게 유도하지만 그 실천이 지속되어 성과로 이어지려면 시민들의 강력한 지지가 필요하다.[16]

언론과 시민의 지속적인 관심과 감시

정부나 공공 기관이 문제를 완벽히 해결해줄 것이라고 생각하면 오산이다. 기대와 달리 그들의 위험 인식도 전문가의 과학적 판단과 늘 일치하지는 않는다. 게다가 문제에 대한 대응 또한 단발성 해결에 집중하는 경향이 있다. 마치 위험이 사회적 이슈일 동안만 관심을 갖다가 시간이 지나면 잊어버리는 대중처럼, 정부도 급한 현안을 해결한 후 시간이 지나면 후속 대책이나 근본적인 처방을 소홀히 하거나 정책적 관심을 놓아버리는 경우가 허다하다.

이런 이유로 1차적인 조치가 실행된 후 추가적인 검토와 피드백이 이루어지지 않고 동일한 문제가 반복되는 현상이 종종 나타난다. 이러한 문제를 보완하려면 무엇보다도 정부의 활동을 감시하는 언론과 시민의 역할이 중요하다. 미국 주 정부들은 연방 정부와 달리 사전주의 원칙에 기반한 화학물질 규제를 도입하며 역으로 연방 차원의 정책 변화를 추동하는 역할을 해왔다. 이 과정에서 언론 보도와 과학적 발전이 상호작용하며 대중의 위험 인식을 변화시켰는데, 특히 어린이 등 취약 계층 보호를 강조하는 프레임이 정책 변화에 큰 역할을 했다고 평가받는다.[17]

많은 국가가 화학물질 관리 전략에서 위험 소통을 빠뜨리지 않는다. 대중이 지닌 위험에 대한 인식이 과학적 판단과 유사할수록 정책의 합리성도 높아지기 때문이다. 언론의 지속적인 관심과 과학적 사실에 충실한 보도는 대중과 과학자, 그리고 규제 당국의 위험 인식을 조율하는 데 핵심적인 역할을 한다. 실제로 주요 선진국 시민들의 화학물질에 대한 위험 인식 수준은 상당히 높다. OECD가 2024년 발표한 화학물질 분야 인식 조사에서 OECD 국가 평균 응답자의 70퍼센트 이상이 '나는 유해물질과 관련한 건강 위험을 다소 또는 매우 잘 알고 있다'고 답했다. 그러나 그중 한국의 긍정 답변 비율은 55퍼센트 수준으로 조사 대상 국가들 중 가장 낮았다. 한국 정부가 대중과의 위험 소통에 더욱 관심을 기울일 필요가 있음을 보여주는 결과다.[18]

대오염의 위기에서 벗어날 방법

미래를 예측하는 최고의 방법은
그것을 창조하는 것이다.
피터 드러커

2002년, 대한민국의 여름은 뜨거웠다. 월드컵 4강 진출이라는 큰 기쁨 뒤에는 네덜란드에서 시작된 '토탈 사커'라는 축구 전술과 이를 한국 국가대표 팀에 기막히게 이식한 히딩크 감독의 역할이 컸다. 경기장을 종횡무진하며 수비수가 공격을 하고 공격수도 수비를 하는 한국 축구는 큰 성과를 거두었고, 온 국민을 열광의 도가니로 몰아넣었다.

이제 오염에도 '토탈'이라는 단어를 붙여야 할 것 같다. 생물학적 산소 요구량BOD은 '수질'오염물질이고 황산화물은 '대기'오염물질이다. 과불화화합물과 미세 플라스틱은 무슨 오염물질일까? 물, 공기, 토양, 바다, 생활용품, 동식물, 사람의 몸속까지 없는 곳이 없는 이 물질들은 '토탈 오염물질'이라고 불릴 만하다. 토탈 사커 팀에 맞서려면 공을 쫓지 말고 공간을 확보하고 관리해야 한다. 토탈 오염에 맞서 수질, 대기, 토양 등으로 구획을 나누어 오염물질을 쫓아서는 쉼 없이 쏟아져 나오는 수천에서 수만 종에 이르는 화학오염을 감당할 수 없다. '투명 오염의 쓰나미'를 해결하려면 그 원천이 되는 '삶의 방식'을 바꾸어야 한다.

'2050 탄소 중립'이라는 목표 달성을 위해 국제 사회의 고민이 많지만, 부탄Bhutan은 이미 탄소 배출량보다 흡수량이 더 많은 탄소 마이너스 배출국이다. 이를 가능하게 한 요인은 낮은 산업화 수준, 수력 발전을 중심으로 한 재생 에너지 기반 경제, 헌법에 명시된 산림 보존 의무, 그리고 GDP 성장보다 국민 행복과 웰빙을 중시하는 국가 운영 철학 덕분이다.[1] 하지만 모두가 부탄의 방식을 따를 수는 없다. 국제 사회가 찾은 공통의 해법 중 하나는 재생 에너지다. 화석 연료 기반의 자동차와 설비를 전기화하고, 태양·바람·물·지열 등에서 생산된 재생 에너지를 공급하는 것이 핵심이다.

재생 에너지가 확대되어 화석 연료를 더 이상 에너지원으로 쓰지 않으면 석유가 시장에서 사라질까? 유감스럽지만 당분간은 그렇지 않을 것 같다. 국제에너지기구IEA는 향후 수십 년간 석유는 '자동차 연료' 대신 '플라스틱 원료'로 계속 사용될 것으로 전망한다. 세계적으로 재생 에너지 사용이 확대되고 있지만 앞으로 10년 정도는 전 세계 석유 수요가 증가할 것으로 추정된다.[2] 에너지경제연구원은 한국에서 모든 석유 제품 가운데 석유화학의 원료로 사용되는 나프타와 LPG만 수요가 증가할 것으로 예측했다.[3] 미래에는 기체 형태로 대기에 퍼졌던 탄소는 줄어들겠지만 입자 형태로 뿌려지는 탄소는 늘어나는 셈이다.

크게 좌절할 필요는 없다. 세계 최고의 전문 기관들도 과거의 추세와 현재의 계획에 기초해 미래를 전망한다. 전 세계가 의지를 가지고 개입하면 추세는 바뀐다. 다행히 석유 수요는 각종 플라스틱 규제와 소비자 행동 변화에 매우 민감하게 반응한다. 이에 더해 세계 각국이 경쟁적으로 투자하고 있는 바이오 기반 소재나 재활용 소재, 태양광 원료 등 대체 소재 기술의 진전도 큰 변수다.[4] 정책, 기술, 사람이 보조를 맞추어 작동한다면 화석 연료가 없는 새로운 화학 소재 시대의 서막이 열릴 것이다.

2025년 12월, 케냐 나이로비에 모인 세계 환경 수장들은 한 목소리로 지구 행성의 삼중 위기인 기후 변화, 생물다양성 손실, 오염이 서로 연결된 긴급 사안이며, 즉각적이고 조율된 대응이 필요하다고 강조했다.[5] 기후 변화, 생물다양성 손실, 오염은 얼핏 별개의 문제처럼 보이지만 사실 그 원인과 결과는 긴밀하게 얽혀 있고 해결책 또한 서로 맞물려 있다. 화석 연료를 줄이고 재생 에너지 사용을 확대하면 온실가스뿐만 아니라 대기오염이 줄고 자원 채굴로 인한 생태계 파괴가 줄어든다. 자연과 생태계를 보호하면 기후 변화와 오염을 억제할 수 있다. 숲과 바다는 탄소를 흡수하고 다양한 생물군이 존재하는 생태계는 기후 충격에 더 강한 회복력을 보인다. 건강한 토양과 습지는 유해물질을 걸러주며 식량 안보도 지원한다. 일례로 해안 지역의 맹그로브 나무mangrove 복원은 탄소를 흡수할 뿐만 아니라 해일로부터 지역 사회를 보호하고 하천으로 흘러드는 오염물질을 걸러낸다.[6] 순환 경제 모델도 마찬가지다. 폐기물을 줄이면 화학오염이 줄고 생산과 폐기 과정에서의 온실가스 배출량도 감소한다. 강과 바다로 흘러드는 쓰레기도 줄어 생물다양성 보호에도 기여한다.

물론 지구 위기에 대한 각 분야의 대응 노력이 상호 시너지 효과를 갖도록 기후·생태·오염 대응 행동을 세심하게 조율해야 한다. 대규모 재생 에너지 단지를 자연친화적인 재생 에너지nature-positive renewables 관점에서 설계해 기후와 자연이 상생할 수 있는 방안을 강구하고 온실가스와 대기오염물질 감축에서도 기후 오버슛 기간 동안 온도 상승 폭과 기간이 최소화되도록 정책 속도를 점검하는 것도 시급하다. 순환 경제 정책을 마련할 때에도 오염의 확산을 막을 제도적 장치를 꼼꼼하게 점검해야 한다.

지구의 삼중 위기를 극복하기 위해 우리는 무엇을 해야 할까? 다행히도 기후·생태·오염의 삼중 위기를 극복하는 개인의 행동 해법은 의외로 단순하다. 자연을 보호하고 폐기물을 줄이며 화석 연료를 덜 쓰는 것이다. 대중교통 이용하기, 일회용품 줄이기, 불필요한 전등 끄기, 에너지 절약 기능 쓰기, 전자 영수증 받기, 숲과 자연을 보호하기, 제품의 사용법 지키기, 친환경 제품 쓰기 등 작은 실천들을 습관화하면 온실가스 배출도 줄이고 생태계 보호에도 기여할 수 있다. 물론 오염물질의 배출도 줄이고 불필요한 화학물질에 노출되는 것도 막을 수 있다.

화학물질과 폐기물, 오염을 둘러싼 과학과 제도, 그리고 이해관계자들의 인식도 모두 불완전하다. 문제를 해결하기 위한 개인의 실천도 마찬가지다. 그러나 완벽하지 않더라도 꾸준히 실천하는 다수의 힘은 완벽한 소수의 실천보다 강력하다. 부족하다고 포기하지 말고 조금씩 더 실천하는 것이 문제 해결의 시작점이다. 나와 이웃, 그리고 미래 세대를 위해 우리는 완벽한 소수가 아니라 불완전하게라도 관심을 갖고 실천하는 수백만, 나아가 수천만 명이 필요하다.

파리 기후변화 협약 당사국 총회^{COP21} 참석자에게 제공된 스웨터를 재활용한 에코백

2015년 COP21에서 모든 국가가 온실가스 감축에 참여하는 보편적 체제인 파리 기후변화 협정이 채택되었다. 10년 전에도 기념품은 재활용 에코백이었다. 일회용 봉투 대신 재활용 에코백을 계속 사용하면 오염이 줄고 기후 변화를 완화하며 생태계를 보호하는 데 도움이 된다. 작은 실천이 삼중 위기에 처한 지구를 구한다.

프롤로그: 보이지 않는, 그러나 가까운

1   Britannica. "Great Smog of London: environmental disaster, England, United Kingdom [1952]", 2025, https://www.britannica.com/event/Great-Smog-of-London (Accessed 2025-12-04).

2   Britannica. "Bhopal disaster: industrial accident, Bhopal, India [1984]", 2025, https://www.britannica.com/event/Bhopal-disaster (Accessed 2025-12-03).

3   Carson, R., *Silent Spring*, New York: Mariner Books, 1962. (레이첼 카슨 지음, 김은령 옮김, 홍욱희 감수, 《침묵의 봄》, 에코리브르, 2024)

4   Baker, N., *The Body Toxic: How the Hazardous Chemistry of Everyday Things Threatens Our Health and Well-being*, Farrar, Straus and Giroux, 2008. (니나 베이커 지음, 최지아 옮김, 《차라리 아이 입에서 젖병을 빼라》, 아주좋은날, 2010)

5   환경부 보도자료, "제5기 국민환경보건 기초조사결과 공개", 2024.

6   Srivastava, S., et al., "Bisphenol A: A Threat to Human Health?", *Journal of Environmental Health*, 2015. 77(6): 20-27.

7   Arnold, C., "Pristine or polluted? Pollutants are contaminating the Arctic. Climate change could make it worse", *Chemical & Engineering News*. 2023: 26-31.

8   Polar Bear Specialist Group(PBSG), "The official website for the Polar Bear Specialist Group of the IUCN Species Survival Commission: leading threats to polar bears", https://www.iucn-pbsg.org/ (Accessed 2025-06-01).

9   Villa, S., et al., "Risk of POP mixtures on the Arctic food chain", *Environmental Toxicology Chemistry*, 2017. 36(5): 1181 − 1192.

10   Organization for Economic Co-operation and Development(OECD), *Preliminary analysis of policy drivers influencing decision making in chemicals management* (Series on risk management 28), 2015.

11   Tracy, A., "Ripples of REACH: Chemicals policy changes in Japan, Turkey and South Korea", Environmental Defense Fund, 2011, https://blogs.edf.org/health/2011/04/05/ripples-of-reach-chemicals-policy-changes-in-japan-turkey-and-south-korea/ (Accessed 2025-05-25).

12   United States(US) Environmental Protection Agency(EPA), "The Frank R. Lautenberg Chemical Safety for the 21st Century Act", 2025, https://www.epa.gov/assessing-and-managing-chemicals-under-tsca/frank-r-lautenberg-chemical-safety-21st-century-act (Accessed 2025-07-26).

13   European Commission(EC), *Chemicals Strategy for Sustainability Towards a Toxic-Free Environment*, 2020.

14   OECD, *Preliminary analysis of policy drivers influencing decision making in chemicals management*.

15   Wang, Z., et al., "Toward a global understanding of chemical pollution: A first comprehensive analysis of national and regional chemical inventories", *Environmental Science & Technology*, 2020. 54(5): 2575 − 2584.

16   United Nations Environment Programme(UNEP), *Navigating New Horizons: A global foresight report on planetary health and human wellbeing*, 2024.

17   Rockström, J., et al., "A safe operating space for humanity", *Nature*, 2009. 461(24): 472 − 475.

18   Richardson, K., et al., "Earth beyond six of nine planetary boundaries", *Science Advances*, 2023. 9: eadh2458.

19   World Economic Forum(WEF), *The Global Risks Report 2025*, 20th ed., 2025.

1장 보이지 않는 오염, 그 이면의 과학

보이지 않는 위험을 파헤치는 과학의 힘

1   Stephens, M.L. and N.S. Mak, "History of the 3Rs in toxicity testing: From Russell and Burch to 21st century toxicology", in *Reducing, refining and replacing the use of animals in toxicity testing*, D.G. Allen and M.D. Waters(eds.), The Royal Society of Chemistry, 2014.

2   French Agency for Food, Environmental and Occupational Health & Safety, "Be careful before giving human medication to an animal", 2023, https://www.anses.fr/en/content/be-careful-giving-human-medication-animal (Accessed 2025-07-26).

3   Peetiya, N., "Comprehensive Review of the Toxicity of Chocolate for Animals", *International Journal of Healthcare Sciences*, 2023. 11(1): 26 – 27.

4   한삼희 지음, 《리스크 테이블》, 서울: 샘터, 2009.

5   Central Intelligence Agency(CIA), *Intelligence Report World Sugar Market: Situation in 1974 and Outlook for 1975*, 1975.

6   Reuber, M.D., "Carcinogenicity of Saccharin", *Environmental Health Perspectives*, 1978. 25: 173 – 200.

7   National Toxicology Program(NTP), *NTP Report on Carcinogens Background Document for Saccharin*, 1999.

8   Scientific Committee for Food, *Opinion on Saccharin and its Sodium, Potassium and Calcium Salt*, EC, 1997.

9   "사카린의 복권! 식품·환경 분야의 과잉 반응들", *한국경제신문*, 2014-07-28, https://www.hankyung.com/article/2014072855591 (접속일 2025-06-01).

10   Rothman, K.J., S. Greenland, and T.L. Lash, *Modern Epidemiology*, 3rd ed., Philadelphia, PA: Lippincott Williams & Wilkins, 2008.

11   Schwartz, J., *Facts Not Fear on Air Pollution: How Regulators, Environmentalists and Scientists Exaggerate the Level and Health Risks of Air*

Pollution and Impose Counterproductive Regulations, National Center for Policy Analysis, 2006.

12 하미나, 정선화, 《환경보건정책입문》, 경기도 용인: 단국대학교출판부, 2022.

13 Zhang, C., *Fundamentals of Environmental Sampling and Analysis*, 2nd ed., John Wiley & Sons, 2024.

14 David, V., T. Galaon, and E. Bacalum, "Sample enrichment by solid-phase extraction for reaching parts per quadrillion levels in environmental analysis", *Chromatographia*, 2019. 82(8): 1139 – 1150.

15 Sondergaard, J., et al., "Stable isotopes unveil ocean transport of legacy mercury into Arctic food webs". *Nature Communications*, 2025. 16(1): 5135.

16 Lioy, P.J., "Exposure science: a view of the past and milestones for the future", *Environmental Health Perspectives*, 2010. 118(8): 1081 – 90.

17 Kessler, R., "The Minamata Convention on Mercury: a first step toward protecting future generations", *Environmental Health Perspectives*, 2013. 121(10): A304 – 9.

18 Lioy, P.J., "Exposure science: a view of the past and milestones for the future".

19 Sagona, J.A., et al., "Comparison of particulate matter exposure estimates in young children from personal sampling equipment and a robotic sampler", *Journal of Exposure Science & Environmental Epidemiology*, 2017. 27(3): 299 – 305.

안전하다는 결론 뒤의 과학적 허점들

1 European Chemicals Agency(ECHA), "Chapter R.8: Characterisation of dose [concentration]-response for human health, in Guidance on information requirements and chemical safety assessment", 2018.

2 Hansen, S.F. and J.A. Tickner, "The precautionary principle and false alarms — lessons learned", in *Late Lessons from early warnings: science, precaution, innovation*, European Environment Agency(EEA), 2013, 17 – 45.

3 Heyvaert, V., "Reconceptualizing risk assessment", *Review of European Community & International Environmental Law*, 1999. 8(2): 135 – 143.

4 European Food Safety Authority(EFSA), *Tolerable upper intake levels for vitamins and minerals*, 2006.

5 NTP, *NTP Technical Report on Toxicity Studies of Sodium Selenate and Sodium Selenite Administered in Drinking Water to F344/N Rats and B6C3F1 Mice*(NTP Toxicity Report Series 38), 1994.

6 EFSA Panel on Nutrition, Novel Foods and Food Allergens, et al., "Scientific opinion on the tolerable upper intake level for selenium", *EFSA Journal*, 2023. 21(1): e07704.

7 Heyvaert, V., "Reconceptualizing risk assessment".

8 Bausell, R.B., "Publication bias", in *The problem with science: The reproducibility crisis and what to do about It*, Oxford University Press, 2021, 15 – 38.

9 National Research Council(NRC), *Science and Judgment in Risk Assessment*, Washington, DC: The National Academies Press, 1994.

사라지지 않는 불안감의 정체

1 Slovic, P., "Understanding perceived risk: 1978 – 2015", *Environment: Science and Policy for Sustainable Development*, 2016. 58(1): 25 – 29.

2 Kaufman, A.R., et al., "Measuring Cigarette Smoking Risk Perceptions", *Nicotine & Tobacco Research*, 2020. 22(11): 1937 – 1945.

3 Renn, O., "Risk Perception and Risk Management: A Review", 2010.

4 Fanelli, D., R. Costas, and J.P. Ioannidis, "Meta-assessment of bias in science", *PNAS*, 2017. 114(14): 3714 – 3719.

5 Chassang, I., O. Rohmer, and B. Chauvin, "Cultural values, risk characteristics, and risk perceptions of controversial issues: How does cultural theory work?", *Risk Analysis*, 2025. 45(3): 682 – 700.

6 Drottz-Sjöberg, B.M. and L. Sjöberg, "Adolescents' attitudes to nuclear

power and radioactive wastes", *Journal of Applied Social Psychology*, 1991. 21(24): 2007 – 2036.

7 Gardner, D., *Risk: The Science and Politics of Fear*, London: Virgin Books, 2008. (댄 가드너 지음, 김고명 옮김, 《이유 없는 두려움》, 지식갤러리, 2012)

8 Barnes, L. and E. Demonds, "If it bleeds, it leads? Changing death coverage in The New Zealand Herald", *Pacific Journalism Review*, 2015. 21: 162 – 172.

9 한삼희, 《리스크 테이블》.

10 Jin, H.J., "The 2008 US beef scare episode in South Korea: Analysis of an unusual public reaction", *Journal of Public Health Policy*, 2014. 35(4): 518 – 537.

11 Jaques, T., "Managing issues in the face of risk uncertainty: lessons 20 years after the Alar controversy", *Journal of Communication Management*, 2011. 15(1): 41 – 54.

12 Keogh, L., G. Sutherland, and G. Dempster, "Scientific research in news media: a case study of misrepresentation, sensationalism and harmful recommendations", *Journal of Science Communication*, 2022. 21(01).

13 한삼희, 《리스크 테이블》.

14 Freudenburg, W.R., et al., "Media Coverage of Hazard Events: Analyzing the Assumptions", *Risk Analysis*, 1996. 16(1): 31 – 42.

15 Arendt, F., "Media stereotypes, prejudice, and preference-based reinforcement: toward the dynamic of self-reinforcing effects by integrating audience selectivity", *Journal of Communication*, 2023. 73(5): 463 – 475.

16 Wlezien, C. and S. Soroka, "Media Reflect! Policy, the Public, and the News", *American Political Science Review*, 2023. 118(3): 1563 – 1569.

17 US EPA, *Unfinished business: A comparative assessment of environmental problems*, 1987.

셜록 홈즈와 에르퀼 푸아로: 같은 문제, 다른 접근

1 Wisniak, J., "Sodium carbonate–From natural resources to Leblanc and

back", *Indian Journal of Chemical Technology*, 2003. 10: 99 – 112.

2 Steinhauser, G., "Cleaner production in the Solvay Process: general strategies and recent developments", *Journal of Cleaner Production*, 2008. 16(7): 833 – 841.

3 Drean, T.A., "Wyoming Trona Summary Report September 2014", Wyoming State Geological Survey, 2014.

4 Adams, J., *Risk*, London: Routledge, 1995.

5 World Health Organization(WHO), "Effects of tobacco on health", 2025, https://www.who.int/europe/news-room/fact-sheets/item/effects-of-tobacco-on-health (Accessed 2025-07-27).

6 Li, W.Z., et al., "Global mortality burden of lung cancer and mesothelioma attributable to occupational asbestos exposure and the impact of national asbestos ban policies: a population-based study, 1990-2021", *BMJ Public Health*, 2025. 3(2): e001717.

7 하미나, 정선화,《환경보건정책입문》.

8 한정선, "모다모다샴푸 124-THB 허용, 규제개혁인가 시대역행인가", 헬스경향, 2022, https://www.k-health.com/news/articleView.html?idxno=58899 (접속일 2025-06-01).

9 이상재, "'모다모다 샴푸' 망한거 아냐? 100억 사옥 팔고 돌아왔다", 중앙일보, 2024, https://www.joongang.co.kr/article/25289242 (접속일 2025-06-01).

10 European Parliament and Council of the European Union, "Decision No 455/2009/EC", *Official Journal of the EU*, 2009. 137:3-6.

11 US EPA. "Risk Management for Methylene Chloride", 2025, https://www.epa.gov/assessing-and-managing-chemicals-under-tsca/risk-management-methylene-chloride (Accessed 2025-07-27).

세계인의 IQ를 증발시킨 기적의 물질

1   Hill, A.B., "The Environment and Disease: Association or Causation?" *Proceedings of the Royal Society of Medicine*, 1965. 58: 295 – 300.

2   Seyferth, D., "The rise and fall of tetraethyllead. 2", *Organometallics*, 2003. 22: 5154 – 5178.

3   Seyferth, D., "The rise and fall of tetraethyllead. 2".

4   Kitman, J.L., "The secret history of lead", *The Nation*, 2000.

5   Kovarik, W.J., "The Ethyl Controversy", University of Maryland, 1993.

6   Nriagu, J.O., "The rise and fall of leaded gasoline", *Science of The Total Environment*, 1990. 92: 13 – 28.

7   Needleman, H. and D. Gee, "Lead in petrol 'makes the mind give way'", in *Late lessons from early warnings: science, precaution, innovation, European Environmental Agency*.

8   Nriagu, J.O., "The rise and fall of leaded gasoline".

9   Nriagu, J.O., "Clair Patterson and Robert Kehoe's paradigm of "Show Me the Data" on environmental lead poisoning", *Environmental Research*, 1998. 78(2): 71 – 78.

10 US Public Health Service, "Proceedings of conference to determine whether or not there Is a public health question in the manufacture, distribution or use of tetraethyl lead gasoline", Washington, DC: US PHS, 1925.

11 Kovarik, B., Charles F, "Kettering and the 1921 discovery of tetraethyl lead", in Society of Automotive Engineers, Fuels & Lubricants Division conference. 1994.

12 Sarkar, C.G., "Tetraethyllead (TEL) in gasoline as a case of contentious science and delayed regulation: a short review", *Oriental Journal of Chemistry*, 2020. 36(1): 86 – 92.

13 Needleman, H. and D. Gee, "Lead in petrol 'makes the mind give way'".

14 Needleman, H. and D. Gee, "Lead in petrol 'makes the mind give way'".

15 Tilton, G.R., *Clair Cameron Patterson 1922-1995: A Biographical Memoir*, Washington D.C.: National Academies Press, 1998.

16 Patterson, C.C., "Contaminated and natural lead environments of man", *Archives of Environmental Health: An International Journal*, 1965. 11(3): 344–360.

17 Meyers, P.Z., "Patterson and Kehoe, and the great lead debate", ScienceBlogs, 2014, https://scienceblogs.com/pharyngula/2014/04/21/patterson-and-kehoe-and-the-great-lead-debate (Accessed 2025-06-01).

18 Nriagu, J.O., "Clair Patterson and Robert Kehoe's paradigm of "Show Me the Data" on environmental lead poisoning".

19 Tilton, G.R., *Clair Cameron Patterson 1922-1995: A Biographical Memoir*.

20 Tilton, G.R., *Clair Cameron Patterson 1922-1995: A Biographical Memoir*.

21 Rodriguez-Esteban, R., "Information silos distort biomedical research", bioRxiv, 2021: 2021.07.26.453749.

22 Lovei, M., "Phasing out lead from gasoline: world-wide-experience and policy implications", World Bank, 1996.

23 Lovei, M., "Phasing out lead from gasoline: world-wide-experience and policy implications".

24 안세창, "수도권 대기질 개선 특별대책 배경과 주요내용", *경기논단*, 2002. 4(4): 7–21.

25 Nriagu, J.O., "The rise and fall of leaded gasoline".

26 Gavaghan, H., "Lead, unsafe at any level", Bulletin of the World Health Organization, 2002. 80(1): 82–82.

27 US EPA. "National ambient air quality standards (NAAQS) for lead (Pb)", 2025, https://www.epa.gov/lead-air-pollution/national-ambient-air-quality-standards-naaqs-lead-pb (Accessed 2025-05-25).

28 WHO, *WHO guideline for the clinical management of exposure to lead*, 2021.

29 UNEP, "Era of leaded petrol over, eliminating a major threat to human and

planetary health", 2021.

30 Higney, A., N. Hanley, and M. Moro, "The lead-crime hypothesis: A meta-analysis", *Regional Science and Urban Economics*, 2022. 97: 103826.

31 McFarland, M.J., M.E. Hauer, and A. Reuben, "Half of US population exposed to adverse lead levels in early childhood", *PNAS USA*, 2022. 119(11): e2118631119.

32 McConnell, J.R., et al., "Pan-European atmospheric lead pollution, enhanced blood lead levels, and cognitive decline from Roman-era mining and smelting", *PNAS*, 2025. 122(3): e2419630121.

33 Lanphear, B.P., "Low-level toxicity of chemicals: no acceptable levels?", *PLoS Biology*, 2017. 15(12): e2003066.

34 Luby, S.P., et al., "Removing lead from the global economy", *Lancet Planet Health*, 2024. 8(11): e966 – e972.

오존층 파괴의 주범이 된 기적의 냉매

1 Giunta, C.J., "Thomas Midgley, Jr., and the invention of chlorofluorocarbon refrigerants: it ain't necessarily so", *Bulletin for the History of Chemistry*, 2006. 31: 66 – 74.

2 McLinden, M.O. and M.L. Huber, "(R)Evolution of Refrigerants", *Journal of Chemical & Engineering Data*, 2020. 65(9).

3 National Oceanic and Atmospheric Administration(NOAA), "Global Monitoring Laboratory: Information and Activities for Earth Science Students and Teachers", https://gml.noaa.gov/outreach/info_activities/ (Accessed 2025-07-19).

4 Harding, L., "Einstein fridge comes in from the cold", *The Guardian*, 2004, https://www.theguardian.com/science/2004/dec/02/germany. internationaleducationnews (Accessed 2025-07-15).

5 Eschner, K., "One man invented two of the deadliest substances of the 20th century", *Smithsonian magazine*, 2017, https://www.smithsonianmag.

com/smart-news/one-man-two-deadly-substances-20th-century-180963269/ (Accessed 2025-04-23).

6   Maxwell, J. and F. Briscoe, "There's money in the air: the CFC ban and DuPont's regulatory strategy", *Business Strategy and the Environment*, 1997. 6: 276-286

7   김기철. "[모던 경성]'과학조선'의 개척자들⑩하와이 이민노동자 2세의 인생역전", *조선일보*, 2025, https://www.chosun.com/culture-life/culture_general/2025/04/05/7RLUTDFELZCHDCVPPBXOBQU6OM/?utm_source=naver&utm_medium=referral&utm_campaign=naver-news (접속일 2025-06-01).

8   "50돌 맞은 KIST…산 증인에게 듣는다", *YTN*, 2016, https://www.ytn.co.kr/_ln/0105_201602251517311135 (Accessed 2025-06-01).

9   NRC, *The ozone depletion phenomenon*, Washington, DC: The National Academies Press, 1996.

10   Molina, M.J. and F.S. Rowland, "Stratospheric sink for chlorofluoromethanes: chlorine atom-catalysed destruction of ozone", *Nature*, 1974. 249(5460): 810-812.

11   NRC, *The ozone depletion phenomenon*.

12   Smith, B., "Ethics of DuPont's CFC strategy 1975-1995", *Journal of Business Ethics*, 1998. 17: 557-568.

13   NRC, *The ozone depletion phenomenon*.

14   NRC, *The ozone depletion phenomenon*.

15   Farman, J.C., B.G. Gardiner, and J.D. Shanklin, "Large losses of total ozone in Antarctica reveal seasonal ClOx/NOx interaction", *Nature*, 1985. 315(6016): 207-210.

16   Mullin, R.P., "What can be learned from DuPont and the Freon ban: A case study", *Journal of Business Ethics*, 2002. 40: 207-218.

17   Orekes, N. and E.M. Conway, *Merchants of doubt: how a handful of scientists obscured the truth on issues from tobacco smoke to global warming*, New

York: Bloomsbury, 2010. (에릭 M. 콘웨이·나오미 오레스케스 지음, 유강은 옮김, 《의혹을 팝니다》, 미지북스, 2012)

18   NRC, *The ozone depletion phenomenon*.

19   "CFCs 대체물질, 국내개발 시급", *연합뉴스*, 1990, https://n.news.naver.com/mnews/article/001/0003466550?sid=105 (접속일 2025-06-01).

20   Simmonds, P.G., et al., "Changing trends and emissions of hydrochlorofluorocarbons (HCFCs) and their hydrofluorocarbon (HFCs) replacements", *Atmospheric Chemistry and Physics*, 2017. 17(7): 4641 – 4655.

21   Maxwell, J. and F. Briscoe, "There's money in the air: the CFC ban and DuPont's regulatory strategy".

22   한국입법연구원, 《몬트리올의정서 개정(키갈리개정서)에 따른 오존층보호법령 개정에 관한 연구》, 2019.

23   강은미, "프레온가스 및 할론 생산·수입 금지", *환경일보*, 2009, https://www.hkbs.co.kr/news/articleView.html?idxno=167691 (접속일 2029-05-01).

24   Montzka, S.A., et al., "An unexpected and persistent increase in global emissions of ozone-depleting CFC-11", *Nature*, 2018. 557(7705): 413 – 417.

25   Rigby, M., et al., "Increase in CFC-11 emissions from eastern China based on atmospheric observations", *Nature*, 2019. 569(7757): 546 – 550.

26   Chipperfield, M.P., et al., "Report on unexpected emission of CFC-11", WMO, 2021.

27   Chipperfield, M.P., et al., "Report on unexpected emission of CFC-11"; 연평균 전 세계 CFC-11 배출량은 미국 해양대기청NOAA과 첨단 지구 대기 기체 실험AGAGE 관측치(하늘색 선과 점)에서 도출되었다. 과거 사용·판매·배출 함수에 기반한 하향식 인벤토리 분석으로부터 추정된 비축분 배출량은 회색 음영으로 표시된다. 2002~2012년 관측치에 대한 배출량의 선형 피팅은 검은색 실선으로 나타나며, 이 선형 피팅을 2013~2019년에 외삽한 결과는 검은색 점선으로 표시된다. 관측치(하늘색)와 외삽치(검은색 점선) 사이의 하늘색

음영 영역은 2012~2019년 총 (예상치 못한) 배출량의 하한선인 120기가그램을 보여준다. 더 큰 추정치인 2012~2019년 총 예상치 못한 배출량인 440기가그램은 관측된 배출량을 기술·경제평가패널TEAP의 비축분 관련 배출 예측치 (회색 음영)와 비교해 도출된다. (이 이미지는 저자가 원본 그림의 발행사인 WMO의 허가를 받아 번역한 것이다. WMO는 번역의 정확성을 보증하지 않으며, 이에 대해 어떠한 책임도 지지 않는다.)

28   WMO, "Scientific assessment of ozone depletion", 2022.

29   한국입법연구원,《몬트리올의정서 개정(키갈리개정서)에 따른 오존층보호법령 개정에 관한 연구》.

30   WMO, "Scientific assessment of ozone depletion".

31   한국입법연구원,《몬트리올의정서 개정(키갈리개정서)에 따른 오존층보호법령 개정에 관한 연구》.

생태계 파괴자가 된 혁신적 말라리아 대책

1   Max Plank, "Epilogue", *Where is Science Going?*, 1932, 217.

2   NRC, *Decision to ban DDT: a case study*, Washington, DC: The National Academies Press, 1975.

3   WHO, "Indoor residual spraying Use of indoor residual spraying for scaling up global malaria control and elimination, G.M. Programme", Editor (Geneva: WHO, 2006).

4   NRC, *Decision to ban DDT: a case study*.

5   Kim, J.H., *Waste and urban regeneration: an urban ecology of Seoul's Nanjido post-landfill park*, New York: Routledge, 2021.

6   National Academy of Science(NAS), *The Life Sciences: Recent Progress and Application to Human Affairs The World of Biological Research Requirements for the Future*, Washington, DC: The National Academies Press, 1970, 526.

7   Ghosh, S.K., "Hammering the last nail on the malaria coffin in India: It's time to address the grey areas", India Health Fund, 2023, https://www.indiahealthfund.org/hammering-the-last-nail-on-the-malaria-coffinin-india-its-time-to-address-the-grey-areas/.

8   Global Food Security, "Food security – a history", https://www.foodsecurity.ac.uk/challenge/food-security-history/ (Accessed 2025-05-26).

9   The Nobel Prize Organization, "Nobel Peace Prize 1970", https://www.nobelprize.org/prizes/peace/1970/summary/ (Accessed 2025-05-31).

10   Li, B.A., et al., "Dichlorodiphenyltrichloroethane for malaria and agricultural uses and its impacts on human health", *Bulletin of Environmental Contamination and Toxicology*, 2023. 111(4): 45.

11   van den Berg, H., G. Manuweera, and F. Konradsen, "Global trends in the production and use of DDT for control of malaria and other vector-borne diseases", *Malaria Journal*, 2017. 16(1): 401.

12   정진호,《위대하고 위험한 약 이야기: 질병과 맞서 싸워온 인류의 열망과 과학》, 서울: 푸른숲, 2017.

13   O'Shaughnessy, P.T., "Parachuting cats and crushed eggs the controversy over the use of DDT to control malaria", *America Journal of Public Health*, 2008. 98(11): 1940 – 8.

14   O'Shaughnessy, P.T., "Parachuting cats and crushed eggs the controversy over the use of DDT to control malaria".

15   O'Shaughnessy, P.T., "Parachuting cats and crushed eggs the controversy over the use of DDT to control malaria".

16   Bigart, H., "A DDT tale aids reds in Vietnam; crop loss laid to rats after spray is used and cats go lapse of judgment", *The New York Times*, 1962: 3.

17   O'Shaughnessy, P.T., "Parachuting cats and crushed eggs the controversy over the use of DDT to control malaria".

18   O'Shaughnessy, P.T., "Parachuting cats and crushed eggs the controversy over the use of DDT to control malaria".

19   Nuro, A., "Introductory chapter: organochlorine", in *Organochlorine*, Intechopen, 2018.

20 US EPA, "The origins of EPA", 2025, https://www.epa.gov/history/origins-epa (Accessed 2025-06-01).

21 US EPA, "DDT ban takes effect", 1972, https://www.epa.gov/archive/epa/aboutepa/ddt-ban-takes-effect.html (Accessed 2025-06-01).

22 Li, B.A., et al., "Dichlorodiphenyltrichloroethane for malaria and agricultural uses and its impacts on human health".

23 Grier, J.W., "Ban of DDT and subsequent recovery of reproduction in bald eagles", *Science*, 1982. 218(4578): 1232 – 1235.

24 Erickson, M.D., "Introduction: PCB properties, uses, occurrence, and regulatory history", in *PCBs: Recent Advances in Environmental Toxicology and Health Effects*, L.G. Hansen and L. Robertson(eds.), Lexington, KY: University Press of Kentucky, 2001.

25 Aoki, Y., "Polychlorinated biphenyls, polychlorinated dibenzo-p-dioxins, and polychlorinated dibenzofurans as endocrine disrupters-what we have learned from Yusho disease", *Environmental Research*, 2001. 86(1): 2 – 11.

26 Shoya, S., "Polychlorinated Biphenyl Poisoning in Chickens", *JARQ*, 1974. 8(1): 43 – 46.

27 Erickson, M.D., "Introduction: PCB properties, uses, occurrence, and regulatory history".

28 Masho, R. and C. Tohyama, "Trend of dioxin and PCB risk assessment in Japan", *Organohalogen Compounds*, 2003. 63: 429 – 432.

29 US EPA, "Hudson River Cleanup", 2025, https://www.epa.gov/hudsonriverpcbs/hudson-river-cleanup#quest1 (Accessed 2025-05-25).

30 Vehlow, J., "Reduction of dioxin emissions from thermal waste treatment plants: a brief survey", *Reviews in Environmental Science and Bio/Technology*, 2012. 11(4): 393 – 405.

31 Nuro, A., "Introductory chapter: organuchlorine".

32 Turrio-Baldassarri, L., et al., "A study on PCB, PCDD/PCDF industrial contamination in an urban/agricultural area. Part I: Soil", *Organohalogen*

compounds, 2004. 66: 1346 − 1350.

33 정윤선, 《잔류성유기오염물질 위해관리 강화를 위한 최신 국제동향 분석》, 한국환경연구원, 2023.

34 Secretariat of the Stockholm Convention(SSC), "The 12 initial POPs under the Stockholm Convention, https://chm.pops.int/TheConvention/ThePOPs/The12InitialPOPs/tabid/296/Default.aspx (Accessed 2025−05−25).

35 van den Berg, H., G. Manuweera, and F. Konradsen, "Global trends in the production and use of DDT for control of malaria and other vector−borne diseases".

36 Luarte, T., et al., "Levels of persistent organic pollutants (POPs) in the Antarctic atmosphere over time (1980 to 2021) and estimation of their atmospheric half−lives", *Atmospheric Chemistry and Physics*, 2023. 23(14): 8103 − 8118.

37 WHO, "The use of DDT in malaria vector control WHO position statement", 2011.

38 SSC, "Evaluation of the continued need for DDT for disease vector control and the promotion of alternatives to DDT", 2025.

39 SSC, "Evaluation of the continued need for DDT for disease vector control and the promotion of alternatives to DDT".

40 Kim, S., et al., "History Does Not Repeat Itself; It Rhymes: Range Expansion and Outbreak of Plecia longiforceps (Diptera: Bibionidae) in East Asia", *Journal of Integrated Pest Management*, 2022. 13(1).

41 Choi, J., et al., "A Chromosome−Scale and Annotated Reference Genome Assembly of Plecia longiforceps Duda, 1934 (Diptera: Bibionidae)", *Genome Biology and Evolution*, 2024. 16(10).

음모의 온상이 된 최고의 충치 예방책

1 U. Beck, *Risk Society: Towards a New Modernity*, New York City: SAGE Publications Ltd., 1992. (울리히 벡 지음, 홍성태 옮김, 《위험사회》, 새물결, 2006).

2 Marthaler, T.M., "Fluoridation at community level", *World Health*, 1994. 47(1): 7 – 9.

3 National Institute of Dental and Craniofacial Research, "The story of fluoridation", https://www.nidcr.nih.gov/health-info/fluoride/the-story-of-fluoridation (Accessed 2025-05-26).

4 US Centers for Disease Control and Prevention(CDC), "Achievements in public health, 1900-1999: fluoridation of drinking water to prevent dental caries", *Morbidity and Mortality Weekly Report*, 1999. 48(41): 933 – 940.

5 McNeil, D.R., "America's longest war: the fight over fluoridation, 1950 – ", *The Wilson Quarterly (1976-)*, 1985. 9(3): 140 – 153.

6 Marthaler, T.M., "Fluoridation at community level".

7 김갑수, 최광수,《수돗물 불소화에 대한 조사 연구 보고서》, 서울시정연구원, 1999.

8 US CDC, "Timeline for community water fluoridation", 2024, https://www.=0cdc.gov/fluoridation/timeline-for-community-water-fluoridation/index.html (Accessed 2025-04-27).

9 Senevirathna, L., et al., "Water fluoridation in Australia: a systematic review", *Environment Research*, 2023. 237(Pt 1): 116915.

10 US CDC, "Timeline for community water fluoridation".

11 Botchey, S.-A., J. Ouyang, and S. Vivekanantham, "Global water fluoridation: what Is holding us back?", *Alternative Therapies*, 2015. 21(3): 46 – 52.

12 US EPA, "Fluoride chemicals in drinking water; TSCA Section 21 petition; reasons for Agency response", Federal Register, 2017, https://www.federalregister.gov/documents/2017/02/27/2017-03829/fluoride-chemicals-in-drinking-water-tsca-section-21-petition-reasons-for-agency-response.

13 Tin, "A. Federal court rules against EPA in lawsuit over fluoride in water", *CBS News*, 2024, https://www.cbsnews.com/news/epa-fluoride-drinking-

water-federal-court-ruling/ (Accessed 2025-06-01).

14 US EPA. "EPA will expeditiously review new science on fluoride in drinking water [press release]", 2025, https://www.epa.gov/newsreleases/epa-will-expeditiously-review-new-science-fluoride-drinking-water (Accessed 2025-06-01).

15 Kennedy, B. and A. Tyson, *Americans' trust in scientists, positive views of science continue to decline*, Pew Research Center, 2023.

16 Merva, R., J. šrol, and V. čavojová, "Institutional Distrust: Catalyst or Consequence of the Spread of Unfounded COVID-19 Beliefs?", *Studia Psychologica*, 2025. 67(1): 24-37.

3장 새로운 위험과 딜레마 속 각자도생

기후 위기로 재부상한 오염

1 IMO, "IMO 2020 – cutting sulphur oxide emissions", 2020, https://www.imo.org/en/mediacentre/hottopics/pages/sulphur-2020.aspx (Accessed 2025-07-30).

2 Lewis, D., "Air pollution in China is falling-but there is a long way to go", *Nature*, 2023. 617: 230-231.

3 Samset, B.H., et al., "East Asian aerosol cleanup has likely contributed to the recent acceleration in global warming", *Communications Earth & Environment*, 2025. 6(1).

4 Yuan, T., et al., "Abrupt reduction in shipping emission as an inadvertent geoengineering termination shock produces substantial radiative warming", *Communications Earth & Environment*, 2024. 5(1): 281.

5 Wei, J., et al., "Reduced Anthropogenic Aerosols Reveal Increased Heatwaves Driven by Climate Warming", *Earth's Future*, 2025. 13(7).

6 Szopa, S., et al., "Short-lived climate forcers", in *Climate Change 2021:*

The Physical Science Basis. Contribution of Working Group I to the Sixth Assessment Report of the Intergovernmental Panel on Climate Change, V. Masson-Delmotte, et al.(eds.), Cambridge, UK and New York, USA: Cambridge University Press, 2021, 817-922.

7   Szopa, S., et al., "Short-lived climate forcers".

8   Forster, P., et al., "The Earth's Energy Budget, Climate Feedbacks, and Climate Sensitivity", in *Climate Change 2021: The Physical Science Basis. Contribution of Working Group I to the Sixth Assessment Report of the Intergovernmental Panel on Climate Change*, V. Masson-Delmotte, et al.(eds.), Cambridge, UK and New York, USA: Cambridge University Press, 2021, 923-1054.

9   Szopa, S., et al., "Short-lived climate forcers".

10   Colette, A., *European surface ozone: the potential of mitigating methane and other precursors*, European Topic Centre on Human Health and the Environment(ETC HE), 2024.

11   Szopa, S., et al., "Short-lived climate forcers".

12   Szopa, S., et al., "Short-lived climate forcers".

13   Colombi, N.K., et al., "Why is ozone in South Korea and the Seoul metropolitan area so high and increasing?", *Atmospheric Chemistry and Physics*, 2023. 23(7): 4031-4044.

14   한지현, et al.,《국내 고농도 오존 관리를 위한 제도 개선방안》, 한국환경연구원, 2024.

15   기상청,《한반도 기후위기 평가 보고서 - 기후위기 과학적 근거》, 기상청, 2025.

16   UN. "Climate change: World likely to breach 1.5°C limit in next five years", *UN News*, 2025, https://news.un.org/en/story/2025/05/1163751 (Accessed 2025-07-30).

17   Kirchengast, G. and M. Pichler, "A traceable global warming record and clarity for the 1.5°C and well-below-2°C goals", *Communications Earth &*

Environment, 2025. 6(1).

18 Theokritoff, E., et al., "Climate overshoot implications for local adaptation planning", *Climate Policy*, 2025: 1 – 8.

19 손덕호. "한국 기온 100년간 1.6도 오르고 해수면 30년간 3*mm* 상승…온난화 빠르다", *조선일보*, 2023, https://biz.chosun.com/topics/topics_social/2023/04/18/ARYCWAGGHVFCXPGXKT277FY3BQ/ (접속일 2025-07-26).

20 Szopa, S., et al., "Short-lived climate forcers".

21 Arias, P.A., et al., "Technical Summary", in *Climate Change 2021: The Physical Science Basis. Contribution of Working Group I to the Sixth Assessment Report of the Intergovernmental Panel on Climate Change*, V. Masson-Delmotte, et al.(eds.), Cambridge, UK and New York, USA: Cambridge University Press, 2021, 33 144.

22 UN, "1.5°C: what it means and why it matters", https://www.un.org/en/climatechange/science/climate-issues/degrees-matter (Accessed 2025-11-30).

23 Shindell, D., et al., "A climate policy pathway for near- and long-term benefits: Climate actions can advance sustainable development". *Science*, 2017. 356(6337): 493 – 494.

24 Predybaylo, E., et al., "Surface temperature and ozone responses to the 2030 Global Methane Pledge", *Climatic Change*, 2025. 178(4).

25 Díaz, M.J. "3 Reasons Why Countries Must Take Faster Action to Reduce Short-lived Climate Pollutants", *World Resource Institute*, 2023, https://www.wri.org/insights/short-lived-climate-pollutant-reductions (Accessed 2025-07-26).

26 Ezhova, E., et al., "Climatic Factors Influencing the Anthrax Outbreak of 2016 in Siberia, Russia", *Ecohealth*, 2021. 18(2): 217 – 228.

27 Nadeem, I., et al., "Permafrost Thawing and Estimates of Vulnerable Carbon in the Northern High Latitude", *Earth Systems and Environment*, 2024. 9(2):

715−740.

28 Vorkamp, K., et al., "Influences of climate change on long-term time series of persistent organic pollutants (POPs) in Arctic and Antarctic biota", *Environmental Science: Process & Impacts*, 2022. 24(10): 1643 − 1660.

29 Archer, L.C., et al., "Energetic constraints drive the decline of a sentinel polar bear population", *Science*, 2025. 387(6733): 516 − 521.

30 UNEP and Arctic Monitoring and Assessment Programme(AMAP), *Climate Change and POPs: Predicting the Impacts*, SSC, 2011.

좀비 화학물질, 과불화화합물

1 Renfrew, D. and T.W. Pearson, "The social life of the "forever chemical", *Environment and Society*, 2021. 12(1): 146 − 163.

2 Rich, N., "The lawyer who became DuPont's worst nightmare", *The New York Times*, 2016.

3 Rich, N., "The lawyer who became DuPont's worst nightmare".

4 Boden, S., "Presumptive Innocence v. the Precautionary Principle: The Story of PFAS Regulation in the United States", *Environmental Law and Policy Journal*, 2020. 44: 37 − 62.

5 Gluge, J., et al., "An overview of the uses of per- and polyfluoroalkyl substances (PFAS)", *Environmental Science: Processes & Impacts*, 2020. 22(12): 2345 − 2373.

6 SSC, "Perfluorooctane sulfonate proposal", First meeting of the Persistent Organic Pollutants Review Committee(POPRC.1), 2005.

7 Evich, M.G., et al., "Per- and polyfluoroalkyl substances in the environment", *Science*, 2022. 375(6580): eabg9065.

8 Lohan, T., "PFAS 'forever chemicals' are everywhere: here's what that means for wildlife", *The Revelator*, 2023, https://therevelator.org/pfas-wildlife-health/ (Accessed 2025-07-07).

9 Cousins, I.T., et al., "Outside the Safe Operating Space of a New Planetary

Boundary for Per- and Polyfluoroalkyl Substances (PFAS)", *Environ Sci Technol*, 2022. 56(16): 11172-11179.

10   Evich, M.G., et al., "Per- and polyfluoroalkyl substances in the environment".

11   EEA. "European zero pollution dashboards: Risks of PFAS for human health in Europe (Signal)", 2024, https://www.eea.europa.eu/en/european-zero-pollution-dashboards/indicators/risk-of-pfas-in-humans (Accessed 2025-06-01).

12   Panieri, E., et al., "PFAS molecules: a major concern for the human health and the environment", *Toxics*, 2022. 10(2).

13   Sills, J., "PFAS pollution threatens ecosystems worldwide", *Science*, 2023. 379(6635): 887-889.

14   Andrews, D.Q., et al., "Discussion. Has the human population become a sentinel for the adverse effects of PFAS contamination on wildlife health and endangered species?", *Science of The Total Environment*, 2023. 901: 165939.

15   Wang, Z., et al., "A never-ending story of per- and polyfluoroalkyl substances (PFASs)?", *Environmental Science & Technology*, 2017. 51(5): 2508-2518.

16   Androulakakis, A., et al., "Current progress in the environmental analysis of poly- and perfluoroalkyl substances (PFAS)", *Environmental Science: Advances*, 2022. 1(5): 705-724.

17   Renfrew, D. and T.W. Pearson, "The social life of the "forever chemical"".

18   Elgarahy, A.M., et al., "Exploring the sources, occurrence, transformation, toxicity, monitoring, and remediation strategies of per- and polyfluoroalkyl substances: a review", *Environ Monit Assess*, 2024. 196(12): 1209.

19   Yaghoobian, S., et al., "A perspective of emerging trends in integrated PFAS detection and remediation technologies with data driven approaches", *Chemical Science*, 2025. 16(30): 13564-13573.

20   Fenstermacher, J., P. Shukla, and P. Srivastava, "Unravelling PFAS:

    대오염의 시대

challenges and advances in contaminant remediation", *The Chemical Engineer*, 2025.

21 Schymanski, E.L., et al., "Per- and Polyfluoroalkyl Substances (PFAS) in PubChem: 7 Million and Growing", *Environ Sci Technol*, 2023. 57(44): 16918-16928.

22 ECHA. "Per- and polyfluoroalkyl substances (PFAS)", https://echa.europa.eu/hot-topics/perfluoroalkyl-chemicals-pfas (Accessed 2025-05-26).

23 Sigmund, G., et al., "Scientists' statement on the chemical definition of PFASs", *Environmental Science & Technology Letters*, 2025. 12(9): 1104-1106.

24 US EPA. "Risk management for per- and polyfluoroalkyl substances (PFAS) under TSCA", 2025, https://www.epa.gov/assessing-and-managing-chemicals-under-tsca/risk-management-and-polyfluoroalkyl-substances-pfas (Accessed 2025-05-25).

25 OECD, *Working towards a global emission inventory of PFASS: focus on PFCAS - status quo and the way forward* (Series on Risk Management, 30), 2015.

26 US EPA, *PFAS Strategic Roadmap: EPA's Commitments to Action 2021-2024*, 2021.

27 EC, *Pathway to a Healthy Planet for All EU Action Plan: 'Towards Zero Pollution for Air, Water and Soil'*, 2021.

28 EEA, "European zero pollution dashboards: Risks of PFAS for human health in Europe (Signal)", 2024, https://www.eea.europa.eu/en/european-zero-pollution-dashboards/indicators/risk-of-pfas-in-humans (Accessed 2025-06-01).

29 EEA, "PFAS pollution in European waters", 2024, https://www.eea.europa.eu/en/analysis/publications/pfas-pollution-in-european-waters (Accessed 2025-05-26).

30 WHO, "PFOS and PFOA in drinking-water: background document for

development of WHO guidelines for drinking-water quality", 2025, https://www.who.int/teams/environment-climate-change-and-health/water-sanitation-and-health/chemical-hazards-in-drinking-water/per-and-polyfluoroalkyl-substances (Accessed 2025-11-23).

31 Loganathan, P., et al., "Treatment Trends and Hybrid Methods for the Removal of Poly- and Perfluoroalkyl Substances from Water—A Review", *Applied Sciences*, 2024. 14(6).

32 ECHA, "Per- and polyfluoroalkyl substances (PFAS).

33 US EPA, "TSCA Section 8(a)(7) Reporting and recordkeeping requirements for perfluoroalkyl and polyfluoroalkyl substances", 2025, https://www.epa.gov/assessing-and-managing-chemicals-under-tsca/tsca-section-8a7-reporting-and-recordkeeping (Accessed 2025-11-23).

34 Rudich, R. "EPA moves to vacate all drinking water standards for PFAS other than PFOA and PFOS", *Taft*, 2025, https://www.pfasinsights.com/2025/09/epa-moves-to-vacate-all-drinking-water-standards-for-pfas-other-than-pfoa-and-pfos/ (Accessed 2025-11-23).

35 US EPA, "Administrator Zeldin announces major EPA actions to combat PFAS contamination", 2025, https://www.epa.gov/newsreleases/administrator-zeldin-announces-major-epa-actions-combat-pfas-contamination (Accessed 2025-07-26).

36 Kampf, D., "Here's an update on PFAS legislation in the States (Bills Addressing "Forever Chemicals")", *MultiState*, 2025, https://www.multistate.us/insider/2025/5/28/heres-an-update-on-pfas-legislation-in-the-states-bills-addressing-forever-chemicals (Accessed 2025-11-23).

37 Birnbaum, L.S. and P. Grandjean, "Alternatives to PFASs: perspectives on the science", *Environ Health Perspect*, 2015. 123(5): A104−5.

38 Cousins, I.T., "Engineering a Future Without PFAS: The Path to Sustainable Alternatives", *The Chemical Engineers*, 2025.

39 Lim, X., "Could the world go PFAS-free? Proposal to ban 'forever

chemicals' fuels debate", *Nature*, 2023. 620: 24-27.

40 Hodan, P. and G. Temple, "The coming wave of PFAS litigation?", *Wisconsin Law Journal*, 2023.

41 Tabuchi, H., "Lawyers to Plastics Makers: Prepare for 'Astronomical' PFAS Lawsuits", *The New York Times*, 2024, https://www.nytimes.com/2024/05/28/climate/pfas-forever-chemicals-industry-lawsuits.html (Accessed 2025-07-27).

42 US EPA, "EPA Announces Nationwide Monitoring Effort to Better Understand Extent of PFAS in Drinking Water", 2021, https://www.epa.gov/newsreleases/epa-announces-nationwide-monitoring-effort-better-understand-extent-pfas-drinking (Accessed 2025-07-26).

43 USGS, "Tap water study detects PFAS 'forever chemicals' across the US: USGS estimates at least 45% of tap water could have one or more PFAS", 2023, https://www.usgs.gov/news/national-news-release/tap-water-study-detects-pfas-forever-chemicals-across-us (Accessed 2025-07-26).

44 Horel, S., "Revealed: The massive contamination of Europe by PFAS 'forever chemicals'", *Le Monde*, 2023, https://www.lemonde.fr/en/les-decodeurs/article/2023/02/23/revealed-the-massive-contamination-of-europe-by-pfas-forever-chemicals_6016906_8.html (Accessed 2025-07-30).

45 Cordner, A., et al., "PFAS Contamination in Europe: Generating Knowledge and Mapping Known and Likely Contamination with "Expert-Reviewed" Journalism", *Environmental Science & Technology*, 2024. 58(15): 6616-6627.

46 The Forever Pollution Project, "The forever pollution project, journalists tracking PFAS across Europe", 2025, https://foreverpollution.eu/ (Accessed 2025-07-27).

47 Williams, L., "Commentary: What the world needs now is a universal ban on 'forever chemicals'", *CNA*, 2025, https://www.channelnewsasia.com/commentary/forever-chemicals-ban-pfas-health-cancer-5245566

(Accessed 2025-07-27).

48 Marchetti, V., "PFAS under pressure: key trends and challenges worldwide", *Compliance & Risks*, 2025.

49 Renfrew, D. and T.W. Pearson, "The social life of the "forever chemical"".

50 Hansen, S.F., et al., "Late lessons from early warnings on PFAS", *Nature Water*, 2024. 2(12): 1157 – 1165.

환경호르몬 비스페놀 A, 끝나지 않은 논쟁과 규제

1   Martin, A., A. Iles, and C. Rosen, "Applying Utilitarianism and Deontology in Managing Bisphenol-A Risks in the United States", *HYLE*, 2016. 22: 79 – 103.

2   OECD, *OECD work on endocrine disrupting chemicals*, 2018.

3   Gies, A. and A.M. Soto, *Bisphenol A: contested science*, divergent safety evaluations".

4   Vandenberg, L.N., et al., "Bisphenol-A and the great divide: a review of controversies in the field of endocrine disruption", *Endocrine Reviews*, 2009. 30(1): 75 – 95.

5   vom Saal, F.S. and C. Hughes, "An extensive new literature concerning low-dose effects of bisphenol A shows the need for a new risk assessment", *Environmental Health Perspectives*, 2005. 113(8): 926 – 33.

6   Conrad, J.W., Jr. and R.A. Becker, "Enhancing credibility of chemical safety studies: emerging consensus on key assessment criteria", *Environmental Health Perspectives*, 2011. 119(6): 757 – 64.

7   Sutton, P., et al., "Conrad and Becker's "10 Criteria" fall short of addressing conflicts of interest in chemical safety studies", *Environmental Health Perspectives*, 2011. 119(12): A506 – 7; author reply A508 – 9.

8   Tweedale, T., "Enhancing Credibility of Chemical Safety Studies: No Consensus", *Environmental Health Perspectives*, 2011. 119(12): A507.

9   Conrad, J.W. and R.A. Becker, "Chemical Safety Studies: Conrad and

Becker Respond", *Environmental Health Perspectives*, 2011. 119(12).

10 Melnick, M., "The BPA Debate: Bad Reputation and Still No Answers", *Time*, 2010.

11 McGarity, T.O., et al., "Opening the industry playbook: myths and truths in the debate over BPA regulation", *Center for Progressive Reform White Paper*, 2011. 1107.

12 Baldeshwiler, A.M., "History of FDA good laboratory practices", *The Quality Assurance Journal*, 2003. 7(3): 157 – 161.

13 OECD, *OECD Principles on Good Laboratory Practice*(Series on Principles of Good Laboratory Practice and Compliance Monitoring), 1998.

14 McGarity, T.O., et al., "Opening the industry playbook".

15 EFSA Publication, "Scientific Opinion on Bisphenol A: evaluation of a study investigating its neurodevelopmental toxicity, review of recent scientific literature on its toxicity and advice on the Danish risk assessment of Bisphenol A", *EFSA Journal*, 2010. 8(9).

16 EC, "Bisphenol A: EU ban on baby bottles to enter into force tomorrow", 2011. https://ec.europa.eu/commission/presscorner/detail/en/ip_11_664 (Accessed 2025-05-31).

17 Schor, E., "Enviro Group Sues to Force BPA Ban in Food Packaging", *The New York Times*, 2010.

18 US FDA, "Bisphenol A (BPA): Use in Food Contact Application", 2023, https://www.fda.gov/food/food-packaging-other-substances-come-contact-food-information-consumers/bisphenol-bpa-use-food-contact-application (Accessed 2025-05-25).

19 Carra, R.J., "It's in Our Blood: A Critique of the FDA's Reluctance to Regulate the Use of Bisphenol A in the Food Supply", *Journal of Health Care Law and Policy*, 2011. 14(1): 153 – 176.

20 NTP, "CLARITY-BPA Program", https://ntp.niehs.nih.gov/research/topics/bpa (Accessed 2025-05-26).

21 Duppler, M., "Millions for 'pointless' research", *The Hill*, 2014, https:// thehill.com/blogs/congress-blog/economy-budget/217487-millions-for- pointless-research/ (Accessed 2025-07-27).

22 Grignard, E., S. Lapenna, and S. Bremer, "Weak estrogenic transcriptional activities of Bisphenol A and Bisphenol S", *Toxicology in Vitro*, 2012. 26(5): 727-731.

23 Danzl, E., et al., "Biodegradation of bisphenol A, bisphenol F and bisphenol S in seawater", *International Journal of Environmental Research and Public Health*, 2009. 6(4): 1472-84.

24 UNEP, *Global chemicals outlook II: from legacies to innovative solutions: implementing the 2030 agenda for sustainable development*, 2019.

25 Chemtrust, *From BPA to BPZ: a toxic soup?*, 2018.

26 Camacho, L., et al., "A two-year toxicology study of bisphenol A (BPA) in Sprague-Dawley rats: CLARITY-BPA core study results", *Food and Chemical Toxicology*, 2019. 132: 110728.

27 EFSA, "No consumer health risk from bisphenol A exposure", 2015, https:// www.efsa.europa.eu/en/press/news/150121 (Accessed 2025-07-27).

28 EC, "Commission Regulation (EU) 2018/213 of 12 February 2018 on the use of bisphenol A in varnishes and coatings intended to come into contact with food and amending Regulation (EU) No 10/2011 as regards the use of that substance in plastic food contact materials", *Official Journal of the European Union*, 2018.

29 Vom Saal, F.S., et al., "The Conflict between Regulatory Agencies over the 20,000-Fold Lowering of the Tolerable Daily Intake (TDI) for Bisphenol A (BPA) by the European Food Safety Authority (EFSA)", *Environmental Health Perspectives*, 2024. 132(4): 45001.

30 EC, "Commission adopts ban of Bisphenol A in food contact materials", 2024, https://food.ec.europa.eu/food-safety-news-0/commission- adopts-ban-bisphenol-food-contact-materials-2024-12-19_en (Accessed

2025-07-26).

버려진 플라스틱, 미세한 조각들이 일으킨 파장

1   이찬희,《플라스틱 시대: 플라스틱의 역습, 어떻게 대처할 것인가?》, 서울: 서울대학교출판문화원, 2022.

2   UNEP and SBSR, *Chemicals in Plastics: A Summary and Key Findings*, 2023.

3   이찬희,《플라스틱 시대》

4   UNEP, "Plastic pollution", https://www.unep.org/interactives/beat-plastic-pollution/ (Accessed 2025-05-26).

5   UNEP, *From Pollution to Solution: A global assessment of marine litter and plastic pollution*, 2011.

6   UNEP, "Plastic pollution".

7   Lebreton, L., et al., "Evidence that the Great Pacific Garbage Patch is rapidly accumulating plastic", *Scientific Reports*, 2018. 8(1): 4666.

8   Heath, V., "The world's largest ocean garbage patch is getting bigger – here's why", *Geographical*, 2024.

9   Thompson, R.C., et al., "Lost at Sea: Where Is All the Plastic?", *Science*, 2004. 304(5672): 838.

10 Thompson, R.C., et al., "Twenty years of microplastic pollution research—what have we learned?", *Science*, 2024. 386(6720).

11 Carvalho, A.B., et al., "Detection, characteristics, and some influencing factors of MPs in rainfall", *Theoretical and Applied Climatology*, 2025. 156(4): 220.

12 Stoye, E., "Daily briefing: Microplastics rain from the sky", *Nature*, 2021.

13 Wang, Y., et al., "Airborne hydrophilic microplastics in cloud water at high altitudes and their role in cloud formation", *Environmental Chemistry Letters*, 2023. 21(6): 3055 – 3062.

14 OECD, *Global plastics outlook: policy scenarios to 2060*, 2022.

15 Thompson, R.C., et al., "Twenty years of microplastic pollution research—what have we learned?".

16 Lim, X., "Microplastics are everywhere—but are they harmful?", *Nature*, 2021. 593: 22−25.

17 Li, Y., et al., "Potential health impact of microplastics: A review of environmental distribution, human exposure, and toxic effects", *Environmental Health and Wash*, 2023. 1(4): 249−257.

18 Kelly, F.J., et al., "Plastic pollution under the influence of climate change: implications for the abundance, distribution, and hazards in terrestrial and aquatic ecosystems", *Frontiers in Science*, 2025. 3.

19 Lim, X., "Microplastics are everywhere—but are they harmful?".

20 UNEP and SBSR, *Chemicals in Plastics: A Summary and Key Findings*, 2023.

21 Lim, X., "Microplastics are everywhere—but are they harmful?".

22 Andjelković, T., et al., "Phthalates leaching from plastic food and pharmaceutical contact materials by FTIR and GC−MS", *Environmental Science and Pollution Research*, 2021. 28(24): 31380−31390.

23 Warner, G.R. and J.A. Flaws, "Bisphenol A and Phthalates: How Environmental Chemicals Are Reshaping Toxicology", *Toxicology Sciences*, 2018. 166(2): 246−249.

24 Zero Waste Europe, *Policy briefing-Creating a Toxic Free World: avoiding a collision between the EU and the Circular Economy*, 2017.

25 EEA, "Hazardous flame retardants in recycled plastic consumer good", European zero pollution dashboards, 2024, https://www.eea.europa.eu/en/european-zero-pollution-dashboards/indicators/hazardous-flame-retardants-in-recycled-plastic-consumer-goods (Accessed 2025-07-30).

26 European Parliament and Council of the European Union, Regulation (EU) 2019/1021 of 20 June 2019 on persistent organic pollutants, 2019.

27 US EPA, *Decabromodiphenyl Ether and Phenol, Isopropylated Phosphate (3:1); Revision to the Regulation of Persistent, Bioaccumulative, and Toxic*

Chemicals Under the Toxic Substances Control Act (TSCA), 2024.

28 Earth Justice, "Coalition Sues EPA Over Weak Regulation of Toxic Flame Retardant Found in Black Plastic Kitchen Utensils", 2024, https://earthjustice.org/press/2024/coalition-sues-epa-over-weak-regulation-of-toxic-flame-retardant-found-in-black-plastic-kitchen-utensils (Accessed 2025-06-08).

29 OECD, *Global plastics outlook: policy scenarios to 2060*.

30 Alava, J.J., et al., "A Call to Include Plastics in the Global Environment in the Class of Persistent, Bioaccumulative, and Toxic (PBT) Pollutants", *Environmental Science and Technology*, 2023. 57(22): 8185 − 8188.

31 UNEP and SBSR, *Chemicals in Plastics: A Summary and Key Findings*.

새로 떠오르는 오염, 이제부터 풀어야 할 과제

1 Durrell, G. and L. Durrell, *The Amateur Naturalist*, Alfred a Knopf Inc., 1983.

2 OECD, *Pharmaceutical residues in freshwater: hazards and policy responses. OECD Studies on Water*, 2019.

3 Hanna, N., A.J. Tamhankar, and C. Stalsby Lundborg, "Antibiotic concentrations and antibiotic resistance in aquatic environments of the WHO Western Pacific and South−East Asia regions: a systematic review and probabilistic environmental hazard assessment", *Lancet Planet Health*, 2023. 7(1): e45 − e54.

4 Iqbal, S., "Why India is a stronghold for superbugs: Biological, social and systemic issues heighten the menace of antimicrobial resistance", *Nature India*, 2024.

5 Jauregi, L., et al., "Antibiotic resistance in agricultural soil and crops associated to the application of cow manure−derived amendments from conventional and organic livestock farms", *Frontiers in Veterinary Science*, 2021. 8: 633858.

6 Memmert, U., et al., "Diclofenac: New data on chronic toxicity and bioconcentration in fish", *Environmental Toxicology and Chemistry*, 2013. 32(2): 442 – 452.

7 Zheng, X., et al., "Research Progress on Toxic Effects and Water Quality Criteria of Triclosan", *Bulletin of Environmental Contamination and Toxicology*, 2019. 102(6): 731 – 740.

8 Swanson, N.L., et al., "Genetically engineered crops, glyphosate and the deterioration of health in the United States of America", *Journal of Organic Systems*, 2014. 9(2): 6 – 37.

9 EC, "Glyphosate", https://food.ec.europa.eu/plants/pesticides/approval-active-substances-safeners-and-synergists/renewal-approval/glyphosate_en (Accessed 2025-05-25).

10 Benbrook, C.M., "How did the US EPA and IARC reach diametrically opposed conclusions on the genotoxicity of glyphosate-based herbicides?", *Environmental Sciences Europe*, 2019. 31(1).

11 Paoli, M. and M. Giurfa, "Pesticides and pollinator brain: How do neonicotinoids affect the central nervous system of bees?", *European Journal of Neuroscience*, 2024. 60(8): 5927 – 5948.

12 Ben Amor, I., et al., "Neonicotinoids: History, Impacts, Sustainable Use, and Application Scenario", in *Neonicotinoids in the Environment: Emerging Concerns to the Human Health and Biodiversity*, R. Singh, et al.(eds.), Springer Nature Switzerland: Cham., 2024, 3 – 14.

13 UNEP, *Used Vehicles and the Environment-A Global Overview of Used Light Duty Vehicles: Flow, Scale and Regulation(Update and Progress)*, 2024.

14 UNEP, "Used Vehicles and the Environment".

15 UN Economic Commission for Europe, *Reversing direction in the used clothing crisis: Global, European and Chilean perspectives*, 2024.

16 UN Economic Commission for Europe, *Reversing direction in the used clothing crisis: Global, European and Chilean perspectives*.

17   Scheringer, M., "Innovate beyond PFAS", *Science*, 2023. 381(6655): 251.

18   Cousins, I.T., et al., "Why is high persistence alone a major cause of concern?", *Environmental Science Process Impacts*, 2019. 21(5): 781－792.

19   Scheringer, M., "Innovate beyond PFAS".

20   Scott, J.W., et al., "Perfluoroalkylated Substances (PFAS) Associated with Microplastics in a Lake Environment", *Toxics*, 2021. 9(5).

21   IPBES, *The global assessment report on biodiversity and ecosystem services*, ed. E.S. Brondízio, et al.(eds.), IPBES secretariat, 2019.

22   UNEP and AMAP, *Climate change and POPs: Predicting the impacts*.

23   Ripple, W.J., et al., "Climate change threats to Earth's wild animals", *BioScience*, 2025. 75(7): 519－523.

24   Brunet, J. and F.P. Fragoso, "What are the main reasons for the worldwide decline in pollinator populations?", *CABI Reviews*, 2024.

25   El-Sharkawy, M., et al., "Heavy Metal Pollution in Coastal Environments: Ecological Implications and Management Strategies: A Review", *Sustainability*, 2025. 17(2).

26   UN, "Ambitious Action Key to Resolving Triple Planetary Crisis of Climate Disruption, Nature Loss, Pollution, Secretary-General Says in Message for International Mother Earth Day", 2022, https://press.un.org/en/2022/sgsm21243.doc.html (Accessed 2025-07-26).

4장 대오염의 시대, 인류가 포착한 희망

집단 지성에 기반한 고속 시험 시대

1   Chang, H., *Is Water H2O? Evidence, Realism and Pluralism* (Boston Studies in the Philosophy and History of Science, 293), Springer, 2012. (장하석 지음, 전대호 옮김,《물은 H2O인가?》, 김영사, 2021)

2   National Academies of Sciences, Engineering, and Medicine(NASEM), *Using

21st Century Science to Improve Risk-Related Evaluations, Washington, DC: The National Academies Press, 2017.

3   Thomas, R.S., et al., "The US Federal Tox21 Program: A strategic and operational plan for continued leadership", *ALTEX*, 2023. 35(2): 163 – 168.

4   법제처 국가법령정보센터. "화장품법 제15조의2 동물실험을 실시한 화 장품 등의 유통판매 금지. [법률 제20767호]", https://www.law.go.kr (접속일 2005-05-16).

5   기후에너지환경부. "화학물질 안전과 동물복지 함께 지킨다… 동물대체시험 시설 첫삽. [보도자료]", 2025, https://mcee.go.kr/home/web/board/read.do?boardMasterId=1&boardId=1742490&menuId=10525 (접속일 2025-05-16).

6   Perkins, E., et al., *The Adverse Outcome Pathway: A Conceptual Framework to Support Toxicity Testing in the Twenty-First Century, in Computational Systems Toxicology*, J. Hoeng and M.C. Peitsch(eds.), New York: Springer, 2015, 1 – 26.

7   Tan, Y.-M., et al., "Refining the aggregate exposure pathway", *Environmental Science: Processes & Impacts*, 2018. 20(3): 428 – 436.

8   OECD, *Guideline No. 497: Defined Approaches on Skin Sensitisation* (Guidelines for the Testing of Chemicals), 2023.

9   OECD, *The adverse outcome pathway for skin sensitisation initiated by covalent binding to proteins. Part 1: Scientific Evidence*(Series on Testing and Assessment, 168), 2014.

10 OECD, *Guideline No. 497: Defined Approaches on Skin Sensitisation*.

11 NASEM, *The Use of Systematic Review in EPA's Toxic Substances Control Act Risk Evaluations*, Washington, DC: The National Academies Press, 2021.

12 Vom Saal, F.S., et al., "The Conflict between Regulatory Agencies over the 20,000-Fold Lowering of the Tolerable Daily Intake (TDI) for Bisphenol A (BPA) by the European Food Safety Authority (EFSA)".

13 US EPA, "Non-Technical Summary of the Risk Evaluation for

   대오염의 시대

Trichloroethylene", 2022.

14   Whaley, P., et al., "Implementing systematic review techniques in chemical risk assessment: Challenges, opportunities and recommendations", *Environment International*, 2016. 92-93: 556-64.

15   Pease, C.K. and R.P. Gentry, "Systematic review in chemical risk assessment – A chemical industry perspective", *Environment International*, 2016. 92-93: 574-7.

16   Wolters, F.J., "Triangulation in biomedical research: navigating an ocean of uncertainty", *European Jornal Epidemiology*, 2025. 40(7): 739-741.

17   Herron, T.J., et al., "Alternatives to animal testing are the future — it's time that journals, funders and scientists embrace them", *Nature*, 2025. 646: 799-801.

18   OECD, *OECD Guidance Document on the Generation, Reporting and Use of Research Data for Regulatory Assessments* (Series on Testing and Assessment, 417), 2025.

19   OECD, *Assessing potential future artificial intelligence risk, benefits and policy imperatives* (OECD Artificial Intelligence Papers, 27), 2024.

오염을 해결할 과학 기술의 진전과 과제

1   Anastas, P.T. and J.C. Warner, *Green Chemistry: Theory and Practice*, New York: Oxford University Press, 1998.

2   US EPA, "Green Chemistry", 2025, https://www.epa.gov/greenchemistry (Accessed 2025-11-30).

3   Anastas, P.T. and E.S. Beach, "Changing the Course of Chemistry", *Green Chemistry Education*, American Chemical Society, 2009, 1-18.

4   Ad hoc open-ended working group on a science-policy panel on chemicals, waste and pollution prevention, *Towards a science-policy panel to contribute further to the sound management of chemicals and waste and to prevent pollution: an overview*, UNEP, 2024.

5   Wilson, M.P. and M.R. Schwarzman, "Toward a new U.S. chemicals policy: rebuilding the foundation to advance new science, green chemistry, and environmental health", *Environmental Health Perspectives*, 2009. 117(8): 1202 – 9.

6   Kim, H.-S., et al., "Current Catalyst Technology of Selective Catalytic Reduction (SCR) for NOx Removal in South Korea", *Catalysts*, 2020. 10(1).

7   Lancaster, M., *Green Chemistry: An Introductory Text*, Croydon, UK: Royal Society of Chemistry, 2025.

8   Chemical Industry Digest Editorial Team, "Advances in catalysts for green chemistry", 2025, https://chemindigest.com/advances-in-catalysts-for-green-chemistry/ (Accessed 2025-07-27).

9   Zhou, B., et al., "Toward carbon neutrality by artificial photosynthesis", *Frontiers in Energy*, 2024. 18(1): 54 – 55.

10   Khanam, Z., F.M. Sultana, and F. Mushtaq, "Environmental Pollution Control Measures and Strategies: An Overview of Recent Developments", in *Geospatial Analytics for Environmental Pollution Modeling: Analysis, Control and Management*, F. Mushtaq, et al.(eds.), Springer Nature Switzerland: Cham, 2023, 385 – 414.

11   Johansson, N., "Recycling warning! Reconfiguring the toxic politics of a circular economy", *Sustainability Science*, 2022. 18(2): 1043 – 1048.

12   StartUs Insights, "10 Circular Economy Examples in 2025", https://www.startus-insights.com/innovators-guide/circular-economy-examples/ (Accessed 2025-07-27).

13   Jessen, J., "Top 10: Circular Economy Strategies", *Sustainability Magazine*, 2024, https://sustainabilitymag.com/top10/top-10-circular-economy-strategies (Accessed 2025-07-27).

14   Singh, N. and T.R. Walker, "Plastic recycling: A panacea or environmental pollution problem", *Npj Mater Sustain*, 2024. 2(1): 17.

15   송대희, "공정위, 자라·미쏘·스파오 등 패션업계 '그린워싱' 잇단 제재", 연

합뉴스, 2025, https://www.yna.co.kr/view/AKR20250515036700002 (접속일 2025-11-30).

16 김·장 법률사무소, "뉴스레터. 친환경 경영활동 표시·광고 가이드라인 공개", 2023, https://www.kimchang.com/ko/insights/detail.kc?sch_section=4&idx=28410 (접속일 2025-07-27).

17 UN Conference on Trade and Development(UNCTAD), *Plastic Pollution: The pressing case for natural and environmentally friendly substitutes to plastics*, 2023.

18 Kopinke, M., "10 Eco-Friendly Materials Revolutionizing Industries", *Climate Cosmos*, 2025, https://climatecosmos.com/climate-science/10-eco-friendly-materials-revolutionizing-industries/ (Accessed 2025-07-27).

19 WEF, "Why mushroom mycelium could be your next house, handbag, or 'hamburger'", 2020, https://www.weforum.org/stories/2020/12/mycelium-mushroom-sustainable-packaging-fashion-meat/ (Accessed 2025-11-30).

20 UNEP Copenhagen Climate Centre, *The Climate Technology Progress Report 2025 Advancing Biobased Technologies in the Bioeconomy*, 2025.

21 EC, "Single-use plastics", https://environment.ec.europa.eu/topics/plastics/single-use-plastics_en (Accessed 2025-11-30).

22 EC, "Biobased, biodegradable and compostable plastics", https://environment.ec.europa.eu/topics/plastics/biobased-biodegradable-and-compostable-plastics_en (Accessed 2025-11-30).

23 EC, *EU policy framework on biobased, biodegradable and compostable plastics*, COM(2022) 682 final, 2022.

24 German Federal Institute for Risk Assessment, *Alternatives to plastic straws: Which materials are suitable?*, 2021.

25 Eleni, P. and C. Boukouvalas, "Environmental and Economic Impacts of Substituting Single-Use Plastic Straws: A Life-Cycle Assessment for Greece", *Polymers (Basel)*, 2025. 17(9).

26   이재영, "환경부 '종이빨대' 종합환경평가 진행…'그린워싱' 오명 벗을까", 연합뉴스, 2025, https://www.yna.co.kr/view/AKR20250905126000530 (접속일 2025-11-30).

27   Olagunju, O.A. and S.L. Kiambi, "Life Cycle Analysis (LCA) of Bioplastics Compared to Conventional Plastics: A Critical Sustainability Perspective", in *Biomass-based Bioplastic and Films: Preparation, Characterization, and Application*, O.J. Gbadeyan and N. Deenadayalu(eds.), Springer Nature Switzerland: Cham, 2024, 175 – 205.

28   UNEP, *Addressing Single-use Plastic Products Pollution Using a Life Cycle Approach. Summary for decision-makers*, 2011.

29   Miller, S.A., "The capabilities and deficiencies of life cycle assessment to address the plastic problem", *Frontiers in Sustainability*, 2022.

30   Jones, P., "How straws became an enduring symbol of the global plastic pollution crisis", *Euronews*, 2025, https://www.euronews.com/green/2025/02/13/how-straws-became-an-enduring-symbol-of-the-global-plastic-pollution-crisis (Accessed 2025-11-30).

독성 없는 지구를 위한 국제 협력

1   Fuller, R., et al., "Pollution and health: a progress update", *Lancet Planet Health*, 2022. 6(6): e535 – e547.

2   UNEP, *An Assessment Report on Issues of Concern: Chemicals and Waste Issues Posing Risks to Human Health and the Environment*, 2020.

3   UNEP, *Global chemicals outlook II: from legacies to innovative solutions: implementing the 2030 agenda for sustainable development*, 2019.

4   하미나, 정선화, 《환경보건정책입문》.

5   International Institute for Sustainable Development(IISD), "Summary of the Resumed Third Session of the Ad Hoc Open-ended Working Group on a SciencePolicy Panel to Contribute Further to the Sound Management of Chemicals and Waste and to Prevent Pollution and the Intergovernmental

Meeting: 15–20 June 2025", *Earth Negotiations Bulletin*, 2025. 37(22).

6   UNEP, *Ad hoc open-ended working group on a science-policy panel on chemicals, waste and pollution prevention.*

7   UNEP, *A brief summary of monitoring reports prepared under the POPs global monitoring plan projects of UNEP*, 2024.

8   UNEP. "From data to informed decision-making in Small Islands Developing States" https://www.unep.org/topics/chemicals-and-pollution-action/pollution-and-health/persistent-organic-pollutants-pops-11 (Accessed 2025-07-27).

9   UNEP. "Technology helping reduce methane emissions, but more action needed", 2024, https://www.unep.org/news-and-stories/story/technology-helping-reduce-methane-emissions-more-action-needed (Accessed 2025-07-27).

10   UNEP, "Pipeline blasts released record-shattering amount of methane: UNEP study", 2025, https://www.unep.org/news-and-stories/story/pipeline-blasts-released-record-shattering-amount-methane-unep-study (Accessed 2025-07-30).

11   Willige, A., "INC-5.2: What to expect from the global plastics treaty talks", *World Economic Forum*, 2025, https://www.weforum.org/stories/2025/07/global-plastics-treaty-inc-5-2-explainer/ (Accessed 2025-11-23).

12   French Ministry of Environment, "Global plastics treaty: 96 States endorsed the nice wake up call", 2025, https://www.ecologie.gouv.fr/en/rendez-vous/nice-wake-up-call-for-an-ambitious-plastics-treaty#:~:text=On%20June%2010%2C%202025%2C%20during,Ecological%20Transition%2C%20Biodiversity%2C%20Forests%2C (Accessed 2025-07-27).

13   Dauvergne, P. and R. Paik, "Ambiguous ambition: The politics of South Korea and the global plastics treaty", *Cambridge Prisms: Plastics*, 2025. 3.

14   UNEP, "Talks on global plastic pollution treaty adjourn without

consensus", 2025, https://www.unep.org/inc-plastic-pollution/media#PressRelease15Aug (Accessed 2025-07-26).

15 International Energy Agency(IEA), "Net Zero by 2050. A Roadmap for the Global Energy Sector", 2021.

불확실한 과학에 맞서는 위험 관리 거버넌스

1 하미나, 정선화, 《환경보건정책입문》.

2 하미나, 정선화, 《환경보건정책입문》.

3 NRC, *Risk Assessment in the Federal Government: Managing the Process*, Washington, DC: The National Academies Press, 1983.

4 NRC, *Science and Decisions: Advancing Risk Assessment*, Washington, DC: The National Academies Press, 2009.

5 Suffill, E., et al., "Regulating "forever chemicals": social data are necessary for the successful implementation of the essential use concept", *Environmental Sciences Europe*, 2024. 36(1).

6 Samantaroy, S., "US EPA rollback of dozens of air, water and chemical pollution regulations threatens america's health, experts warn", *Health Policy Watch*, 2025, https://healthpolicy-watch.news/epa-plans-to-roll-back-dozens-of-regulations-threatening-americas-health-environmental-health-experts-warn/ (Accessed 2025-07-27).

7 Wholf, T.J., "Hundreds of EPA scientists expected to be fired in more Trump administration cuts", *CBS News*, 2025, https://www.cbsnews.com/news/epa-ord-scientists-research-trump-administration-cuts/ (Accessed 2025-07-27).

8 WHO, "Republic of Korea: success against COVID-19 based on innovation and public trust", 2020, https://www.who.int/news-room/feature-stories/detail/republic-of-korea-success-against-covid-19-based-on-innovation-and-public-trust (Accessed 2025-07-27).

9 Brunn, H., et al., "PFAS: forever chemicals-persistent, bioaccumulative

and mobile. Reviewing the status and the need for their phase out and remediation of contaminated sites", *Environmental Sciences Europe*, 2023. 35(1).

10   UNEP, *Global chemicals outlook II: from legacies to innovative solutions: implementing the 2030 agenda for sustainable development*, 2019.

11   Biggi, G., *Risk, precaution, and regulation in chemical search and innovation: The case of the EU REACH legislation(LEM Working Paper Series)*, Laboratory of Economics and Management (LEM), 2023.

12   Bergeson, L.L. and R.E. Engler, "Chemical Innovation and New TSCA: The Good, the Bad, and the Evolving", *International Chemical Regulatory and Law Review*, 2019. 2(4): 157 – 162.

13   OECD, *Cross country analysis: approaches to support alternatives assessment and substitution of chemicals of concern-2nd edition*(Series on Risk Management, 77), 2023.

14   Slunge, D., et al., "The implementation of the substitution principle in European chemical legislation: a comparative analysis", *Environmental Sciences Europe*, 2023. 35(1).

15   UNEP, *Green and sustainable chemistry: framework manual*, 2020.

불완전한 우리가 나와 이웃, 그리고 지구를 지키는 법

1   Charles R. Swindoll, *Life is 10% What Happens to You and 90% How You React*, HarperCollins Christian, 2023

2   Hartmann, S. and U. Klaschka, "Interested consumers' awareness of harmful chemicals in everyday products", *Environmental Sciences Europe*, 2017. 29(1): 29.

3   Agency for Toxic Substances and Disease Registry(ATSDR), "Toxic Substances Portal. ToxFAQs for Acetone", https://wwwn.cdc.gov/TSP/ToxFAQs/ToxFAQsDetails.aspx?faqid=4&toxid=1 (Accessed 2025-11-30).

4   김윤주, "[단독] 보호장구 없이 아직도…코로나19 '닦는 소독제' 분무", 한겨

레신문, 2023, https://www.hani.co.kr/arti/society/health/1104197.html (접속일 2025-11-30).

5 German Federal Institute for Risk Assessment, *FAQ No adverse health effects to be expected from cookware with PTFE non-stick coating*, 2025.

6 Peijnenburg, W., "Airborne microplastics enter plant leaves and end up in our food", *Nature*, 2025. 641: 601 – 602.

7 Leiserowitz, A., et al., *International Public Opinion on Climate Change, 2023*, Yale Program on Climate Change Communication and Data for Good at Meta, 2023.

8 Choi, S., et al., Consistency and Heterogeneity of Individual Behavior under Uncertainty. American Economic Review, 2007. 97(5): 1921 – 1938.

9 Gifford, R., "The dragons of inaction: psychological barriers that limit climate change mitigation and adaptation", *American Psychologist*, 2011. 66(4): 290 – 302.

10 Sunstein, C.R. and L.A. Reisch, "Automatically green: behavioral economics and environmental protection", *Harvard Environmental Law Review*, 2014. 38: 127 – 158.

11 Wagner, T.P. and P. Toews, "Assessing the Use of Default Choice Modification to Reduce Consumption of Plastic Straws", *Detritus*, 2018.

12 Mundt, D., S. Carl, and N. Harhoff, "A Field Experiment on Reducing Drinking Straw Consumption by Default", *Frontiers in Psychology*, 2020. 11: 2266.

13 이미지, "일회용품 사용 불편하게 했더니⋯ 빨대 사용량 21% 줄었다", *동아일보*, 2022, https://www.donga.com/news/article/all/20221122/116611366/1 (접속일 2025-07-26).

14 OECD, *Tackling environmental problems with the help of behavioural insights*, 2017.

15 Hertwig, R., et al., "Moving from nudging to boosting: empowering behaviour change to address global challenges", *Behavioural Public Policy*,

대오염의 시대

2025. 9(4): 874−885.

16   Gupta, R., J. Dwivedi, and A. Mathur, "The Role of Behavioral Economics in Consumer Decision−Making Towards Sustainable Products", in *Nudging Green: Behavioral Economics and Environmental Sustainability*, P. Singh, S. Daga, and K. Yadav(eds.), Springer Nature Switzerland: Cham, 2024, 49−65.

17   Matus, K.J.M. and M.N. Bernal, "Media attention and policy response: 21st century chemical regulation in the USA", *Science and Public Policy*, 2020. 47(4): 548−560.

18   OECD, *Insights on "attitudes towards chemicals" from the surveys on willingness-to-pay to avoid negative chemicals-related health impacts (SWACHE) project*(Series on Risk Management, 83), 2024.

에필로그: 대오염의 위기에서 벗어날 방법

1   Lakhani, N., "Interview. Bhutan PM on leading the first carbon−negative nation: 'The wellbeing of our people is at the centre of our agenda'", *The Guardian*, 2025, https://www.theguardian.com/environment/2025/nov/18/bhutan−pm−tshering−tobgay−first−carbon−negative−nation−climate−wellbeing (Accessed 2025-11-30). ㅈ

2   IEA, *The Future of Petrochemicals Towards more sustainable plastics and fertilisers*, 2018.

3   에너지경제연구원,《KEEI 2024 장기 에너지 전망》, 2024.

4   IEA, *The Future of Petrochemicals Towards more sustainable plastics and fertilisers*, 2018.

5   UNEP, "Seventh UN Environment Assembly commits to multilateral solutions for a more resilient planet", 2025, https://www.unep.org/news−and−stories/press−release/seventh−un−environment−assembly−commits−multilateral−solutions−more (Accessed 2025-12-13).

6   UNEP, "UNEP and nature−based solutions", https://www.unep.org/unep−and−nature−based−solutions (Accessed 2025-07-27).

대오염의 시대

첫판 1쇄 펴낸날 2026년 2월 19일

지은이 정선화
발행인 조한나
책임편집 정현
편집기획 김교석 문해림 김유진 김하영 박혜인 함초원
디자인 한승연 성윤정 김혜은
마케팅 문창운 백윤진 김민영
회계 양여진 김주연

펴낸곳 (주)도서출판 푸른숲
출판등록 2003년 12월 17일 제2003-000032호
주소 서울특별시 마포구 토정로 35-1 2층, 우편번호 04083
전화 02)6392-7871, 2(마케팅부), 02)6392-7873(편집부)
팩스 02)6392-7875
홈페이지 www.prunsoop.co.kr
페이스북 www.facebook.com/prunsoop   인스타그램 @prunsoop

ⓒ정선화, 2026
ISBN 979-11-7254-107-1 (03300)

* 이 책은 저작권법에 의해 한국 내에서 보호를 받는 저작물이므로 무단 전재와 복제를 금합니다.
  이 책 내용의 전부 또는 일부를 사용하려면 반드시 저작권자와
  (주)도서출판 푸른숲의 동의를 받아야 합니다.
* 잘못된 책은 구입하신 서점에서 바꾸어 드립니다.
* 본서의 반품 기한은 2031년 2월 28일까지입니다.

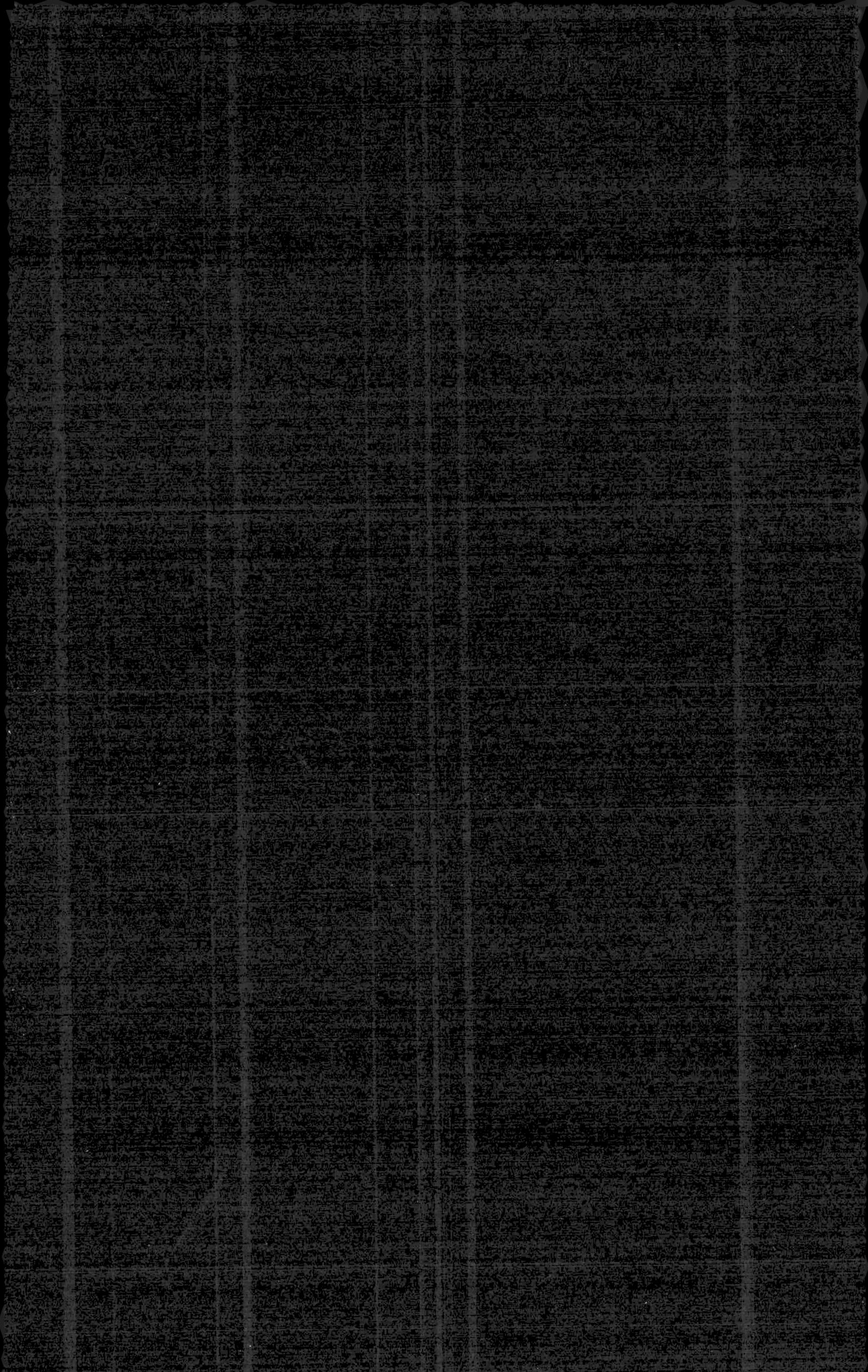